はじめに

本書は「Yayoi education support program」＝弥生スクールの教育プログラムにもとづく「応用」の標準テキストです。この教育プログラムの開発にあたり「あるレベルの職務をこなすのに，どの程度の専門知識とオペレーション能力が必要なのか」を調査検討する協議会を発足させ，実務におけるスキルを精査し，スキル開発の客観的なフレームワーク作りを行いました。

実務界が求めているスキルに耳を傾けながら，経理教育の現状について現場担当者と議論を重ねました。まさに，弥生スクールは，教育現場と経理実務担当者，そして会計ソフトウェアベンダーがコラボレーションして提供する新しい経理実務教育プログラムです。

業務パッケージソフトを利用したキャリア・アップ型教育プログラムは，教育界における従来の簿記経理教育の再構築に大きな影響を与えるとともに，リカレント教育として多くの職業訓練講座で受け入れられています。

弥生スクールでは，会計情報システムを理解して活用する能力，そこに集約された情報を分析し，的確な将来情報を経営者へ提供しうる能力を備えた人材を育成したいと願っています。

なお，本書は「公益社団法人全国経理教育協会主催 コンピュータ会計能力検定試験 2級」及び，「日本商工会議所主催 電子会計実務検定試験 2級」の出題論点に配慮して編集していますので，ぜひ検定試験に挑戦され，その合格によって皆さんが習得した知識・スキルを裏づけてください。

最後に，本書で学んだ皆さんが，将来，それぞれのビジネス現場で活躍されることを心から期待致します。

弥生スクール
プロジェクト・メンバー 一同

本書の利用について

本書は，弥生株式会社の財務会計ソフト「弥生会計 24 プロフェッショナル」を利用しながら学習を進めます。学習者のコンピュータに「弥生会計 24 プロフェッショナル」がインストールされている必要があります。

弥生株式会社のホームページには，個人学習用プログラム(※1)として「弥生会計 24 プロフェッショナル学習用体験版」と本書で使用する「学習用データ」「Excelファイル」が用意されていますのでご利用ください。

また本書は，消費税率10％(国税7.8％，地方消費税率2.2％)を前提に入力練習ができるように編集されていますが，証ひょう類などの表記について実際と異なる場合があることを申し添えます。

※1：個人学習用プログラムとは，本テキストをご購入いただいた個人が，学習目的で自己所有のパソコンにのみインストールして使用するものです。学習指導を行う施設用としてはご使用いただけません。

●本書の各章で使用する学習用データ・Excelファイルは，次の通りです。

- 第２章……………「さかな電子販売株式会社問題(5期)」
  「さかな電子販売株式会社解答(5期)」
  「ラネージュ株式会社問題(3期)」
  「ラネージュ株式会社解答(3期～4期)」
  「柏の葉株式会社２月末(15期)」
- 第３章……………「株式会社ハードバンク電子工業問題(19期)」
  「株式会社ハードバンク電子工業解答(19期)」
- 第４章……………「さかな電子販売株式会社解答(5期)」
- 第５章……………「秋ノ宮産業株式会社問題(4期)」
- 第７章……………「フィッシング商事株式会社問題(5期)」
  「売掛金年齢調査表.xlsx」
  「売掛金年齢調査表解答.xlsx」

※276ページの手順に従って「弥生会計 24 プロフェッショナル学習用体験版」と「学習用データ」「Excelファイル」をダウンロードしてください。

本書は，「公益社団法人全国経理教育協会主催 コンピュータ会計能力検定試験 2級」「日本商工会議所主催 電子会計実務検定試験 2級」の出題論点に配慮して編集しております。また，「コンピュータ会計能力検定試験 1級」の範囲は，「進んだ学習」として位置づけました。

なお，本書で取りあげた論点は，各検定試験の各級における出題範囲及び出題傾向を網羅しているものでなく，かつ限定するものではないことを書き添えます。

検定試験の上位級で出題される範囲は，当然にして下位級の出題論点を含むものであり，本書で扱っていない論点はぜひ「コンピュータ会計 基本テキスト(実教出版)」を利用して学習してください。

本書には，このテキストの習熟度確認と検定試験の練習のために「応用問題集(PDF)」が無料で用意されています。ぜひ，弥生株式会社のホームページからダウンロードして活用してください。〈P276参照〉

※本書では，「弥生販売」「やよいの顧客管理」「弥生給与」の画面を掲載して説明しているページがありますが，個人学習用プログラムとしては用意されていません。

目次 CONTENTS

目 次

第3章 製造業における原価情報

第4章 予算管理と経営分析指標

目　次

第1章 個別論点と年次決算

第1章では，手形や固定資産などの個別論点と年次決算について学びます。少し複雑な取引についての知識と会計処理を習得したうえで，年次決算の手順を理解しましょう。第2章で年次決算の会計処理を練習する例題が用意されています。

第1章 個別論点と年次決算

1. 手形取引

(1) 手形の種類と仕組み

手形は,「記載されている一定金額の支払を目的とした証券である」と説明されます。それを持っている人(所持人)は, 記載された金額の支払を受ける権利があります。

法律上, 約束手形と為替手形の2種類があり, 小切手と同じように銀行預金をもとにした支払手段として利用されています。

会計処理では, 手形金額を受け取る取引(債権)を処理する「受取手形」勘定(資産)と手形金額を支払う取引(債務)を処理する「支払手形」勘定(負債)を使用します。

手形を支払手段として利用するためには, 小切手の場合と同様, 事前に銀行の支店に対して手形代金の支払を委託する当座取引契約を結び, 当座預金を開設する必要があります。小切手の振出は, 当座預金に残高があることが前提になりますが, 支払期日が数ヶ月後になる手形は, 当座預金の残高がなくても振り出すことが可能です。手形金額を受け取る人は, 支払人を信用しなければ取引が成り立ちませんので, 手形は「信用証券」とも呼ばれています。

支払期日に支払人の当座預金残高が1円でも不足している場合, その手形は「不渡手形」と呼ばれ, 取立を依頼した人は手形金額を受け取ることができません。不渡りを6ヶ月間に2回以上出すと, その振出人は銀行取引停止処分となり社会的な信用を失って倒産に追い込まれることがありますので, 支払期日の管理と資金計画が重要になります。

①約束手形

約束手形は, 手形の振出人が受取人に対して, 一定の支払期日に記載されている一定の金額を支払うことを約束した証券です。

下記の約束手形の見本は, 柏の葉株式会社(振出人)が弥生家具株式会社(受取人)または, 弥生家具株式会社が指図した人に対して,「約3ヶ月後の令和○年7月28日に, 筑波山銀行の利根川支店で, この手形と引き替えに1,000,000円を支払います。」と約束して手渡したものです。

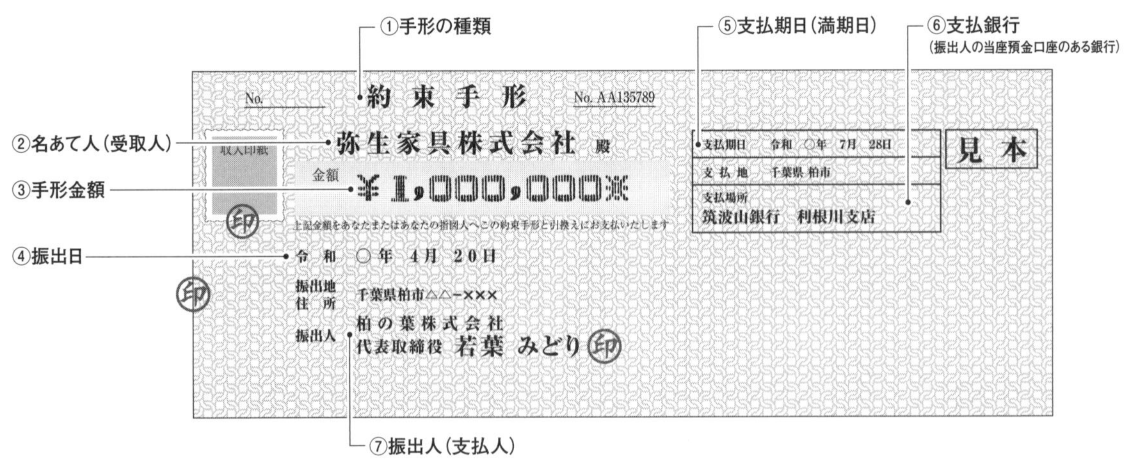

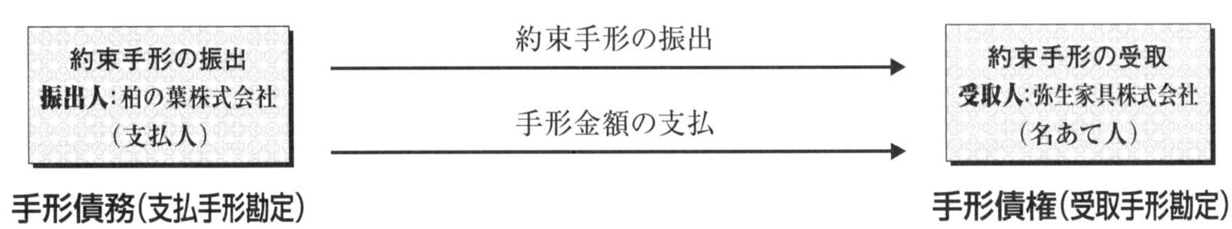

②為替手形

為替手形は，手形の振出人が名あて人(引受人=支払人)に対して，一定の支払期日に記載されている一定の金額を受取人(または指図人)に支払うことを依頼する証券です。

下記の為替手形の見本は，柏の葉株式会社(振出人)が流山インテリア株式会社(支払人)に対して，弥生家具株式会社(受取人)へ2,000,000円の支払を依頼したものです。流山インテリア株式会社は，この手形の支払を引き受けるよう依頼されます。これが「引き受けのための呈示」です。流山インテリア株式会社が支払を引き受けた場合は，手形の引受欄に署名，押印します。これで「引受」済の為替手形となります。

引受の呈示は，受取人がすべきところですが実務上は振出人が行う場合が多いです。なお，支払銀行は，引受人(=支払人)である流山インテリア株式会社が当座預金口座を開設している銀行の支店となります。

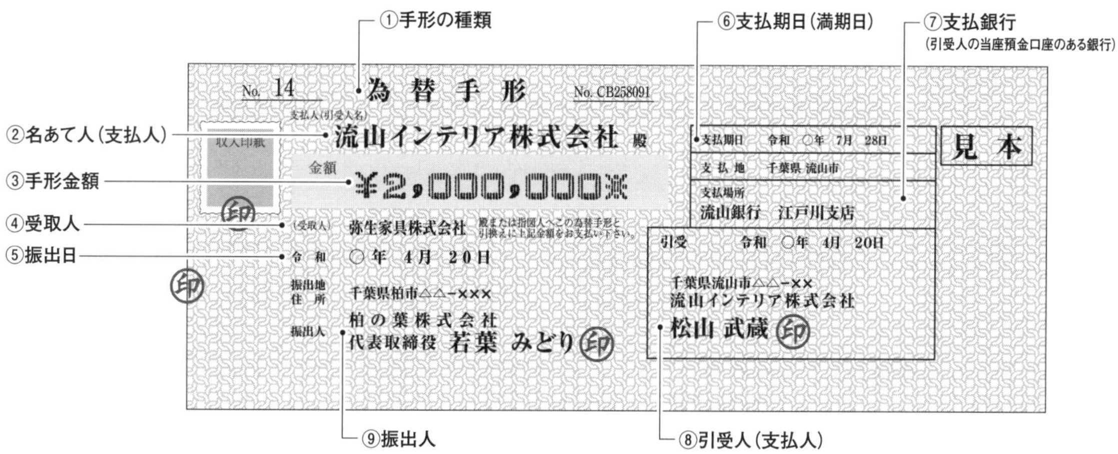

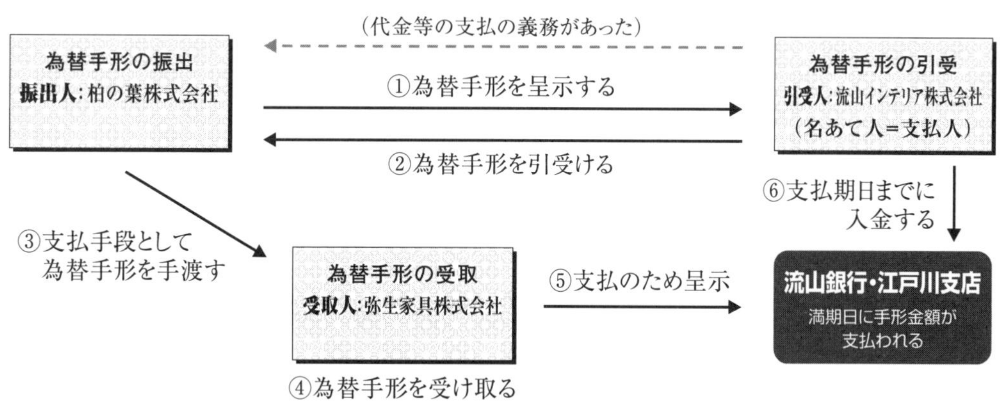

※流山インテリア(株)は，そもそも柏の葉(株)に代金の支払などの債務があったため，支払の依頼を引き受けました。

なお，今日，為替手形は国内の限られた業種で使用されているほか，貿易取引において代金の取り立てのためにこの仕組みが利用されています。

③手形の会計処理

手形金額を受け取る手形債権が発生した場合は,「受取手形」勘定の借方に入力します。一方,手形金額を支払う手形債務が発生した場合は,「支払手形」勘定の貸方に記入します。それぞれ預金口座で決済されることで消滅します。

【約束手形の取引】

柏の葉株式会社は，弥生家具株式会社より商品¥1,000,000を仕入れ，代金は弥生家具株式会社あての約束手形を振り出して支払った。

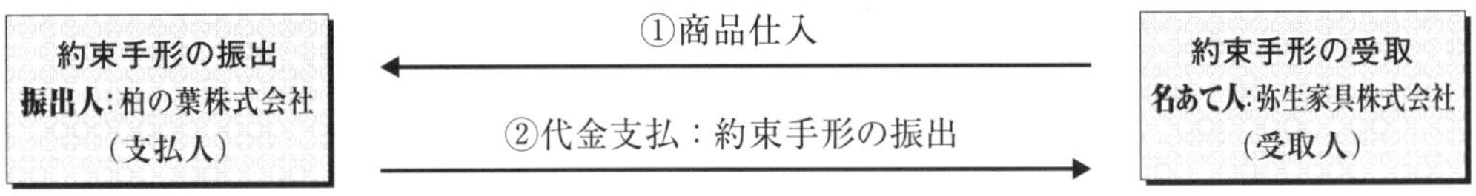

●約束手形の振出

振出人:柏の葉(株)の仕訳

借方科目／補助	借方金額	貸方科目／補助	貸方金額	摘要
仕入高	1,000,000	支払手形	1,000,000	手形仕入

・柏の葉(株)は，仕入代金を支払うため約束手形を振り出して弥生家具(株)に手渡しました。
・約束手形の振り出しは，手形金額を支払う手形債務が発生します。

●約束手形の受取

名あて人:弥生家具(株)の仕訳

借方科目／補助	借方金額	貸方科目／補助	貸方金額	摘要
受取手形	1,000,000	売上高	1,000,000	手形売上

・弥生家具(株)は，売上代金を柏の葉(株)が振り出した約束手形で受け取りました。
・約束手形の受け取りは,「支払期日に手形代金を受け取る」という手形債権が発生します。

●約束手形の決済

振出人:柏の葉(株)の仕訳

借方科目／補助	借方金額	貸方科目／補助	貸方金額	摘要
支払手形	1,000,000	当座預金	1,000,000	支払手形の決済

・振り出した約束手形の手形代金が支払期日に決済された連絡を受けました。

名あて人:弥生家具(株)の仕訳

借方科目／補助	借方金額	貸方科目／補助	貸方金額	摘要
当座預金	1,000,000	受取手形	1,000,000	受取手形の決済

・銀行に取り立てを依頼していた約束手形が支払期日に入金された連絡を受けました。

【為替手形の取引】

柏の葉株式会社は，弥生家具株式会社から商品¥2,000,000を仕入れ，代金の支払として売掛債権のある得意先流山インテリア株式会社あての為替手形を振り出し，流山インテリア株式会社の引受を得て，弥生家具株式会社にこの為替手形を手渡した。

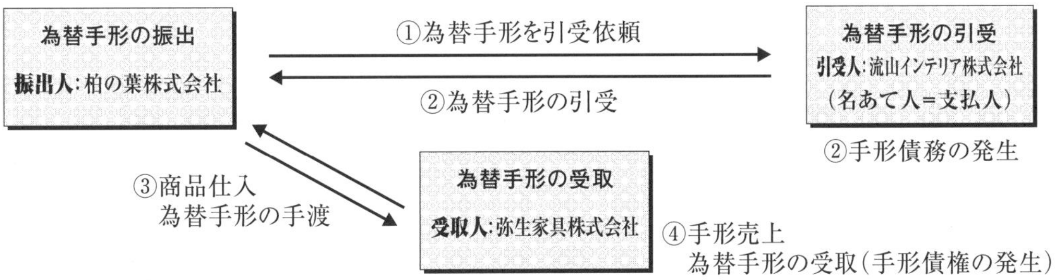

●為替手形の振出

振出人：柏の葉（株）の仕訳

借方科目／補助	借方金額	貸方科目／補助	貸方金額	摘要
仕入高	2,000,000	売掛金 流山インテリア(株)	2,000,000	為替手形の振出

・柏の葉(株)が流山インテリア(株)に為替手形の支払を依頼できるのは，売掛債権があるからです。

・柏の葉（株）は，為替手形の振出人ですが手形債権も手形債務も発生しません。

●為替手形の引受

名あて人：流山インテリア（株）の仕訳

借方科目／補助	借方金額	貸方科目／補助	貸方金額	摘要
買掛金 柏の葉(株)	2,000,000	支払手形	2,000,000	為替手形の引受

・流山インテリア（株）は，柏の葉（株）に対して買掛債務があるので為替手形の支払を引き受けました。これで柏の葉（株）に対する買掛債務は消滅しました。

●為替手形の受取

受取人：弥生家具（株）の仕訳

借方科目／補助	借方金額	貸方科目／補助	貸方金額	摘要
受取手形	2,000,000	売上高	2,000,000	手形売上

・弥生家具（株）は，売上代金を流山インテリア（株）引受済の為替手形で受け取りました。

④手形の割引と会計処理

手形の割引とは，保有している手形を満期日前（支払期日前）に取引銀行等に対して売却し，現金化する取引です。割引日から満期日に至るまでの金利相当額が手形額面金額から差し引かれます。割引時に「受取手形」勘定を消滅（貸方に計上）させるとともに，手形額面金額と手取額との差額を「手形売却損（手形譲渡損）」勘定として処理します。

手形割引では，満期日に手形の支払人から手形代金が支払われなかった場合，手形を割引に出した者が支払人に代わって手形金額と満期日以後の法定利息を支払う義務（債務保証）を負うことになります。

近年の会計諸則では，手形の割引時における保証債務を時価で評価することを求めています。つまり，割引に出した手形について，同種類の手形が過去にどのくらいの割合で支払不能になったかの実績率によってそのリスクを費用として認識するとともに，割引による入金額から差し引くか，負債に計上しようとする考え方です。しかし，実務では支払不能になる実績が少ないこと，そして税務上ではこのような二次的責任について損金算入が認められない場合があることから債務保証を費用に計上しない場合が多いようです。

（仕訳例：手形額面￥1,000,000　手形割引による手取額￥940,000）

借方科目／補助	借方金額	貸方科目／補助	貸方金額	摘要
当座預金	940,000	受取手形	1,000,000	
手形売却損	60,000			

⑤手形の裏書きと会計処理

手形の裏書きとは，保有している手形を満期日前（支払期日前）に仕入代金や買掛金の支払などにあてるため，手形を第三者に譲り渡す取引です。譲り渡す際に，手形の裏面に必要事項を記入し，署名（記名），押印することから手形の裏書譲渡と呼ばれることがあります。

先に説明した手形の割引も取引銀行等に裏書譲渡された手形ということになります。割引手形と同様に，手形を裏書きして譲渡する人（裏書人）は，手形を譲り受ける人（被裏書人）に対して債務保証を負うことになります。仕訳については，手形の割引と同じ考え方です。

⑥手形の不渡りと会計処理

手形の不渡りとは，手形の満期日（支払期日）に手形の支払人から手形金額が支払われなかったことです。この手形を不渡手形と呼びます。

取立依頼した手形が不渡りになった場合は，振出人または裏書人に対して手形金額と支払期日以降の法定利息及び償還請求の諸経費を請求することができます。手形金額とこれらの請求額を含めて「不渡手形」勘定の借方に計上するとともに，受取手形を消滅させるために「受取手形」勘定の貸方に計上します。

（仕訳例：約束手形額面￥500,000が不渡りとなり，償還請求費用￥60,000を現金払い）

借方科目／補助	借方金額	貸方科目／補助	貸方金額	摘要
不渡手形	560,000	受取手形	500,000	
		現金	60,000	

また，割引に出した手形や裏書譲渡した手形が不渡りになった場合は，銀行や被裏書人に対して弁済した金額と手形の支払人に対して償還請求した諸費用を含めて「不渡手形」勘定で処理します。

なお，不渡手形の請求額を回収した場合は「不渡手形」勘定を消滅させます。一方，手形の不渡りにより手形交換所による取引停止処分の事実や破産等の法的事実が確定した場合には，規定に従って貸倒に関する処理が必要になります。

2. 固定資産・その他の取引

(1)固定資産の種類

固定資産とは，通常の営業に使用されることを目的として1年以上にわたって継続的に保有する資産のことをいいます。会計上では，固定資産を建物や車両運搬具などの「有形固定資産」，特許権や商標権，ソフトウェアなどの「無形固定資産」，そして，長期の投資や他企業をグループ化する目的で所有する有価証券などの「投資その他の資産」に分類します。ここでは，「有形固定資産」について少し詳しく説明します。

「有形固定資産」には，建物，建物附属設備，構築物，機械装置，車両運搬具，工具器具備品，一括償却資産，土地，などがあります。建物とは，土地の上に建てられた工作物で壁・柱や屋根があり，事務所や店舗，工場などの用途に使われるものです。窓枠や給排水設備などのように建物と一体になっている部分も建物に含まれます。

建物附属設備は，建物に取り付けられた工作物で建物と一体になって機能するものです。たとえば，電気設備，空調設備，昇降機設備（エレベーター，エスカレーター）などが該当します。建物附属設備は，一般的にはその建物本体に含めて処理することも多いですが，建物に比べて減価償却費を計算する時の耐用年数が短い場合などは，建物とは別の科目として減価償却の計算を行います。なお，建物本体と機能的に分けることができない場合は，独立の償却単位ではなく建物に含めて減価償却します。

また，構築物とは，土地の上に建てられた建物以外の工作物や建物に附属しないで機能する設備のことです。たとえば，塀，屋外広告塔，通信事業用設備，緑化施設や庭園・花壇などが構築物に該当します。

次に，機械装置は，工場で製造工程を構成する設備やその附属設備，工事現場などで使用される大型の作業機器などが該当します。一方，工具とは機械装置以外の道具で，主に小型で人の力で持ち運び可能なもの，手動または電動で操作できるものなどをいいます。

工具器具備品のうち器具備品は，事務所や店舗などに常置されて使用するもので，たとえば，事務机などのオフィス家具，パソコン・コピー機，電話機などの事務・通信機器，冷蔵庫などの電気機器などが該当します。なお，後述のように工具器具備品に該当する固定資産であっても，1個の取得価額が10万円未満のものは消耗品費などの経費として処理することもできます。

(2)減価償却の手続き

固定資産を取得するために支払った金額は，取得した会計期間に全額を費用として計上するのではなく，その資産の使用可能な期間にわたって費用にしていくべきものです。

なぜなら，これらの固定資産は，期間の経過や使用することによって傷んだり，価値が減ったりしていきます。また，固定資産を購入した年度に全額を費用として計上したとすれば，その期だけ利益が少なくなり，期間ごとに経営成績を比べることができなくなるからです。

そこで，適正な期間損益計算をするためには，この固定資産を使用している期間にわたって費用を計上する必要があります。この手続きを減価償却といいます。

この減価償却の手続きは，固定資産を取得した金額を購入時や破棄処分時に一度で費用に計上するのではなく，一定のルールに従って使用可能な期間に応じて平均化します。この使用可能な期間にあたるものが，財務省令の別表に定められている法定耐用年数（利用できる年数のこと）です。

つまり，減価償却とは，固定資産の取得価額を一定の方法によって各会計期間に費用として配分する手続きであり，この会計処理によって期間ごとの経営成績を比較することが可能になるのです。

固定資産は，減価償却の対象となる減価償却資産と減価償却しない非減価償却資産に分類することができます。

さらに，減価償却資産は，有形減価償却資産，無形減価償却資産などに分類されます。有形減価償却資産は，建物，建物附属設備，機械装置，工具や器具備品，車両運搬具などです。無形減価償却資産は，法律上の権利などで商標権，実用新案権，営業権，ソフトウェアなどが該当します。

一方，土地や借地権などのように，時の経過により価値が減少しない資産は，非減価償却資産と呼ばれ，減価償却の対象ではありません。

①固定資産の取得価額

固定資産の取得価額には，その資産を使用するために直接要した費用の額(付随費用)を加算することになっています。付随費用とは引取運賃，荷役費，運送保険料，購入手数料，関税などです。

また，不動産取得税や自動車取得税，登録免許税などは，租税公課として費用処理することも認められています。

営業用に車両を購入する際の会計処理については，いわゆる「自動車リサイクル法」の施行により注意が必要です。自動車を廃車する時のリサイクル費用は，シュレッダーダスト料金，エアバッグ類料金，フロン類料金，情報管理料金，および，資金管理料金を前もって支払うことで預託証明書（リサイクル券）が発行され，購入者が車両を購入する際に負担します。

その後，自動車を廃棄する時まで資金管理法人（財団法人自動車リサイクル促進センター）が，支払われたリサイクル費用を管理します。

シュレッダーダスト料金，エアバッグ類料金，フロン類料金，そして，情報管理料金は，購入した自動車を所有している期間はリサイクル処分の権利として「預託金」勘定などにより固定資産に計上します。その後，転売等でその金額が返還された場合は「預託金」勘定を相殺し，廃車した場合には費用(損失)に計上します。

資金管理料金は，管理するための委託料として支払った時点(購入時)で費用処理します。なお，自動車の損害賠償保険の保険料なども，費用として「保険料」勘定で処理することになります。

②減価償却費の計算と処理

減価償却の処理は，減価償却資産を購入した時からではなく，「事業の用に供した」時から開始します。「事業の用に供する」とは，購入した減価償却資産をその用途のために実際に使用を開始することです。期中に購入して「事業の用に供した」場合は，事業の用に供した月度から月割で減価償却を計算します。月割計算の場合は，1か月未満の端数は切り上げ，1日でも使用した月は1か月として計算します。

減価償却の計算方法には，代表的なものに定額法と定率法があります。定額法は，耐用年数の各期間で減価償却額が一定額となる方法で，定率法は購入した初年度の償却額がもっとも多額になり年数が経過するごとに減っていく特徴があります。

減価償却資産は，税法によりその種類に応じて減価償却の計算方法が定められていて，計算方法が定額法の1つに限定されているものと複数の方法が認められているものがあります。

複数の償却方法が認められている場合は，任意に選択して税務署長への届出が必要となりますが，この届出をしなかった時に適用される償却方法を「法定償却方法」と呼びます。

③新減価償却制度について

減価償却制度は，平成19年度の税制改正によって大きく改正されました。この改正により減価償却資産の残存価額，償却可能限度額が廃止され，耐用年数経過時点で取得価額の全額を償却することができるようになりました。なお，その資産が存在していることを帳簿上に記録するために1円の備忘価額を残します。

また，平成19年3月31日以前に取得した減価償却資産(旧償却方法適用資産)は，従来通りの償却方法(旧定額法，旧定率法と呼ぶ)で減価償却を行うことになります。償却可能限度額(取得原価の95%)まで償却した場合は，翌事業年度以降5年間で均等償却することが可能となり，取得原価の全額を償却できます。この改正によって，技術進歩が著しいIT分野の法定耐用年数が短縮されるなど，投下資本の回収スピードを速めることができるようになりました。

※従来の制度では，耐用年数が経過した後に処分する時の見込額という意味で「残存価額」という考え方があり，税法では取得価額の10%と決められていました。

減価償却の計算式

定額法　当期の減価償却費 ＝ 取得価額 × 定額法の償却率

$$\left(\text{定額法の償却率} = \frac{1}{\text{耐用年数}}\right)$$

定率法　当期の減価償却費 ＝ 期首未償却残高 × 定率法の償却率

→（取得価額 − 減価償却累計額）

月次決算で減価償却費に関する処理を行う場合は，当期末に計上する見積額を12か月で割って計上することになります。

【新定額法と新定率法】(平成19年4月1日以降の償却方法を「(新)定額法」，「(新)定率法」と呼ぶ)

(新)定額法は，耐用年数を経過した時点で取得原価の全額が償却されますが，備忘価額として1円を残して償却することになります。

一方，(新)定率法は，耐用年数の経過時点で取得原価の全額を償却することができませんので，途中から定額法のような計算に切り替えることになっています。つまり，(新)定率法により通常の計算で減価償却費を計上し，年々少額になっていく減価償却費が償却保証額を下回った時点で，前期末の未償却残高(前期末帳簿価額)に改定償却率を乗じ，3年間で備忘価額1円まで償却します。

※償却保証額とは取得価額×保証率で求められます。また，改定償却率とは保証額を下回った事業年度以降，3年間で毎期一定の償却額によって全額償却できるよう耐用年数に応じて規定されています。

【平成19年3月31日以前に取得した固定資産】

旧定額法では，耐用年数の経過時点で残存価額(取得原価の10％)を残して償却が行われます。旧制度での償却可能限度額は95％ですので，その後取得価額の5％が帳簿残高になるように減価償却費を計上します。同様に，旧定率法でも旧定率法の償却率によって残存価額(取得原価の10％)を残すまで償却が行われ，その後償却可能限度額まで償却を続けます。

【償却可能限度額到達後の償却】

平成19年3月31日以前に取得した減価償却資産が償却可能限度額(取得価額の95％)に達した場合，備忘価額1円を除いて翌事業年度以降5年間で均等償却することができます。

【償却資産の種類による償却方法】

平成19年4月1日以降に取得した建物附属設備，構築物，機械及び装置，車両運搬具，工具器具及び備品などの償却資産については，(新)定額法と(新)定率法が認められており，法定償却方法は定率法とされていました。(この段落以降，(新)定額法と(新)定率法は，定額法，定率法と表示します。)

しかし，建物附属設備は建物と一体となって整備されること，また，構築物も建物同様に長期にわたって安定的に使用されるという理由により，平成28年4月1日以降に取得する建物附属設備及び構築物については，従来の定率法の適用を廃止し，償却方法を定額法に限定することになりました。(鉱業用減価償却資産及びリース資産を除きます。)

資産の種類と取得時期による償却方法の制度改正をまとめると，次の表になります。

償却資産の種類／取得時期	～H10.3.31	～H19.3.31	～H24.3.31	～H28.3.31	H28.4.1～
建物	旧定額法 旧定率法	旧定額法	定額法		
建物附属設備，構築物		旧定額法 旧定率法	定額法 250%定率法	定額法 200%定率法	定額法
機械装置，器具備品，車両等					定額法 200%定率法
ソフトウェア等の無形固定資産	旧定額法		定額法		

※「200%定率法」とは，定額法の償却率を2倍した償却率を定率法の償却率とする償却方法のことです。たとえば，耐用年数が5年の場合，定額法の償却率は1÷5＝0.2となり，「200%定率法」では0.2×200%＝0.4という償却率になります。

④少額な減価償却資産の特例

減価償却資産のうち取得価額が10万円未満のもの，または使用可能期間が1年未満の償却資産を「少額減価償却資産」と呼び，その取得に要した金額の全額を使用した年度に一括で経費に計上することが認められています。

減価償却資産のうち取得価額が10万円以上20万円未満の減価償却資産については，一定の要件のもとでその減価償却資産の全部又は特定の一部を取りまとめ(一括して)，その取りまとめた(一括した)減価償却資産の取得価額の合計額を使用した年度以降の3年間で償却することができます。

このように取りまとめた償却資産のことを「一括償却資産」と呼び，個々の償却資産の耐用年数に関係なく，取りまとめた償却資産の取得価額の合計額の3分の1に相当する金額を毎期償却します。この場合，通常の減価償却と異なり月割計算を行うことはなく，また，売却・除却しても未償却分を売却損(除却損)として計上することなく，計画通り3年間の償却を継続することになります。

青色申告をする中小企業者に該当する法人・個人事業者については，上述の「少額減価償却資産」や「一括償却資産」とは別に，取得価額30万円未満の減価償却資産を取得した場合にその全額を取得して使用した年度の費用として計上し，税法上の損金に算入できる特例措置があります。

この特例は，「中小企業者の少額減価償却資産」の特例と呼ばれ，取りまとめた個々の少額減価償却資産の合計額が300万円以下でなければなりません。なお，この場合でも固定資産税(償却資産)の対象になりますので注意が必要です。

最後に，上述した償却資産の取得価額の判定に際して，消費税の額を含めるか否かは納税者の経理方式により異なります。つまり，税込経理であれば消費税を含んだ金額で判定し，税抜経理であれば消費税を含まない金額で判定します。なお，免税事業者は税込経理になります。

⑤修繕費と資本的支出について

減価償却資産が故障した場合などの修理代は，通常，その支出した年度の修繕費として費用計上されます。しかし，通常の修理，維持管理を超えて改良や品質性能の向上などにより，使用可能期間の延長や価値の増加が認められる場合は，資本的支出と呼ばれ減価償却資産の追加計上をしなければなりません。一般的に，20万円未満の支出や3年以内の周期で行われる維持管理であれば修繕費として認められます。

(3)固定資産台帳

固定資産台帳とは，事業で使用する固定資産などについて，固定資産ごとに購入，売却，除却，減価償却額，その他固定資産の管理に必要な事項を記載しておく帳簿で，事業者は地方税法の規定により備えなければならないことになっています。

固定資産台帳に記載されている固定資産の現物の所在が不明であったり，特定できないことがあってはなりません。同じ種類の固定資産がある場合や数量が増えていくことも考慮して，固定資産の現物に取得年月日や管理番号を付したシールを貼り，固定資産台帳と一致させて管理することも大切です。

なお，固定資産に計上する必要のない10万円未満の少額減価償却資産等は，固定資産台帳に記入しません。

固定資産台帳・減価償却明細表

令和○年10月1日～令和△年9月30日

(金額単位:円)

種　類	取得年月日	取得価額	償却方法	耐用年数	償却率	当期償却額	償却累計額
(車両運搬具)							
乗用車	令和×年8月	3,000,000	定率法	6	0.319	617,067	1,682,686
乗用車	令和○年9月	2,000,000	定率法	6	0.319	621,040	674,206
計		5,000,000				1,238,107	2,356,892
(備　品)							
エアコン	令和◇年2月	320,000	定率法	6	0.319	37,273	240,429
応接セット	令和◇年2月	280,000	定率法	8	0.250	32,812	181,561
計		600,000				70,085	421,990
合　計		5,600,000				1,308,192	2,778,882

(4)弥生会計による固定資産管理

弥生会計では，「固定資産一覧」に登録することにより減価償却費の自動計算，固定資産（一括償却資産を含む）に関する資料の作成や償却・除却損の仕訳作成などを行うことができます。

弥生会計で固定資産管理を行うためには，次の手順で設定・登録することが必要です。

①固定資産管理の基本設定
固定資産の計算設定を行います。

▶

②固定資産の登録
固定資産を固定資産一覧から登録します。

▶

③固定資産資料の作成・印刷
固定資産と減価償却費の一覧などを作成・印刷します。

●固定資産管理の手順

①固定資産管理をするためには，固定資産を登録する前に「直接法」「間接法」の選択や端数金額の処理方法，固定資産の登録時に表示される初期値や仕訳書き出し時に使用する勘定科目など，固定資産の減価償却の計算や資料作成にかかわる設定を行います。

◆固定資産の計算設定を行う

［拡張機能］メニューの［固定資産管理］を選択し，［計算設定］をクリックします。
［固定資産計算設定］ダイアログが表示されますので，各項目を設定します。

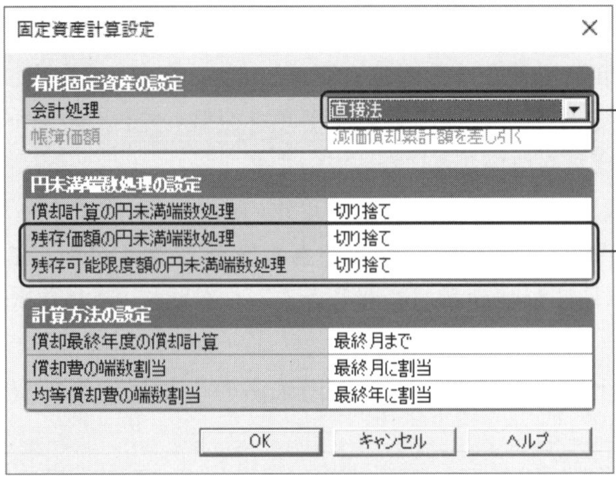

減価償却費の仕訳方法を「直接法」「間接法」から選択します。「直接法」は，当期の減価償却額を減価償却費勘定の借方と固定資産の各科目の貸方に入力して取得原価から直接減額する方法です。一方，「間接法」は，減価償却額を減価償却累計額勘定の貸方に入力する方法です。

事業供用開始日が平成19年3月31日以前の固定資産で使用されます。
固定資産の残存価額，残存可能限度額に1円未満の端数が発生した場合に選択します。

◆固定資産科目の設定を行う

［拡張機能］メニューの［固定資産管理］を選択し，［科目設定］をクリックして表示された［固定資産科目設定］ウィンドウで必要な各勘定科目の項目を設定します。
なお，初期設定されている勘定科目には，各項目の初期値があらかじめ設定されています。

◆固定資産の設置場所（地区情報）候補の設定を行う

［拡張機能］メニューの［固定資産管理］を選択し，［固定資産一覧］をクリックして表示された［固定資産一覧］ウィンドウの［項目設定］ボタンをクリックします。
次に表示された［設置場所の設定］（または［地区情報の設定］）をクリックして表示された［設置場所の設定］（［地区情報の設定］）ダイアログで資産の設置場所（地区情報）を登録しておき，固定資産登録時に選択します。

②管理する固定資産を固定資産一覧に登録します。固定資産の取得価額や償却方法などの情報を登録することで，毎年の減価償却費が自動計算されます。

◆ 固定資産を登録する

［拡張機能］メニューの［固定資産管理］を選択し，［固定資産一覧］をクリックして，表示された［固定資産一覧］ウィンドウの［新規作成］ボタンをクリックします。
次に表示された［固定資産の新規登録］ダイアログで各項目を設定します。
なお，［固定資産一覧］ウィンドウは，クイックナビゲータの［決算・申告］カテゴリの［固定資産管理］からも表示させることができます。

【[固定資産の新規登録]ダイアログ】

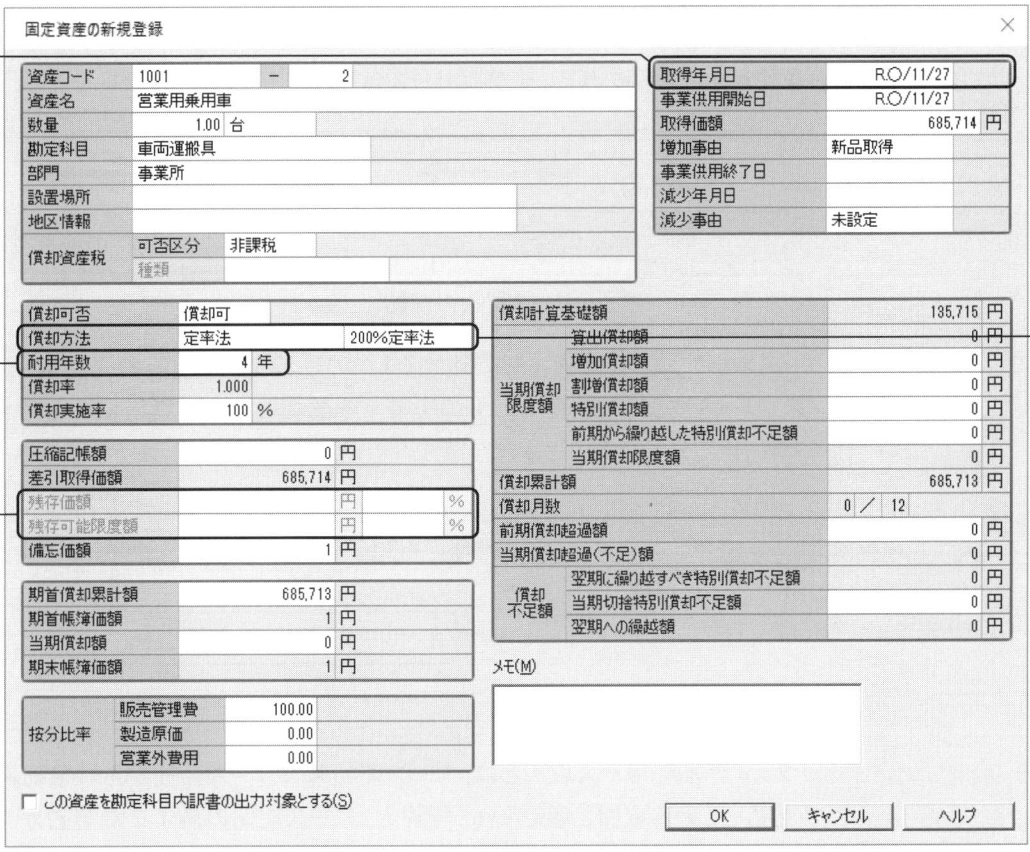

※事業供用開始日の設定によって，償却率，残存価額，残存可能限度額，備忘価額の設定項目の表示が異なります。
残存価額，残存可能限度額は，事業供用開始日が平成19年3月31日以前に設定され，残存可能限度額に未到達な場合に限り固定資産科目設定にもとづいて計算された金額（初期値）が設定されます。それ以外は設定できません。

※事業供用開始日が平成19年3月31日以前に設定され，残存可能限度額に到達している場合は，償却方法が5年均等償却のため，償却率は「0.200」の固定となります。

※耐用年数は，償却方法が「定額法」「定率法」「均等償却」の場合に0または2～100の数値で入力します。

※適用可能な償却方法は，事業所の規模や資産の種類などにより異なります。ここで選択できる償却方法は，定額法，定率法，均等償却，一括償却，即時償却，任意償却，非減価償却資産です。

- 均等償却とは，支出の効果の及ぶ期間で毎年度均等に償却する方法です。
- 任意償却とは，法定耐用年数にもとづく償却限度額に満たない減価償却額を任意で償却する方法です。（法人税法においてのみ認められている償却方法です。）
- 即時償却とは，「中小企業者の少額減価償却資産」の特例を適用する場合に選択し，少額減価償却資産（30万円未満の資産）の全額を事業供用開始日が含まれる年度に償却する方法です。
- 非減価償却資産とは，減価償却の対象とならない非償却資産に設定します。これにより償却を行わない資産も管理できます。

(5) リース取引

リース取引とは，企業の必要な物件をリース会社が取得して，その企業に契約した期間にわたりこれを使用する権利を与え，企業はリース会社へ利用料（リース料）を支払う取引をいいます。

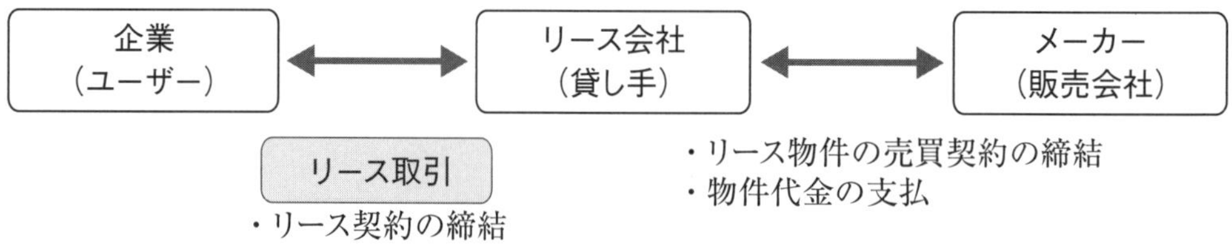

リース取引には，設備資金を調達する1つの手段として通常の売買取引と同様に考える「ファイナンス・リース取引」と設備そのものを借りる契約として賃貸借取引と考える「オペレーティング・リース取引」に分類することができます。

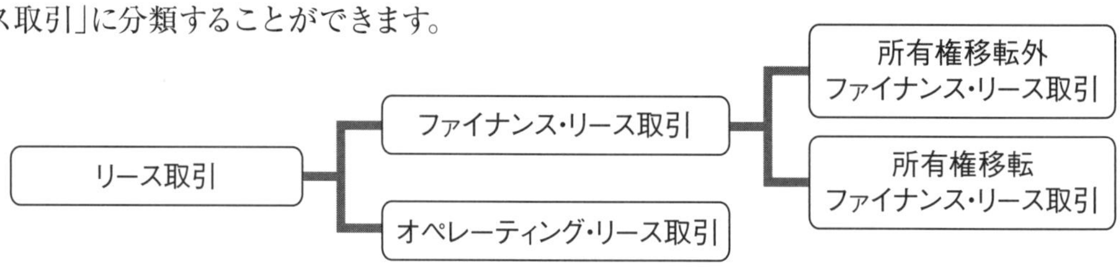

①ファイナンス・リース取引

ファイナンス・リース取引とは，リース開始時にリース会社から対象物件を購入して代金を割賦で支払っている取引と考えられ，契約上，リース期間の満了まで解約ができないか，中途解約により多額の違約金が発生する契約で，使用にともなって発生する費用も負担して自分の所有物と同じように使用できることを要件としています。

ファイナンス・リース取引は2つに区分され，1つは「所有権移転外ファイナンス・リース取引」と呼び，リース期間の満了時に所有権が借り手に移転しないものです。もう1つはリース期間の満了と同時に所有権が借り手に移転するもので，「所有権移転ファイナンス・リース取引」と呼びます。

会計処理は，リース開始時にリース資産の譲渡があったものと考え，通常の売買取引に係る方法に準じて処理されます。

②オペレーティング・リース取引

オペレーティング・リース取引とは，ファイナンス・リース取引以外のリース取引と説明されることが一般的です。具体的には，リース物件の所有権がユーザーに移転しないことが明らかで，リース料から金利等を控除した額の総額が物件購入価額の90％未満で，かつ，解約できないリース期間が物件の耐用年数の75％未満のリース取引が該当します。

会計処理は，通常の賃貸借取引に係る処理方法に準じて行われ，資産と債務には計上されずに「リース料（支払リース料）」勘定で当期の費用として処理されます。

なお，所有権移転外ファイナンス・リース契約で1 件あたりのリース料総額が300 万円以下のリース取引やリース期間が1 年以内など，重要性が乏しい場合は賃貸借処理ができます。

また，中小企業の場合，所有権移転外ファイナンス・リース取引については，引き続き賃貸借処理ができますが，重要なリース資産等は未経過リース料を注記することになります。

リース契約のうち，2019年の改正消費税法に定める経過措置の要件を満たした場合，リース料に係る消費税率は旧税率（8％または5％）となります。

(6)その他の取引について

特殊な販売契約における収益の計上時期と借入金に関する会計処理を確認しましょう。

①自社の製品・商品の販売を委託する販売契約

特殊な販売契約の1つとして自社の製品・商品の販売を他社に委託する場合があります。販売を委託された企業(受託者)は，委託品の販売，販売代金の回収，および，これに付随，関連する業務を行って販売手数料を受け取ることになります。

受託者は，委託品を委託者から指定された価格で販売し，相手に引き渡した時に所有権が委託者から販売先へ直接移転します。委託品の在庫は委託者の棚卸資産であり，受託者は在庫を抱えることはありません。

委託者が売上高を計上するタイミングは，受託者が委託された製品・商品を販売した日をもって委託者の売上高として計上します。つまり，受託者が記録している売上計算書(仕切精算書)に販売日として記録した期日で売上高を計上します。

従って，後日に売上計算書が到着して決算日までに販売された事実が明らかとなった売上分は，当期の売上高として計上しなければなりません。ただし，売上計算書が販売のつど送付されている場合には，この売上計算書が到達した日をもって委託した製品・商品の売上高を計上する日とみなすことができます。

②借入金に関する会計処理について

借入金は，金銭消費貸借契約を締結して借り入れを行う「証書借入」が一般的です。その他，約束手形を振り出し，担保として差し入れることにより借り入れを行う手形借入などがあります。

決算日の翌日から起算して1年を超えて返済期限の到来する借入金は，「長期借入金」として固定負債の部に記載します。また，1年以内に返済期限が到来する場合は，「短期借入金」として流動負債の部に記載します。

金融機関で当座預金口座を開設する際に，当座借越契約を結んでいれば当座預金残高がマイナスになってもその限度額まで支払に応じてもらえます。預金残高を超えて支払がなされた金額は，銀行からの「短期借入金」として処理します。

なお，決算に際して，分割して返済する計画になっている長期借入金のうち，決算日の翌日から起算して1年以内に返済期限が到来する金額については，「1年以内返済長期借入金」という表示科目で貸借対照表上の流動負債の部に記載するか，場合によっては「短期借入金」に含めて表示します。

借入金の利子は，元本の返済額と支払うべき利息を分けて会計処理します。支払利息は，借り入れた際に支払う前払方式と返済時に元本と一緒に支払う後払い方式があり，「支払利息」勘定で処理します。

3. 決算の手続き

(1) 年次決算の意味と手続き

今まで学んだ月次決算は，社内での業績評価や原価の低減，プロジェクトの見直しなど，企業内部の管理として利用されることが多いです。もちろん，月次決算を行うことによって年次決算が迅速にできるということもあります。

年次決算は，企業が定めた一定の期間における利益の算定，資金の調達と運用を明らかにする決算書類を作成するために，会計帳簿を基礎にして集計・整理・計算する手続きです。日常処理で記録された内容やまだ記録されていない取引を確認，処理し，決算日現在の事実関係に合致させるための修正も必要とされます。

日常処理の記録から集計・整理・計算された数値は，客観的であり検証することができるものとして信頼性が保証されます。この会計情報を明らかにすることにより，企業と関係する利害関係者に対して説明の責任を果たすことになります。

決算書類は，投資家である株主や債権者に対する利害の調整，また税務当局に対する申告・納付のための課税所得計算などに利用されます。

さらに，貸借対照表，損益計算書，キャッシュ・フロー計算書をはじめとする会計情報は，収益構造の分析や経営戦略の意思決定のために活用されています。

(2) 決算整理事項

企業は，一定期間に発生した収益と費用を対応させることにより純損益（利益・損失）を算定します。この正確な期間損益計算を行うためには，日常処理によって入力された項目のうち，決算日現在の事実と照合して，当期の収益，費用，そして残高を修正整理しなければならない項目が発生します。この項目を決算整理事項といいます。

主な決算整理事項は，次の通りです。

1. 現金の帳簿残高と実際残高を照合します。
   現金の実際調査により現金実際残高を確定し，帳簿残高と照合します。また，期中に処理した現金過不足額のうち，原因不明のものは，雑収入，雑損失に振り替える会計処理が必要です。

2. 銀行が発行した預金残高証明と帳簿残高を照合します。
   銀行が発行した預金残高証明書にもとづいて，決算期の会計期間における正しい預金残高を確定させます。ただし，決算日現在の預金残高証明書の金額が，当期末の残高とは限りません。

3. 商品の期末棚卸高を確定し，当期の売上原価を算定します。
   期末の商品棚卸高を確定させ，当期に売上高と対応させる売上原価を算定します。

4. 債権の貸倒れの見積もり
   債権の貸倒れの見積もりとは，期中に発生した売掛金，受取手形，未収金，貸付金などの債権に対して回収不能見込額を見積もり，あらかじめ費用として計上するものです。

5. 固定資産の減価償却費の計上

減価償却資産を対象にして，定められた規定・手続きにより当期の減価償却費を算定し，計上します。

6. 収益・費用の見越し・繰延べ

期中に支払った支出金額で当期の費用に計上した中には，次期以降の収益に対応するべき項目や商品，サービスの提供を未だ受けていないものが含まれています。同様に，期中に受け取った収入金額で収益に計上した中には，未だ商品，サービスの提供をしていないものが含まれています。

当期に属する収益と費用を対応させるために修正が必要となります。

7. その他

未収金，未払金を確認して金額を確定し，「仮払金」勘定や「仮受金」勘定で処理した項目を調査し，適切な勘定科目へ振り替える処理が必要になります。また，決算日における仕入先別や得意先別の掛残高も再度確認して確定させます。

①売上原価の算定

年度末に売れ残った商品は，売上原価とはなりません。次年度に販売する商品として棚卸資産となります。従って，当期の商品仕入高から差し引き，当期の売上に対応する原価（売上原価）を計算します。

今までの学習簿記教育では，「仕入」勘定で売上原価を算定する説明が一般的ですが，会計ソフトでは，損益計算書の勘定科目である「期首商品棚卸高」「仕入高」「期末商品棚卸高」勘定と貸借対照表の勘定科目である「商品」勘定を用いて仕訳することで売上原価を自動的に計算します。

売上原価を算定するための仕訳は，各月の月次決算で行い，これを決算月まで続けることで年次決算の仕訳となります。または，月次決算を省略し，年次決算時に売上原価を算定するための仕訳を行う場合もあります。

②棚卸減耗費と商品評価損の処理

商品の在庫数量を把握することを「棚卸」と呼びます。帳簿上の在庫数量を「帳簿棚卸高」と呼び，実際に商品在庫を確認して記録した在庫数量を「実地棚卸高」と呼びます。本来，「帳簿棚卸高」と「実地棚卸高」は，一致しているはずですが，盗難や紛失，記帳もれ（原因不明）などの理由により一致しない場合があります。このような棚卸資産の数量不足による損失を「棚卸減耗費」と呼びます。

近年，棚卸資産の評価に関する考え方は，会計基準の見直しにより取得原価をもって棚卸資産の価額とする評価方法から取得原価と決算時の時価のいずれか低い方の金額を棚卸資産の価額とする評価方法へ変更されています。

品質の低下や陳腐化などのように，棚卸資産の状態に欠陥がある場合や市場の状況が変化した場合などにより，販売できるであろう売価が帳簿価額を下回るような状態においては商品評価損を計上して棚卸資産の帳簿残高を切り下げる必要があります。

下記の商品棚卸表にもとづいて，決算整理仕訳を考えてみましょう。

商品棚卸表

令和○年9月30日

種　類	仕入単価	帳簿棚卸数量	実地棚卸数量	実地棚卸金額
XX-10	¥1,700	500	500	¥850,000
XY-20	¥1,700	500	490	¥833,000
YY-30	¥1,400	100	100	¥140,000
YZ-40	¥1,500	400	400	¥600,000
ZZ-50	¥2,200	600	600	¥1,320,000
合　計				¥3,743,000

上記の棚卸表の通り，実地棚卸の結果，XY-20が帳簿棚卸に対して10個不足していることが判明しました。この不足分については，棚卸減耗として売上原価に含めることとします。

棚卸商品に減耗や評価損が発生している場合，売上原価に含めて処理する方法は，実地棚卸高の金額を「期末商品棚卸高」として入力します。

つまり，帳簿棚卸高の金額から棚卸減耗を差し引いた金額を「期末商品棚卸高」とします。下記の解説図を参考にして，棚卸減耗が売上原価に含まれることを確認しましょう。

仕入高・棚卸商品と売上原価の関係

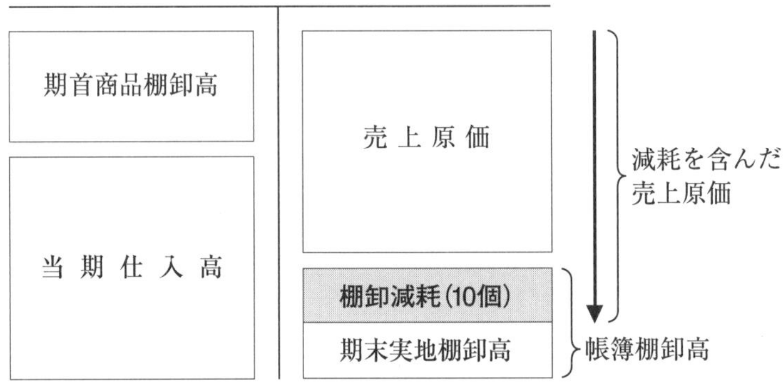

減耗を含んだ売上原価 ＝ 期首商品棚卸高 ＋ 当期仕入高 － 期末実地棚卸高

前期繰越商品の金額を¥3,620,000として，「商品」勘定から「期首商品棚卸高」勘定へ振り替えます。同時に，棚卸減耗を含んだ当期の売上原価を算定するために，実地棚卸高による期末実地棚卸高¥3,743,000を「商品」勘定の借方と「期末商品棚卸高」勘定の貸方へ入力します。

借方科目／補助	借方金額	貸方科目／補助	貸方金額	摘要
期首商品棚卸高	3,620,000	商品	3,620,000	期首棚卸高
商品	3,743,000	期末商品棚卸高	3,743,000	期末棚卸高

③債権の貸倒れの見積もり

期中に発生した売掛金，受取手形，未収金，貸付金などの金銭債権等について，相手先の債務不履行により回収不能（貸倒れ）が見込まれる場合，その見積額をあらかじめ「貸倒（引当金）繰入額」勘定の借方に費用（損失）として計上し，同額を「貸倒引当金」勘定の貸方に計上します。

「貸倒引当金」勘定は，期末の債権価額から貸倒見積額を控除する科目です。貸借対照表に表示される債権価額は，種類ごとに期末の債権価額から「貸倒引当金」が控除された価額で表示されます。

貸倒引当金の見積もりについては，債務者の状況によって債権を一般債権，貸倒懸念債権，破産更生債権の3つに区分し，債権区分ごとに具体的な貸倒見積高の算定方法が定められています。

一般債権の貸倒見積高の算定は，債権の全体，または同じ種類の債権ごとに過去の貸倒れ発生割合を平均化した貸倒実績率等を求めて貸倒見積高を計算します。

一般債権の貸倒見積高は，次の算式により求めることができます。これを実績法と呼びます。

貸倒見積高 ＝ 貸借対照表の債権価額 × 貸倒実績率等

貸倒（引当金）繰入額の会計処理方法は，一般的に前期末の貸倒引当金残高と上記の計算により求めた当期末に計上すべき貸倒引当金残高の金額を比較して，その過不足金額を調整する方法（差額補充法）により処理します。なお，決算整理事項である貸倒の処理に関する消費税は不課税取引です。

【仕訳例】

当期末の一般債権につき実績法により計算した結果，当期末の貸倒引当金見積残高は￥320,000と算定された。なお，決算前の貸倒引当金残高は￥300,000計上されている。

借方科目／補助	借方金額	貸方科目／補助	貸方金額	摘要
貸倒引当金繰入額（販）	20,000	貸倒引当金（売）	20,000	貸倒の見積計上

④減価償却費の会計処理

当期の償却額を減価償却の計算方法（定額法や定率法など）により算定し，「減価償却費」勘定の借方に計上します。同時に，「減価償却累計額」勘定の貸方に計上する間接法と減価償却資産の各勘定の貸方に計上して，固定資産の価額を直接減額する直接法があります。

貸借対照表に表示される固定資産の価額は，取得価額から減価償却累計額を控除する形式で表示されます。また，残高試算表などで借方欄，貸方欄がわかれていない場合，減価償却累計額はマイナスの記号が表示されます。

【仕訳例】

固定資産台帳にもとづいて，当期の減価償却額￥840,000を計上した。（間接法）

借方科目／補助	借方金額	貸方科目／補助	貸方金額	摘要
減価償却費	840,000	減価償却累計額	840,000	減価償却費の計上

(3) 消費税の計算と会計処理

消費税は，国内で行われる取引に対してかかる税金で，商品やサービスの価格に上乗せされます。課税される取引は，会社や個人事業者が事業として行った取引と対価を得て行う取引です。「対価を得て」とは，商品(もの)の受け渡しやサービスの提供とお金の支払(受取)との間に対応関係や因果関係があるということです。また，外国から商品などを輸入する場合は，商品引取りの時に消費税が課税されます。

事業者は，仕入代金や経費を支払う際に消費税を支払いますが，売上代金を受け取る際には消費税を上乗せした金額を受け取るので，事業者が消費税を負担することはありません。事業者は，売上時に預かった消費税と支払った消費税の差額分を納付することになります。

①課税対象外(不課税)取引と非課税取引について

消費税の課税の対象は，国内において事業者が事業として，対価を得て行った取引と輸入取引で，課税の対象になる取引を**課税取引**といいます。この要件にあたらない取引は，消費税の課税対象外のもので消費税はかかりません。この取引を**課税対象外(不課税)取引**といいます。

「対価を得て」とは，商品(もの)の受け渡しやサービスの提供とお金の支払(受取)との間に対応関係や因果関係があるということです。たとえば，得意先に祝い金を支払った場合は，お金を支払っただけで商品やサービスの提供を受けたわけではありませんので課税対象外（不課税）取引です。また，給与の支払等は，雇用契約にもとづく労働の対価であり，「事業」として行うものではないので課税の対象から除外されます。

一方，消費税の性格上，税金をかけること（課税）が望ましくない取引や社会政策上の配慮から消費税を課税しない取引があります。このような種類の取引を**非課税取引**といいます。

課税が望ましくない取引の事例としては，「土地の譲渡，貸し付け」「社債，株式等の譲渡」「利子，保険料」「郵便切手，印紙などの譲渡」「商品券，プリペイドカードなどの譲渡」「国際郵便為替，外国為替」などがあります。

また，社会政策上の配慮により課税されない取引の事例としては，「一定の学校の授業料，入学金」「社会保険医療」「住宅の貸し付け」などがあります。

②課税事業者とは

基準期間（個人事業者は前々年，会社は前々事業年度）の課税売上高が1,000万円を超えている事業者は，顧客から預かった消費税を国に納める義務があります。この要件に該当する事業者を**課税事業者**といい，これ以外の事業者は**免税事業者**になります。課税売上高とは，消費税が課税される取引に対する売上高のことで，本業以外の取引でも課税期間中に発生したすべての課税売上高が対象になります。

また，基準期間の判定で課税事業者とならなかった場合でも，特定期間（前事業年度開始の日から6か月の期間）における課税売上高が1,000万円を超えた場合は課税事業者になります。

なお，課税売上高に代えて，特定期間中の給与等支払額の合計額での判定も認められています。

③消費税の税率と軽減税率

消費税には，国税である**消費税**と地方税である**地方消費税**があり，あわせて消費税等といいます。消費税の税率は7.8％，地方消費税の税率は2.2％で，あわせて10％の税率です。

消費税は，社会保障の安定財源の確保等を図るために，2014年4月から8％(国税6.3％，地方税1.7％)に引き上げられ，その後，2019年10月から税率が10％へ引き上げられました。

この消費税10％の引き上げと同時に軽減税率制度がはじめて導入されました。この制度は，消費者が日々の生活において消費しているものに係る消費税増税分を軽減し，消費者の負担を緩和することを目的として導入されたものです。

具体的には「飲食料品（酒類・外食を除く）」と「週2回以上発行される定期購読新聞」に対して税率8％をそのまま据え置くことになりました。これにより，標準税率（10％）と軽減税率（8％）という複数の税率が適用されることになり，消費税納付額の計算では課税売上げに係る消費税額と課税仕入れ等に係る消費税額について，標準税率（10％）と軽減税率（8％）をそれぞれ算出したのちに消費税額を合算することになります。

つまり，軽減税率制度の導入により，原則として（特例を除く）8％軽減税率が適用される売上・仕入と10％標準税率の売上・仕入をそれぞれ明確に分けて計算・記帳・集計することが求められており，申告に際しては1年間の合計額をそれぞれ分けて税額計算することになります。

消費税等の軽減税率は，税率引き上げ前と同じ8％ですが，消費税率（6.3％→6.24％）と地方消費税率（1.7％→1.76％）の割合が異なります。

【消費税等の税率】

	標準税率	軽減税率
消費税率	7.8％	6.24％
地方消費税率	2.2％ （消費税額の22/78）	1.76％ （消費税額の22/78）
合計	10.0％	8.00％

軽減税率の対象品目である飲食料品などを扱う業界は，直接，売上・仕入の両面で消費税の計算に大きな影響を及ぼしますが，対象商品の販売がないから関係ないということはなく，ほぼすべての企業に影響します。なぜなら，会議用・来客用の飲み物や従業員用の弁当，そして定期購読の契約で日刊新聞などが会社に配達されていることも多く，さまざまな場面で軽減税率対象商品を購入して経費に計上しているからです。その他にも「取引先に手みやげ品として購入した菓子類」や「取引先に送った飲食料品のお中元やお歳暮」なども軽減税率の対象です。なお，レストランなどでの食事代は，標準税率の対象になります。

④インボイス制度の導入について

軽減税率制度が導入されたことにより軽減税率の適用対象となる品目とそれ以外の品目を明確に区分した請求書や領収書等が必要になり，令和5年10月から「適格請求書等保存方式（インボイス制度）」が導入されました。

消費税を納付している法人は，売上時の受取額に含まれている消費税額(仮受)から仕入や経費などの支払時に含まれている消費税額(仮払)を差し引いて納税する場合があります。

この仮払いしている消費税額を差し引く際には，支払先が交付するインボイス(適格請求書等)の保存が必要となり，インボイスが交付されない場合，仮払いの消費税分を控除できずに消費税額を納付することになりました。(「負担軽減措置」や「経過措置期間」があります。)

※詳しくは，「コンピュータ会計 基本テキスト(実教出版)」を参照してください。

消費税納付額の計算では，軽減税率の導入により税率ごとに課税売上げに係る消費税額と課税仕入れ等に係る消費税額を記帳・計算しなければなりません。

また，地方消費税は，国税として納付する消費税額を先に算定し，その税額に地方消費税の税率を乗じて求めます。納付する消費税額は，国税としての消費税額と地方税としての消費税額の合計になります。納付税額の計算は，次の通りです。

・国税として納付する消費税額の計算

消費税額 ＝ 課税売上げに係る消費税額【計算①】 － 課税仕入れ等に係る消費税額【計算②】

・地方消費税額の計算

地方消費税額 ＝ 消費税額 × $\frac{22}{78}$

・納付税額の計算

納付税額 ＝ 消費税額 ＋ 地方消費税額

【計算①】課税売上げに係る消費税額の計算

課税売上げに係る消費税額の計算は，軽減税率分と標準税率分とに区別した課税標準額にそれぞれの税率を乗じて計算したうえで合算します。

課税標準額（税抜の金額）

❶ 軽減税率分の課税売上げに係る消費税額 ＝ 軽減税率の対象となる課税売上げの合計額（税込） × $\frac{100}{108}$ × $\frac{6.24}{100}$

❷ 標準税率分の課税売上げに係る消費税額 ＝ 標準税率の対象となる課税売上げの合計額（税込） × $\frac{100}{110}$ × $\frac{7.8}{100}$

課税売上げに係る消費税額 ＝ ❶ ＋ ❷

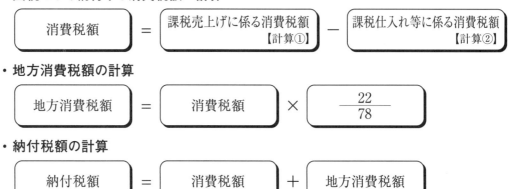

【計算②】課税仕入れ等に係る消費税額の計算

課税仕入れ等に係る消費税額の計算には，次の項目で説明するように本則課税の事業者と簡易課税制度を選択した事業者により計算方法が違います。

本則課税における課税仕入れ等に係る消費税額の計算は，次の通りです。

課税仕入れ等に係る消費税額 ＝ 国内における課税仕入れ等に係る消費税額 ＋ 海外貨物の引取に係る消費税額

↓

軽減税率分の課税仕入れ等の合計額（税込） × $\frac{100}{108}$ × $\frac{6.24}{100}$ ＋ 標準税率分の課税仕入れ等の合計額（税込） × $\frac{100}{110}$ × $\frac{7.8}{100}$

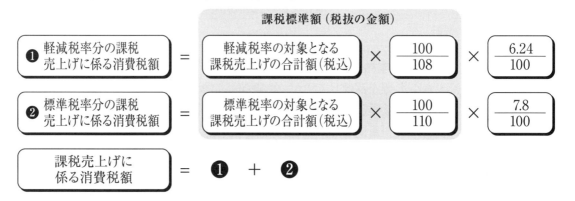

※税率ごとに区分した消費税額を計算し，それらを合計します。

⑥本則課税と簡易課税

課税事業者は，原則として，課税売上げに係る消費税額から課税仕入れ等に係る消費税額を差し引いて，その差額を納付することになります。これを，**本則課税**といいます。

その一方で，中小事業者の事務負担や税額計算を軽減するために，基準期間の課税売上高が5,000万円以下の事業者は，選択により「**簡易課税制度**」の適用を受けることができます。

本則課税における課税仕入れ等に係る消費税額（「仕入控除税額」といいます。）の計算方法は，その課税期間中の課税売上高の金額とその割合により異なります。

消費税の本則課税の適用を受ける課税事業者のうち，当課税期間における税抜課税売上高と非課税売上高の合計額に占める課税売上高の割合が95％以上かつ課税売上高が5億円以下の場合は，課税売上割合100％とみなして，課税期間中に支払った消費税の全額を課税売上げにかかる消費税額から控除できます。

課税売上割合が95%以上 かつ課税売上高が5億円以下の場合	課税仕入にかかわる消費税額が全額控除

一方，当課税期間における課税売上高が5億円超の場合，または課税売上高の割合が95％未満の場合は，その課税期間中に支払った消費税のうち，課税売上の割合に対応する部分だけが控除の対象となり，2つの計算方法のいずれかを選択します。

課税売上高が5億円超の場合 または課税売上割合が95%未満の場合	控除対象仕入税額の算出方式を 下記の2つから選択

●「一括比例配分」方式

仕入等にかかわる消費税額に課税売上割合をかけて算定した金額を課税売上にかかる消費税額から控除します。

●「個別対応」方式

課税売上，非課税売上，両者共通の3つに区分して仕入等にかかわる消費税額を計算します。

次に，本則課税の例外として，基準期間の課税売上高が5,000万円以下の事業者は，選択により簡易課税制度の適用を受けることができます。

簡易課税制度とは，仕入時に支払った金額に関係なく，売上高に対する消費税額（預かった消費税）の一定割合を支払った消費税額（仕入れ等に対する消費税額）とみなして，納付する消費税額を計算できる制度です。この一定割合は「みなし仕入率」と呼ばれ，この率を利用することで課税売上高から概算で納付税額を計算することができます。

なお，この適用を受けるためには，所定の期限までに一定の手続きをする必要があり，簡易課税を選択した場合は，最低2年間は本則課税に戻すことができません。簡易課税制度における課税仕入れ等に係る消費税額は，課税売上げに係る消費税額に事業区分ごとの「みなし仕入率」を乗じて算定します。ここでの「課税売上高」は消費税抜きの売上高です。

納付する消費税額	＝	課税売上高に係る消費税額 課税売上高×10％	－	課税仕入れ等に係る消費税額 （課税売上高×10％）×みなし仕入率

軽減税率制度がスタートした2019年10月1日を含む課税期間からは，第３種事業にあたる農業，林業，漁業のうち，消費税の軽減税率が適用される飲食料品を取り扱う事業については，第２種事業のみなし仕入率（80％）が適用されることになりました。

事業者が２つ以上の事業を行っている場合，原則としてはその事業区分ごとに課税売上げを分けて計算・集計しなければなりませんが，一定の条件を満たす場合は1つの事業区分のみなし仕入率を用いて計算することができます。

	事業内容	みなし仕入率
第１種事業	卸売業	90％
第２種事業	小売業 （農業，林業，漁業のうち飲食料品を扱う事業）	80％
第３種事業	農業，林業，漁業，建設業，鉱業，製造業，製造小売業など	70％
第４種事業	飲食店業 （第1種，第２種，第３種，第５種及び第６種の事業以外の事業）	60％
第５種事業	金融業及び保険業，運輸通信業，サービス業（飲食店業を除く）	50％
第６種事業	不動産業	40％

【事例】

- **事業区分：第２種事業（みなし仕入率80％）**
- **課税売上高￥15,000,000の場合（税抜／標準課税）**

（課税売上高に係る消費税額）（￥15,000,000 × 10％） － （課税売上高に係る消費税額）（￥15,000,000 × 10％） × みなし仕入率 一定割合（80％）

＝ （￥15,000,000 × 10％） × 1 － 0.8 ＝ ￥1,500,000 × 0.2

＝ 納付する消費税額 ￥300,000

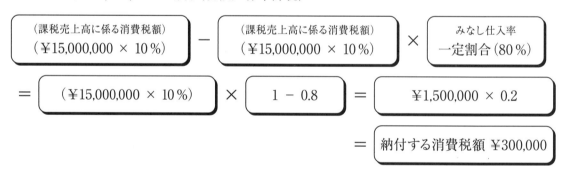

※課税売上高（消費税を含まない価格）を把握すれば，納税額が計算できます。
つまり，課税売上高の消費税額を算出して，その業種区分に従った数字を課税売上高に係る消費税額に乗じることで消費税納付額が計算できます。

- 第１種事業の消費税納付額……課税売上高に係る消費税額の0.1（1種→0.1）
- 第２種事業の消費税納付額……課税売上高に係る消費税額の0.2（２種→0.2）

（以下省略）

※軽減税率制度実施後も納税額の計算方法は同じですが，標準税率（10％）と軽減税率（８％）ごとに区分して税額計算をすることになります。

⑦消費税の会計処理

●税込経理方式と税抜経理方式

消費税の会計処理の方法としては，**税込経理方式**と**税抜経理方式**の2つの処理方法があります。どちらの方法を採用するかは，会社の自由で，納付する消費税の金額もほぼ同じです。

税込経理方式とは消費税額等を売上高や仕入高の金額に含めて処理する方法で，税抜経理方式とは消費税額と売上高・仕入高の金額を区別して処理する方法です。

非課税取引，対象外取引を入力する場合や軽減税率の対象取引を入力するなどの場合には，仕訳の都度，消費税の区分を選択することができます。また，弥生会計では，その都度，税区分を変更するほかに，勘定科目や補助科目にあらかじめ使用頻度の高い税区分を設定することもできます。

●税込経理方式

会計ソフトに税込金額で入力することにより，売上勘定，仕入勘定，そして費用勘定は，消費税が含まれた金額で表示され，税込金額の決算書が作成されます。

【入力例：税込経理方式】

借方科目／補助	借方金額	貸方科目／補助	貸方金額	摘要
仕入	1,100	現金	1,100	

消費税額の表示なし

借方科目／補助	借方金額	貸方科目／補助	貸方金額	摘要
売掛金	4,400	売上高	4,400	

消費税額の表示なし

決算期末に租税公課勘定に計上します。

借方科目／補助	借方金額	貸方科目／補助	貸方金額	摘要
租税公課	300	未払消費税等	300	

消費税を納付します。

借方科目／補助	借方金額	貸方科目／補助	貸方金額	摘要
未払消費税等	300	現金	300	

●税抜経理方式

弥生会計では，税抜経理方式を選択した場合は，仕訳入力時の消費税の入力方式を「内税入力」「外税入力」「別記入力」から選択できます。「別記入力」以外を選択した場合，入力した金額から自動的に消費税が計算され，仮払消費税等勘定と仮受消費税等勘定に集計されて仕訳が記録されますので，消費税に関する仕訳を入力する必要がありません。つまり，「内税入力」を選択した場合は，税込の取引金額を入力することになります。

【入力例：税抜経理方式／内税入力】

税込みの取引金額を入力すれば，自動的に消費税（内税額）が計算・表示されます。

借方科目／補助	借方金額	貸方科目／補助	貸方金額	摘要
仕入	1,100 (100	買掛金	1,100	

借方科目／補助	借方金額	貸方科目／補助	貸方金額	摘要
売掛金	4,400	売上高	4,400 (400	

【入力例：税抜経理方式／外税入力】

税抜きの取引金額を入力すれば，自動的に消費税（外税額）が計算・表示されます。

借方科目／補助	借方金額	貸方科目／補助	貸方金額	摘要
仕入	1,000 100	買掛金	1,100	

借方科目／補助	借方金額	貸方科目／補助	貸方金額	摘要
売掛金	4,400	売上高	4,000 400	

【入力例：税抜経理方式／別記入力】

取引の税抜きの仕訳と消費税の仕訳を別々に入力します。消費税は自動計算されません。

借方科目／補助	借方金額	貸方科目／補助	貸方金額	摘要
仕入	1,000	買掛金	1,100	
仮払消費税等	100			

借方科目／補助	借方金額	貸方科目／補助	貸方金額	摘要
売掛金	4,400	売上高	4,000	
		仮受消費税等	400	

税抜経理方式を選択し，どの入力方式で入力した場合でも，消費税の支払時には「仮払消費税等」勘定に，そして，課税売上にかかる消費税の受け取り時には「仮受消費税等」勘定に集計されます。

決算時には，確定消費税額にもとづいて「仮受消費税等」勘定と「仮払消費税等」勘定を清算します。実務では，納付する消費税額に100円未満の端数が生じた場合は切り捨てますので，生じた端数差額は「雑収入」勘定で処理します。なお，消費税の清算仕訳における各勘定科目の税区分は，消費税課税対象外です。

⑥消費税の会計処理

法人においては，直前期における消費税額が48万円を超える時は，翌期において消費税の中間申告が必要です。つまり，その課税期間の開始後6か月を経過した日から2か月以内に，直前の課税期間の消費税の年税額の6か月相当額を記載した中間申告書を所轄税務署に対して提出し，その申告にかかる消費税を納付します。この中間申告時の納付も「仮払消費税等」勘定を使用します。（納税スケジュールは「コンピュータ会計 基本テキスト(実教出版)」を参照ください。）

課税事業者が税抜経理方式を採用している場合，決算時には，原則として課税期間終了時の仮受消費税から仮払消費税を控除して当期の確定消費税を計算します。中間納付額との差額を「未払消費税等」勘定に計上し，事業年度終了後2か月以内に消費税の確定申告書を提出して納付します。未払消費税の計上額と納付すべき金額とに差額が生じた時は，雑収入または雑損失に計上します。

＜事例＞ 決算時における消費税の清算仕訳を確認しましょう。

当期確定消費税額等	¥5,076,600

消費税中間納付額1,339,000円との差額を「未払消費税等」勘定に計上します。「仮受消費税等」勘定と「仮払消費税等」勘定との振り替えにより生じる端数差額は，「雑収入」勘定で処理します。なお，消費税の清算仕訳における各勘定科目の税区分は，消費税課税対象外です。

会計処理の手順は，次の通りです。(詳しい図解は，82ページを参照してください。)

1. 総勘定元帳の「仮払消費税等」勘定の残高を確認します。借方残高￥19,183,330
2. 総勘定元帳の「仮受消費税等」勘定の残高を確認します。貸方残高￥22,921,000
3. 当期確定消費税額￥5,076,600 から中間納付額￥1,339,000を差し引き，未払消費税額を算定します。￥5,076,600 − ￥1,339,000 = ￥3,737,600
4. 「仮払消費税等」の勘定残高￥19,183,330と「仮受消費税等」の勘定残高￥22,921,000との差引額である￥3,737,670を求め，未払消費税額の納付額￥3,737,600との差額￥70は「雑収入」勘定で処理します。
5. この仕訳は，期末における消費税の清算仕訳ですので「仮受消費税等」「仮払消費税等」「雑収入」勘定の各税区分を「対象外」に変更して消費税申告自動計算の対象にならないようにします。

借方科目／補助	借方金額	貸方科目／補助	貸方金額	摘要
仮受消費税等	22,921,000	仮払消費税等	19,183,330	
		未払消費税等	3,737,600	
		雑収入	70	

(4) 源泉徴収事務と復興特別所得税について

会社や個人が，人を雇って給与を支払ったり，税理士などに報酬を支払ったりする場合は，支払う際に所定の方法により所得税を計算し，給与等の支払金額から所得税を差し引くことになっています。差し引いた所得税は，原則として，給与等を支払った月の翌月10日までに国に納付します。この制度を源泉徴収制度といいます。

東日本大震災からの復興施策を実施するため，2013年から復興特別所得税（所得税額に2.1％付加）が導入されました。復興特別所得税は，給与や報酬を支払う際に差し引く源泉所得税と併せて徴収します。

実務的には，源泉徴収の対象となる支払金額に対して，所得税と復興特別所得税の合計税率（10.21％）を乗じて計算した金額を徴収し，期日までに納付します。

税理士などの報酬や業務委託料等を支払う場合，旅費や宿泊費，調査費などの支払額も原則的には報酬・料金等に含まれ，源泉徴収の対象となります。ただし，通常必要な範囲の金額で，報酬・料金等の支払者が直接ホテルや交通機関に支払った場合は，報酬・料金等に含めなくてもよいことになっています。

また，報酬・料金等の金額に消費税等が含まれている場合は，請求書において報酬等の額と消費税等の額が明確に区分されていれば，その報酬・料金等の金額のみが源泉徴収の対象となり，その金額に合計税率を乗じて所得税と復興特別所得税を計算します。

(5) 経過勘定項目の会計処理

決算とは，一定の期間（1年）を定めてその期間に属する収益と費用を対応させ，利益または損失を計算する手続きです。一定期間における正しい損益を計算するためには，収益と費用が発生した事実にもとづいて認識されていることが必要です。

期中に，実際の現金の受払（収入支出）にもとづいて計上した収益と費用は，その発生した事実と一致するとは限りません。たとえば，商品を販売して収益が発生した事実があるにもかかわらず，未だ現金を受け取っていない場合には収益が計上されないことになります。つまり，収益と費用が発生した事実と現金の収支には期間的なずれが生じることがあるのです。この期間的なずれを修正して正しい期間損益を計算するための手続きが，費用・収益の見越，繰延です。

【支出と費用の期間的なずれ】

【収入と収益の期間的なずれ】

前払費用：当期に支出し費用に計上したが，次期以降の費用に繰延べる。費用から控除。
未払費用：当期に支出がなく費用に未計上であるが，当期の費用として見越す。費用に加算。
前受収益：当期に収入があり収益に計上したが，次期以降の収益に繰延べる。収益から控除。
未収収益：当期に収入がなく収益に未計上であるが，当期の収益として見越す。収益に加算。

仕訳例は，次の通りです。

借方科目／補助	借方金額	貸方科目／補助	貸方金額	摘要
前払費用	×××	費用の勘定科目	×××	費用の繰延
費用の勘定科目	×××	未払費用	×××	費用の見越
収益の勘定科目	×××	前受収益	×××	収益の繰延
未収収益	×××	収益の勘定科目	×××	収益の見越

経過勘定項目は，次期以降において費用・収益になることから，次期おける開始処理のタイミングでそれぞれ費用・収益の勘定へ振り戻す必要があります。この仕訳を再振替仕訳と呼びます。（貸借反対の仕訳によって，次期に振り戻します）

第2章 会計データの新規作成(導入処理)

第2章では，新規データの作成と年次決算を含んだ会計処理を学びます。さらに後半では，部門設定を含んだ新規データの作成を取り上げていますので，学習目標に応じて項目を選ぶことができます。なお，同じ論点が練習できるように応用問題集(PDF)を用意しておりますので，あわせて学習することを推奨します。

4. 企業の基本情報の設定

(1) 事業所データの設定と確認

会計データを正しく作成する手順を学びながら，基本設定にどのような項目があるかを確認しましょう。

次の事業所データから法人の会計データを新規に作成します。

会社の基本情報

経営形態	：法人／一般
会社名	：さかな電子販売株式会社
所在地	：東京都弥生区弥生町 1 - 11 - 11
決算期	：第5期
会計期間	：10月1日～翌年9月30日 （仮に，令和6年10月1日～令和7年9月30日とします）
電子帳簿	：使用しない
業種	：卸売業
事業内容	：電子機器部品の販売
資本金	：1,500万円
代表取締役	：松 本 優
消費税関係	：課税事業者／本則課税／比例配分 税抜経理方式／税端数処理・切り捨て／税率10％

①事業所データの作成（概要）

1. クイックナビゲータの［導入］カテゴリの［データの新規作成］をクリックします。
   ［事業所データの新規作成］ウィザードが表示されます。
2. データの作成方法として，［新規にデータを作成する］を選択します。
3. ［次へ］ボタンをクリックして，次の画面に進めます。
4. 「法人／一般」を選択します。
5. 事業所名を入力します。
6. 決算期，期首日を入力します。データ作成後は期首日は変更できません。
   本年度から開業する場合は，本年度の期末日から逆算して期首日を指定してください。

◆データの新規作成

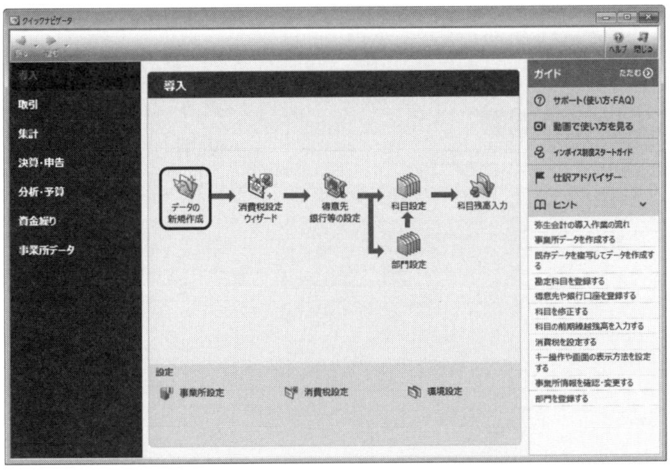

・[データの新規作成]を選択します。

◆データ作成方法の選択

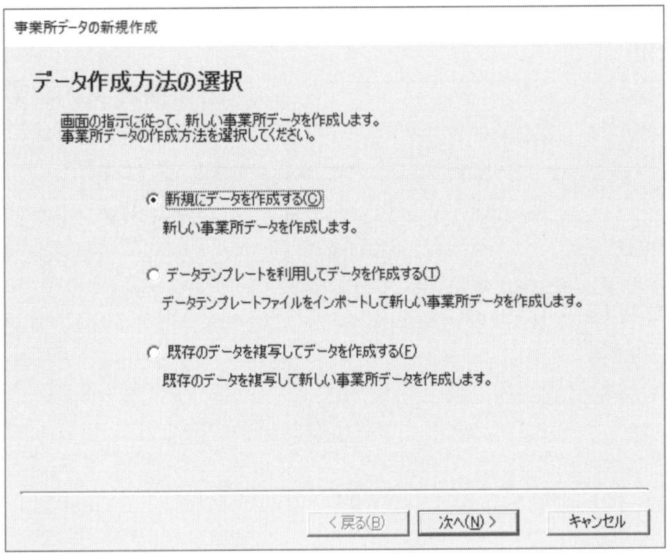

・[新規にデータを作成する]を選択します。
・[次へ]ボタンをクリックします。

◆勘定科目体系の選択

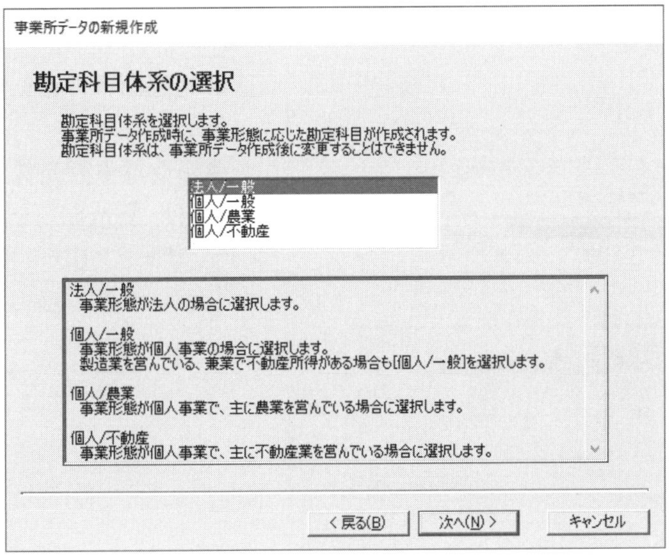

・勘定科目体系を選択します。
[法人/一般]を選択します。
・[次へ]ボタンをクリックします。

◆事業所名と法人番号の入力

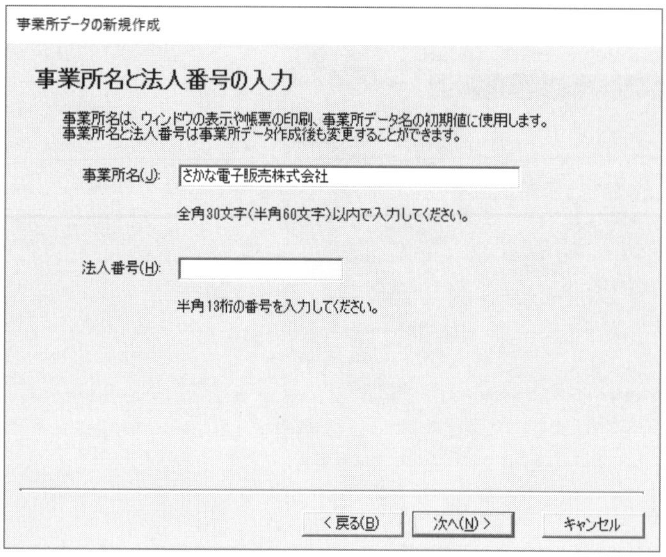

・事業所名称を入力します。
・入力した事業所名称はウィンドウの表示名，帳票印刷などの初期値に使用します。
・［次へ］ボタンをクリックします。

◆決算期と会計期間の設定

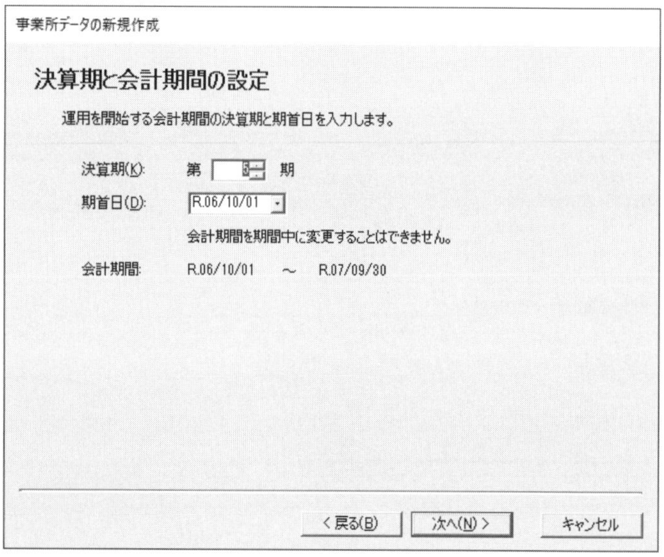

・決算期および事業年度の期首日を入力します。（仮に5期，R.06/10/01とします。）
・［次へ］ボタンをクリックします。

◆勘定科目オプションの設定

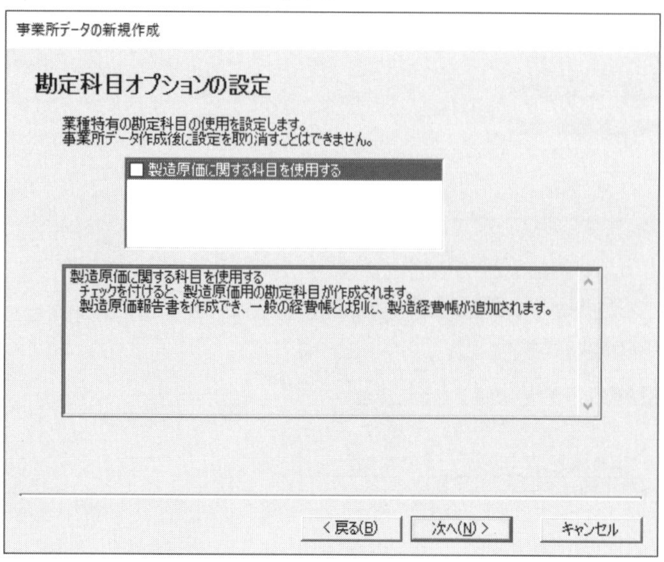

・製造原価報告書を作成する場合はチェックします。
・さかな電子販売株式会社（以下当社）は，製造部門を設けていないので，チェックしません。
・［次へ］ボタンをクリックします。

◆中間決算整理仕訳の設定

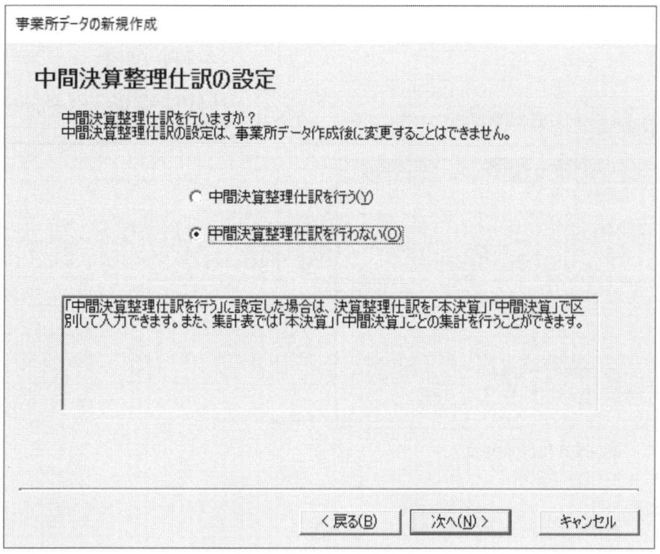

・中間決算を行うかどうかを選択します。
・当社は，中間決算を行いません。
・[次へ] ボタンをクリックします。

◆電子帳簿保存を行うかを選択します。

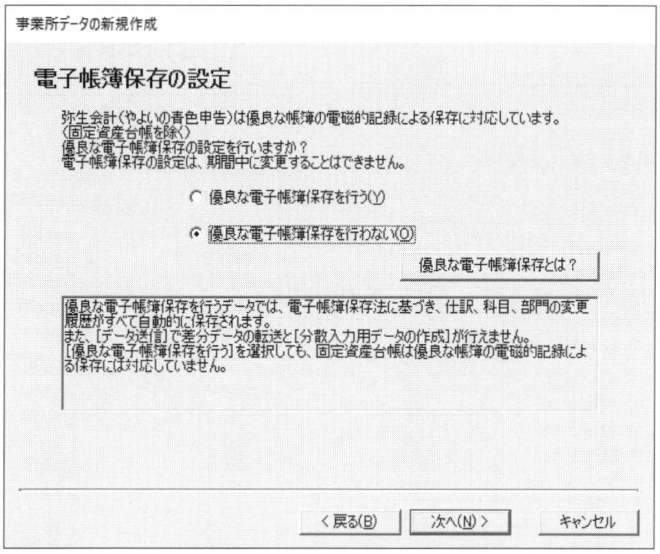

・当社は,電子帳簿保存を行いません。
・[次へ] ボタンをクリックします。

◆会計データの保存先と保存名を設定します。

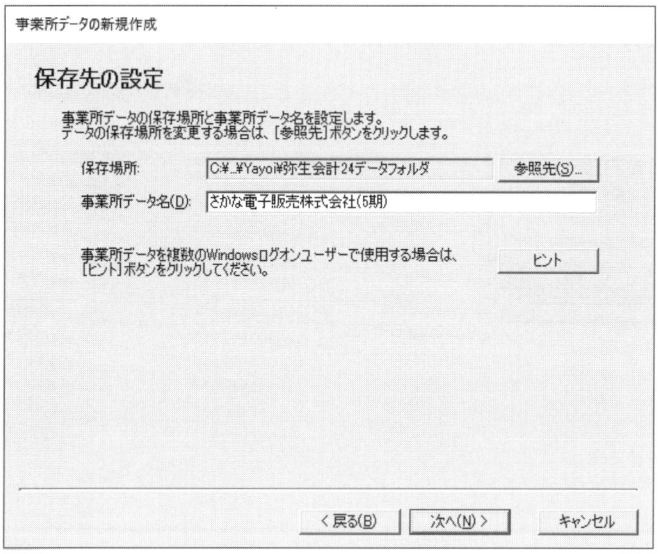

・[次へ] ボタンをクリックします。

※弥生会計 24 プロフェッショナル学習用体験版の画面イメージです。製品版とは異なります。

◆設定内容の確認

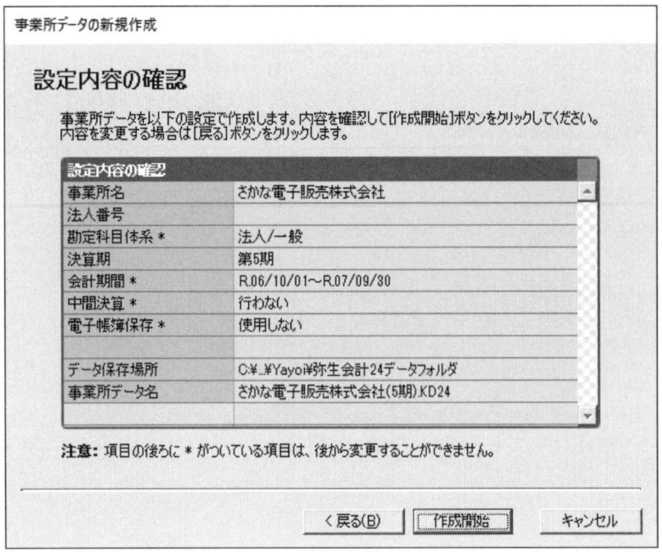

・ウィザードで設定した内容の確認を行います。
・[作成開始]ボタンをクリックします。

◆会計データの作成は終了です。

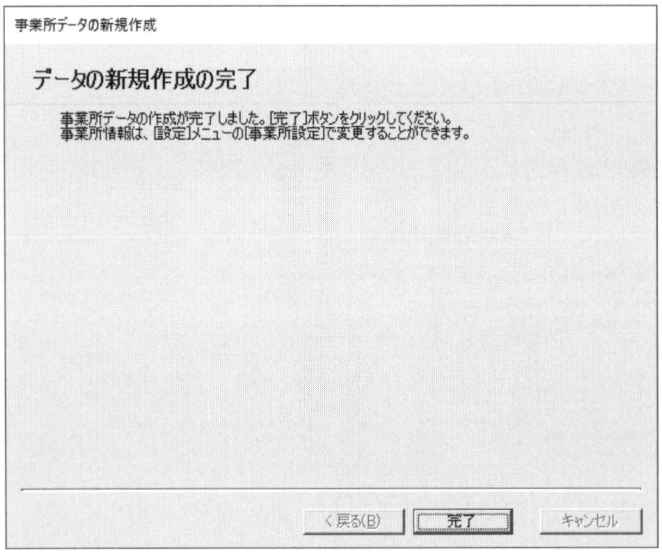

・[完了]ボタンをクリックします。

◆続いて消費税の設定を行うかどうかの選択画面が表示されます。

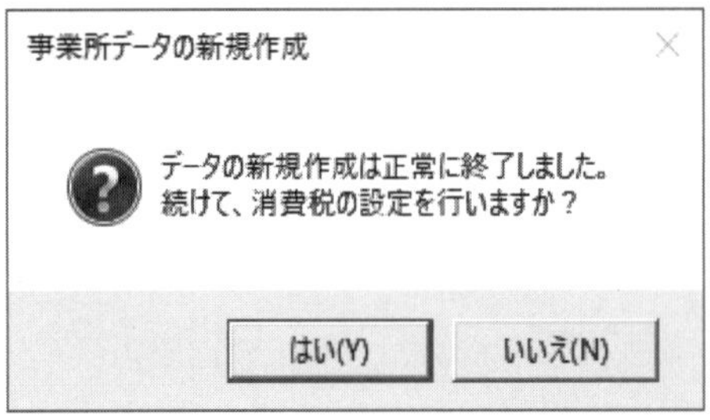

・[はい]ボタンをクリックします。

(2) 消費税処理の設定と確認

［事業所データの新規作成］ウィザードから続けて，消費税設定のウィザードが表示されます。［消費税設定ウィザード］では，ウィザードの指示に従って消費税処理に関する基本的な項目を設定します。消費税設定ウィザードが表示されていない場合は，クイックナビゲータの［導入］カテゴリの［消費税設定］をクリックして，消費税処理の詳細を設定します。

①消費税の設定

次の手順で消費税設定ウィザードの設定を行ってください。

1．消費税申告を行うかどうかを選択します。
2．［次へ］ボタンをクリックして次の画面へ進めます。
3．画面の指示に従って，消費税処理について設定します。

消費税の設定画面

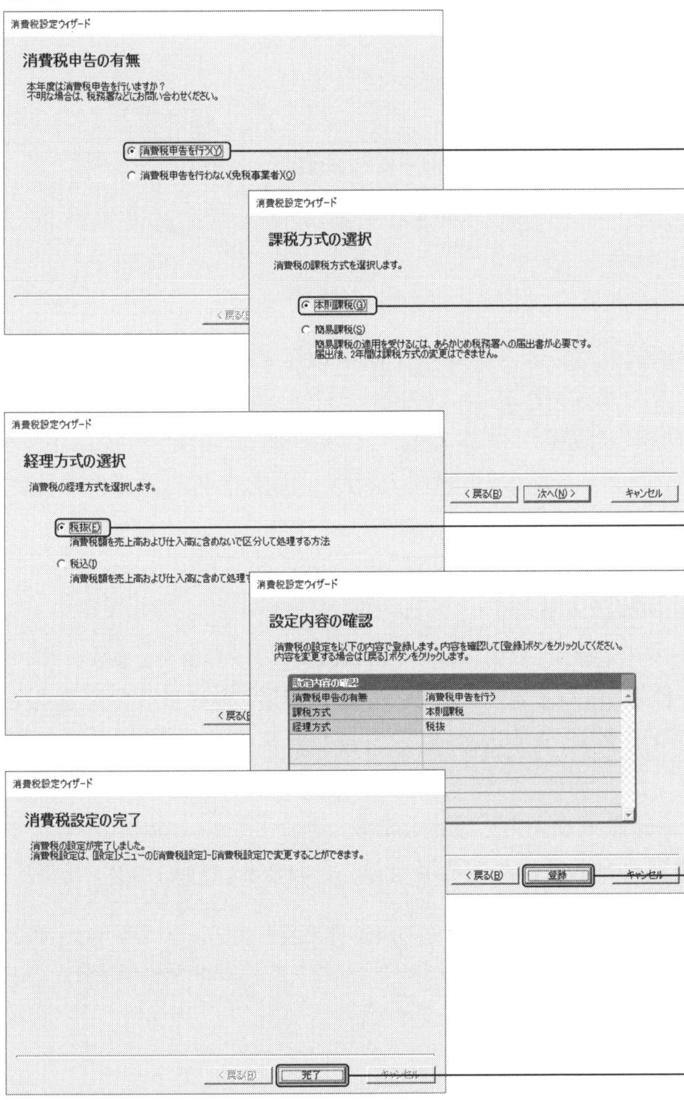

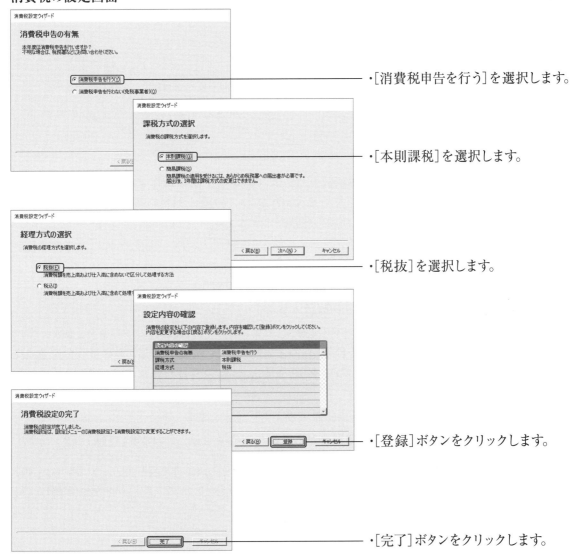

・［消費税申告を行う］を選択します。

・［本則課税］を選択します。

・［税抜］を選択します。

・［登録］ボタンをクリックします。

・［完了］ボタンをクリックします。

◆続いて導入設定を行うか選択画面が表示されます。　・［いいえ］ボタンをクリックします。

(3)科目の設定

弥生会計では，一般的な勘定科目が初期設定されています。必要に応じて，勘定科目の追加や削除，明細を管理するための補助科目を設定します。

科目の設定は，クイックナビゲータの［導入］カテゴリの［科目設定］をクリックして表示される［科目設定］ウィンドウで行います。

①科目設定の概要

勘定科目は次の手順で登録します。

1．クイックナビゲータの［導入］カテゴリの［科目設定］をクリックします。
［科目設定］ウィンドウが表示されます。

2．勘定科目を作成する科目区分，または区分内の勘定科目を選択します。
たとえば，［現金・預金］区分内に新しい科目を追加する場合は，［現金・預金］，またはそれに含まれる勘定科目を選択します。

3．ツールバーの［勘定作成］ボタンをクリックします。
［勘定科目の新規登録］ダイアログが表示されます。

4．各項目を設定します。

5．設定が終わったら［登録］ボタンをクリックします。
区分内の一番下に新しい科目が追加されます。

②勘定科目の登録

さかな電子販売株式会社は，法人税等の中間申告による納付額を処理するために，「仮払法人税等」勘定を使用しています。そこで，この勘定科目を新規に作成し，登録してみましょう。

新規に勘定科目を作成した場合，［決算書項目］の初期値は「勘定科目名に合わせる」になっていますので，登録する勘定科目名である「仮払法人税等」と同じ名称の決算書項目が設定されます。

勘定科目を作成する科目区分：［他流動資産］
作成する勘定科目：［仮払法人税等］

1．クイックナビゲータの［導入］カテゴリの［科目設定］をクリックします。

2．表示された［科目設定］ウィンドウから［他流動資産］の科目区分を選択し，ツールバーの［勘定作成］ボタンをクリックすると［勘定科目の新規登録］ダイアログが表示されます。
（45ページ参照）

3．勘定科目名，サーチキーを入力し設定します。

4．決算書項目を勘定科目名に合わせる場合は，そのまま［登録］ボタンをクリックします。

※新規に登録する勘定科目について，同じ名称の決算書項目を設定しない場合は，すでに設定されている決算書項目を選択するか，新たに追加・修正することになります。（84ページ参照）

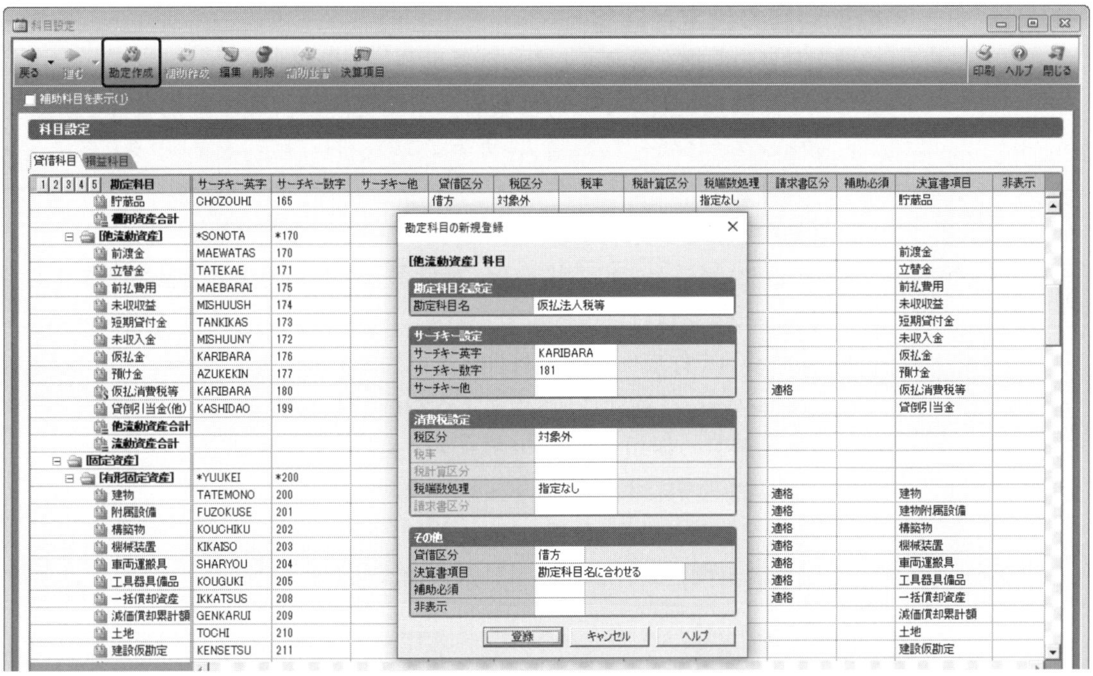

※設定した科目は，同区分内であれば，一覧表上でドラッグアンドドロップすることで並べ替えが可能です。

③勘定科目の税計算区分の変更

さかな電子販売株式会社では，売上高に関する科目と仕入高に関する科目だけは，税抜価格でデータを入力するため，科目の「税計算区分」欄でプルダウンリストから「外税」を選択します。

勘定科目の税計算区分初期値は,「内税」入力になっています。「指定なし」のまま変更しない場合は,「内税」入力に従うことになります。なお，税計算区分は，取引入力の都度変更することもできます。

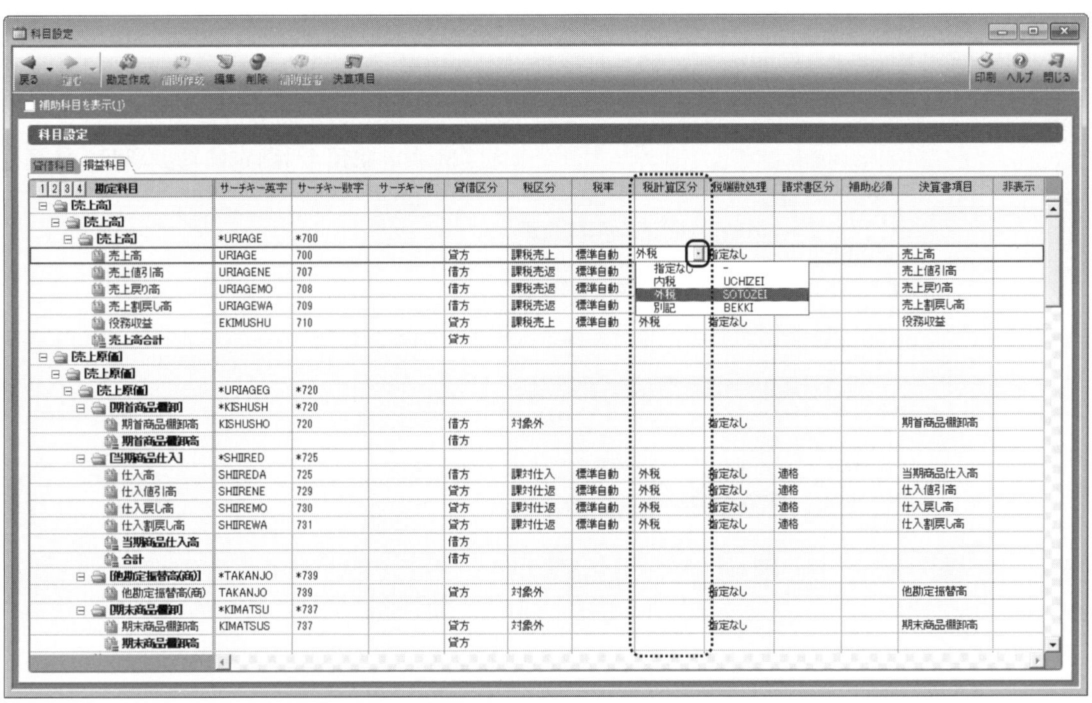

④補助科目の設定と確認

勘定科目の明細を管理するための補助科目を登録します。

ただし,「繰越損益（法人のみ）」「複合」「未確定勘定」には，補助科目を登録できません。

1．クイックナビゲータの［導入］カテゴリの［科目設定］をクリックします。
　［科目設定］ウィンドウが表示されます。
2．［補助科目を表示］にチェックが付いているかを確認します。
　チェックが外れている場合は，補助科目を登録することはできません。［補助科目を表示］にチェックを付けてください。
3．補助科目を作成する勘定科目を選択します。
4．ツールバーの［補助作成］ボタンをクリックします。
　［補助科目の新規登録］ダイアログが表示されます。
5．各項目を設定します。
6．設定が終わったら［登録］ボタンをクリックします。
　補助科目欄に新しい補助科目が追加されます。

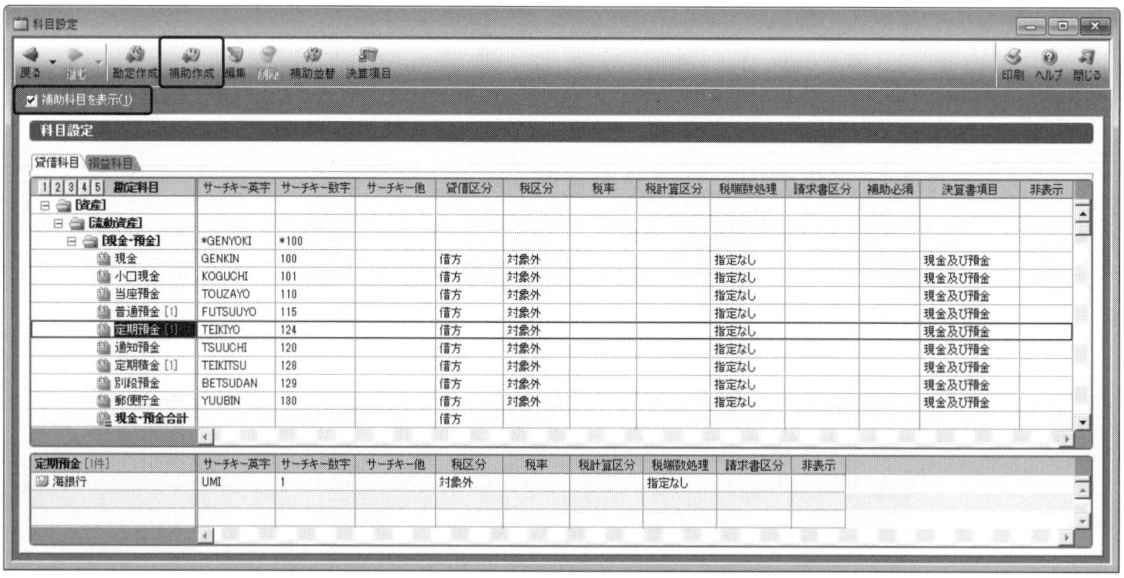

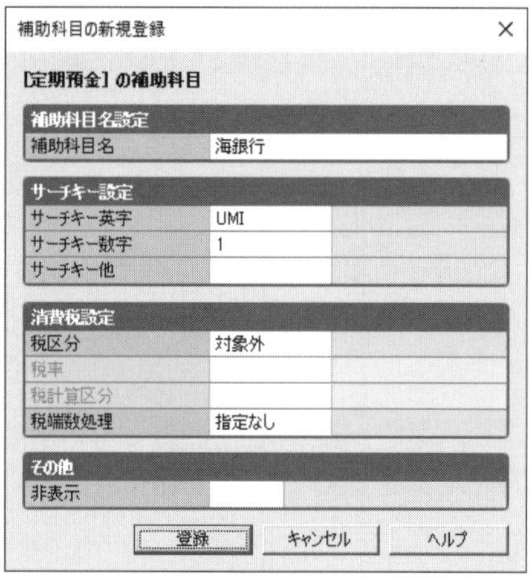

〈例〉「定期預金」勘定に補助科目「海銀行」を新規登録します。

⑤補助科目の登録

さかな電子販売株式会社は，従来，補助簿で管理していた銀行ごとの預金についても補助科目として登録することにしました。

登録する補助科目は，次の通りです。補助科目を新規に作成し，登録してみましょう。

補助科目一覧表

普通預金

補助科目	サーチキー英字	税区分	税率	税計算区分	税端数処理	請求書区分	非表示
海銀行	UMI	対象外			指定なし		

定期預金

補助科目	サーチキー英字	税区分	税率	税計算区分	税端数処理	請求書区分	非表示
海銀行	UMI	対象外			指定なし		

定期積金

補助科目	サーチキー英字	税区分	税率	税計算区分	税端数処理	請求書区分	非表示
海銀行	UMI	対象外			指定なし		

売掛金

補助科目	サーチキー英字	税区分	税率	税計算区分	税端数処理	請求書区分	非表示
さわら工業㈱	SAWARA	対象外			指定なし		
ひらめ工業㈱	HIRAME	対象外			指定なし		
いわし工業㈱	IWASHI	対象外			指定なし		

買掛金

補助科目	サーチキー英字	税区分	税率	税計算区分	税端数処理	請求書区分	非表示
カサゴ電子㈱	KASAGO	対象外			指定なし		
タイ電子㈱	TAI	対象外			指定なし		
メバル電子㈱	MEBARU	対象外			指定なし		

未払金

補助科目	サーチキー英字	税区分	税率	税計算区分	税端数処理	請求書区分	非表示
社会保険料	SHAKAIHO	対象外			指定なし		

預り金

補助科目	サーチキー英字	税区分	税率	税計算区分	税端数処理	請求書区分	非表示
源泉所得税	GENSENSH	対象外			指定なし		
住民税	JUUMINZE	対象外			指定なし		
社会保険料	SHAKAIHO	対象外			指定なし		

長期借入金

補助科目	サーチキー英字	税区分	税率	税計算区分	税端数処理	請求書区分	非表示
日本政策金融公庫	NIHONKOU	対象外			指定なし		

地代家賃

補助科目	サーチキー英字	税区分	税率	税計算区分	税端数処理	請求書区分	非表示
事務所	JIMUSHO	課対仕入	標準自動	指定なし	指定なし	適格	
倉庫	SOUKO	課対仕入	標準自動	指定なし	指定なし	適格	
駐車場	CHUUSHAJ	課対仕入	標準自動	指定なし	指定なし	適格	

⑥部門の設定

さかな電子販売株式会社では，部門の設定はしていません。会社の規模が大きくなった場合に，事業部や組織の機能別に部門を設定して管理します。

企業の経営戦略と組織作りは，一体化しているものです。

5. 導入時期の決定

(1) 導入時期の決定方法

期首導入とは，弥生会計を会計期間の最初から使い始める場合のことです。会計期間の途中から使い始める場合は，期中導入となります。それぞれで行う作業と用意する資料が違います。

①期首導入

会計期間の期首から弥生会計の使用を開始する場合は，貸借対照表の前期繰越残高を入力します。入力後，期首月の残高試算表（貸借対照表）を印刷し，前期末の貸借対照表と照合して一致していることを確認します。

開始残高入力時には，科目の残高がわかる次のような資料を用意します。

・前年度の決算書（貸借対照表）
・勘定科目の内訳書
・預金出納帳，売掛金元帳などの補助簿

②期中導入

会計期間の途中から弥生会計の使用を開始する場合は，貸借対照表の前期繰越残高のほか，期首から導入月の前月までに発生した取引金額を入力する必要があります。期中導入時の導入方法には52ページで説明しているように5つの方法があります。

開始残高入力時には，科目の残高がわかる次のような資料を用意します。

・前年度の決算書（貸借対照表）
・前月度までの残高試算表や合計残高試算表
・勘定科目の内訳書
・預金出納帳，売掛金元帳などの補助簿

(2) 開始残高の入力（期首導入）

貸借対照表科目の前期繰越残高（開始残高）を入力します。入力画面は，クイックナビゲータの［導入］カテゴリの［科目残高入力］をクリックして表示される［科目残高入力］ウィンドウです。

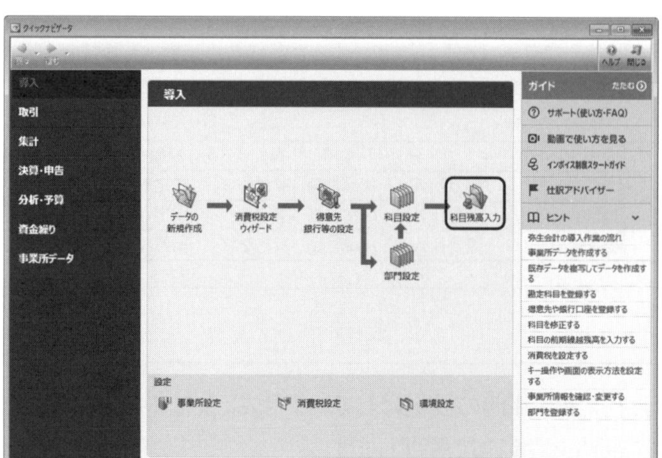

①開始残高の入力手順

1. クイックナビゲータの［導入］カテゴリの［科目残高入力］をクリックします。
［科目残高入力］ウィンドウが表示されます。

2. 各科目の「前期繰越残高」を入力します。
補助科目がある場合は，先に補助科目の残高を入力します。補助科目の残高が積み上げ計算され，勘定科目の残高として表示されます。

補助科目の前期繰越高を先に入力します。

↓ 補助科目に入力した金額の合計が勘定科目の残高として集計・表示されます。

勘定科目の残高として表示されます。

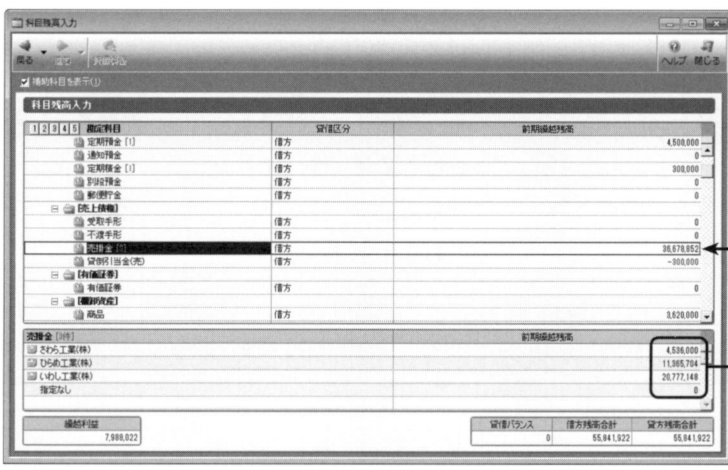

・残高が積み上げ計算される

※注意：勘定科目に直接金額を入力した場合は，勘定科目の金額と補助科目の合計の差額が補助科目「指定なし」に集計されますので，注意してください。

※注意：「貸倒引当金」「減価償却累計額」の貸借区分は，いずれも「借方」になっています。開始残高は(−)マイナスで入力してください。

3. 入力が終わったら，［貸借調整］ボタンをクリックします。

4. 貸借の差額を「繰越利益」に集計することを確認するメッセージが表示されるので，［OK］ボタンをクリックします。

※注意：前期繰越残高の貸借の差額は，［科目残高入力］ウィンドウを閉じる際に，「繰越利益」項目に集計してバランスを調整します。「繰越利益」項目の金額は，手入力で修正はできません。また，金額がグレーの科目は前期繰越残高の入力はできません。
なお，「繰越利益」項目の金額が(−)マイナスの場合は，繰越損失を意味します。

⑦データ入力

下記の資料にもとづいて，開始残高を入力しましょう。

事業所名：さかな電子販売株式会社 ／補助残高一覧表
令和×年10月1日（税抜）

勘定科目	補助科目	前期繰越
普通預金	海銀行	￥5,516,410
合 計		￥5,516,410

勘定科目	補助科目	前期繰越
定期預金	海銀行	￥4,500,000
合 計		￥4,500,000

勘定科目	補助科目	前期繰越
定期積金	海銀行	￥300,000
合 計		￥300,000

勘定科目	補助科目	前期繰越金額
売掛金	さわら工業（株）	￥4,620,000
	ひらめ工業（株）	￥11,576,180
	いわし工業（株）	￥21,161,910
合 計		￥37,358,090

勘定科目	補助科目	前期繰越金額
買掛金	カサゴ電子（株）	￥7,700,000
	タ イ 電 子（株）	￥6,600,000
	メバル電子（株）	￥9,020,000
合 計		￥23,320,000

勘定科目	補助科目	前期繰越
未払金	社会保険料	￥353,400
合 計		￥353,400

勘定科目	補助科目	前期繰越金額
預り金	源泉所得税	￥89,800
	住民税	￥190,200
	社会保険料	￥3,000
合 計		￥283,000

勘定科目	補助科目	前期繰越
長期借入金	日本政策金融公庫	￥6,460,000
合 計		￥6,460,000

事業所名：さかな電子販売株式会社／開始残高一覧表
令和×年10月1日（税抜）

勘定科目	前期繰越金額	勘定科目	前期繰越金額
[現金・預金]		[仕入債務]	
現金	¥528,100	買掛金	¥23,320,000
普通預金	¥5,516,410	仕入債務合計	¥23,320,000
定期預金	¥4,500,000	[他流動負債]	
定期積金	¥300,000	未払金	¥353,400
現金・預金合計	¥10,844,510	未払費用	¥472,500
[売上債権]		未払法人税等	¥1,026,600
売掛金	¥37,358,090	未払消費税等	¥1,362,400
貸倒引当金（売）	¥－300,000	預り金	¥283,000
売上債権合計	¥37,058,090	仮受消費税等	¥0
[有価証券]		他流動負債合計	¥3,497,900
有価証券合計	¥0	流動負債合計	¥26,817,900
[棚卸資産]		[固定負債]	
商品	¥3,620,000	長期借入金	¥6,460,000
棚卸資産合計	¥3,620,000	固定負債合計	¥6,460,000
[他流動資産]		負債合計	¥33,277,900
前払費用	¥299,250	[資本金]	
仮払消費税等	¥0	資本金	¥15,000,000
仮払法人税等	¥0	資本金合計	¥15,000,000
他流動資産合計	¥299,250	[資本剰余金]	
流動資産合計	¥51,821,850	[利益剰余金]	
[有形固定資産]		利益準備金合計	¥0
車両運搬具	¥5,000,000	任意積立金合計	¥0
工具器具備品	¥600,000	繰越利益	¥8,243,260
減価償却累計額	¥－1,470,690	当期純損益金額	¥0
有形固定資産計	¥4,129,310	繰越利益剰余金合計	¥8,243,260
[無形固定資産]		利益剰余金合計	¥8,243,260
[投資その他の資産]		純資産合計	¥23,243,260
差入保証金	¥570,000	負債・純資産合計	¥56,521,160
投資その他の資産合計	¥570,000		
固定資産合計	¥4,699,310		
資産合計	¥56,521,160		

※入力した開始残高は，科目残高入力画面のほか，残高試算表の前期繰越額としても確認することができます。

(3) 期中導入方法

期中導入の場合は，前期繰越残高のほか，導入前月までのデータを仕訳として入力する必要があります。期中導入時の開始残高の入力方法には，次の5つの方法があります。

前期繰越残高を入力する方法	<パターン1(推奨)> 期首から通常の取引を入力する。
	<パターン2> 期首からの取引累計を入力する。
	<パターン3> 期首から月ごとに取引合計を入力する。
前期繰越残高を入力しない方法	<パターン4> 前期繰越残高と期首からの取引累計を合算して入力する。
	<パターン5> 科目の残高だけを入力する。

①期中導入時の入力方法

◆パターン1（推奨）

期首導入の場合と同様の作業を行います。前期繰越残高を入力し，通常の取引の入力と同様の手順で，すでに発生している期首からの取引を帳簿や伝票からすべて入力します。

弥生会計を導入した会計年度から，完全な会計データを見ることができます。消費税についても正しく集計することができます。

期首導入の場合と同様の手順で前期繰越残高を入力します。

↓

導入時点までに発生した本年度の取引を帳簿や伝票からすべて入力します。

◆パターン2（第2章：さかな電子販売株式会社のケース）

前期繰越残高を入力し，期首から導入月の前月までの取引の累計を導入前月の取引として振替伝票から入力します。

入力の手間が少なくなります。ただし，導入月以前の月次データは確認できません。また，消費税は正しく集計できないことがあります。

◆パターン3

前期繰越残高を入力し，期首から導入月の前月までを月ごとに累計して振替伝票から入力します。

パターン2よりも時間がかかりますが，導入月以前についても月次のデータを確認することができます。また，消費税は正しく集計できないことがあります。

◆パターン4

前期繰越残高と，期首から導入月の前月までの取引金額を合算した金額を振替伝票から入力します。入力の手間がかかりません。

ただし，[科目残高入力]での前期繰越残高の入力をしないため，繰越損益の自動計算が行われません。そのため，計算して伝票で入力する必要があります。消費税は正しく集計できないことがあります。

◆パターン5

導入月の前月末の勘定科目の残高を振替伝票で入力します。1つの勘定科目について，1つの金額のみ入力するため，入力の手間はかかりませんが，導入前月までのデータを確認することはできません。

また，繰越損益を計算して伝票で入力する必要があります。消費税は正しく集計できないことがあります。

残高試算表のように，科目の残高のみが記載されている（取引の増減額の記載がない）資料をもとに導入作業を行う場合に選択します。

②データ入力

本章では，パターン2の方法により導入の練習をします。

さかな電子販売株式会社は，稼働させる次年度へ向けて決算月である令和○年9月から会計ソフトによる処理を導入し，本年度の決算は，会計ソフトと従来の方法を併用します。

パターン2は，期首繰越残高を入力し，期首（令和×年10月1日）から導入する前月（令和○年8月）までの取引累計を8月の取引として8月末日の日付で振替伝票から入力します。

期首導入の場合と同様の手順で前期繰越残高を入力します。
↓
期首（10月）から導入月の前月（8月）までの累計額を振替伝票で入力します。

期首から導入月の前月までの取引の累計額の入力手順

1. クイックナビゲータの[取引]カテゴリの[振替伝票]をクリックします。
2. [日付]を8月31日で入力します。
3. 10月から8月までの借方と貸方の合計金額を確認し，振替伝票の1行ごとに金額を入力する勘定科目（補助科目）を借方，貸方の両方で選択し，借方金額，貸方金額を入力します。
4. 同じ手順で，すべての科目の金額を入力していきます。
5. すべての科目の入力が終わったら，[登録]ボタンをクリックします。
6. 振替伝票が登録されます。
7. 8月度の残高試算表を印刷して確認します。

令和×年10月1日から導入する前月（令和○年8月）までの取引累計をデータ入力するにあたり，下記の事項について注意が必要です。

1．期中導入において，仮払消費税と仮受消費税は，それぞれ勘定科目の借方，貸方に金額を入力しています。
2．税抜きの取引と消費税の仕訳を別々に入力していますので，損益計算書項目（P56参照）を入力する時に，課税取引に該当する取引は，税計算区分で「別記」を選択して入力する必要があります。

事業所名：さかな電子販売株式会社（税抜）
集計期間：期首（令和×年10月1日）から導入する前月（令和○年8月）

補助科目　項目

勘定科目	補助科目	借方合計	貸方合計
普通預金	海銀行	¥286,028,287	¥286,181,394
定期預金	海銀行	¥3,300,000	¥3,700,000
定期積金	海銀行	¥4,760,596	¥0
売掛金	さわら工業（株）	¥40,068,000	¥42,444,000
	ひらめ工業（株）	¥66,204,000	¥66,553,704
	いわし工業（株）	¥123,768,000	¥120,353,148
		¥230,040,000	¥229,350,852
買掛金	カサゴ電子（株）	¥41,904,000	¥40,824,000
	タイ電子（株）	¥43,740,000	¥45,036,000
	メバル電子（株）	¥65,016,000	¥68,256,000
		¥150,660,000	¥154,116,000
未払金	社会保険料	¥4,101,190	¥4,111,270
預り金	源泉所得税	¥2,821,400	¥2,821,400
	住民税	¥883,400	¥884,000
	社会保険料	¥3,965,400	¥3,965,400
		¥7,670,200	7,670,800
長期借入金	日本政策金融公庫	¥1,540,000	¥0
地代家賃	事務所　［別記］	¥2,280,000	¥0
	倉庫　［別記］	¥840,000	¥0
	駐車場　［別記］	¥300,000	¥0
		¥3,420,000	¥0

貸借対照表　項目

勘定科目	借方合計	貸方合計	勘定科目	借方合計	貸方合計
[現金・預金]			[仕入債務]		
現金	¥46,249,651	¥45,228,390	買掛金	¥150,660,000	¥154,116,000
普通預金	¥286,028,287	¥286,181,394	仕入債務合計	¥150,660,000	¥154,116,000
定期預金	¥3,300,000	¥3,700,000	[他流動負債]		
定期積金	¥4,760,596	¥0	未払金	¥4,101,190	¥4,111,270
現金・預金合計	¥340,338,534	¥335,109,784	未払費用	¥472,500	¥0
[売上債権]			未払法人税等	¥1,026,600	¥0
売掛金	¥230,040,000	¥229,350,852	未払消費税等	¥1,362,400	¥0
売上債権合計	¥230,040,000	¥229,350,852	預り金	¥7,670,200	¥7,670,800
[有価証券]			仮受消費税等	¥0	¥21,300,000
有価証券合計	¥0	¥0	他流動負債合計	¥14,632,890	¥33,082,070
[棚卸資産]			流動負債合計	¥165,292,890	¥187,198,070
商品	¥0	¥0	[固定負債]		
棚卸資産合計	¥0	¥0	長期借入金	¥1,540,000	¥0
[他流動資産]			固定負債合計	¥1,540,000	¥0
前払費用	¥0	¥299,250	負債合計	¥166,832,890	¥187,198,070
仮払消費税等	¥16,732,515	¥45,000	[資本金]		
仮払消費税等	※¥1,339,000		資本金	¥0	¥0
仮払法人税等	¥450,000	¥0	[資本剰余金]		
他流動資産合計	¥18,521,515	¥344,250	[利益剰余金]		
流動資産合計	¥588,900,049	¥564,804,886	利益準備金合計	¥0	¥0
[有形固定資産]			任意積立金合計	¥0	¥0
車両運搬具	¥0	¥0	繰越利益		¥0
工具器具備品	¥0	¥0	当期純損益金額		※¥3,729,983
減価償却累計額	¥0	¥0	繰越利益剰余金合計	¥0	¥3,729,983
[無形固定資産]			利益剰余金合計		¥3,729,983
[投資その他の資産]			自己株式合計		¥0
固定資産合計	¥0	¥0	株主資本合計	¥0	¥3,729,983

資　産　合　計　借方合計金額　¥588,900,049　貸方合計金額　¥564,804,886
負債･純資産合計　借方合計金額　¥166,832,890　貸方合計金額　¥190,928,053

※仮払消費税の中間申告分¥1,339,000は，税区分「対象外」に変更して入力します。
※当期純損益金額は，「繰越利益」勘定に計上されます。

損益計算書　項目

勘定科目	借方合計	貸方合計
売上高　[別記]	¥0	¥213,000,000
[売上原価]		
期首商品棚卸高	¥0	¥0
仕入高　[別記]	¥142,700,000	¥0
当期商品仕入高	¥142,700,000	¥0
合　　計	¥142,700,000	¥0
期末商品棚卸高	¥0	¥0
売上原価	¥142,700,000	¥0
売上総損益		¥70,300,000
[販売管理費]		
役員報酬	¥11,000,000	¥0
給料手当	¥19,800,000	¥0
賞与	¥6,100,000	¥0
法定福利費	¥4,180,290	¥0
福利厚生費　[別記]	¥577,600	¥0
荷造運賃　[別記]	¥8,318,000	¥450,000
広告宣伝費　[別記]	¥1,493,000	¥0
交際費　[別記]	¥1,331,000	¥0
旅費交通費　[別記]	¥1,277,450	¥0
通信費　[別記]	¥1,274,500	¥0
消耗品費　[別記]	¥1,107,000	¥0
事務用品費　[別記]	¥696,000	¥0
修繕費　[別記]	¥544,000	¥0
水道光熱費　[別記]	¥1,221,300	¥0
支払手数料　[別記]	¥356,400	¥0
車両費　[別記]	¥1,314,900	¥0
地代家賃　[別記]	¥3,420,000	¥0
リース料　[別記]	¥1,122,000	¥0
保険料	¥792,000	¥0
租税公課	¥292,500	¥0
雑費　[別記]	¥572,000	¥0
販売管理費計	¥66,789,940	¥450,000
営業損益		¥3,960,060
[営業外収益]		

勘定科目	借方合計	貸方合計
受取利息	￥0	￥13,840
[営業外費用]		
支払利息	￥243,917	￥0
経常損益		￥3,729,983
[特別利益]		
[特別損失]		
税引前当期純損益金額		￥3,729,983
当期純損益金額		￥3,729,983

[振替伝票](一部), [別記]の指定について

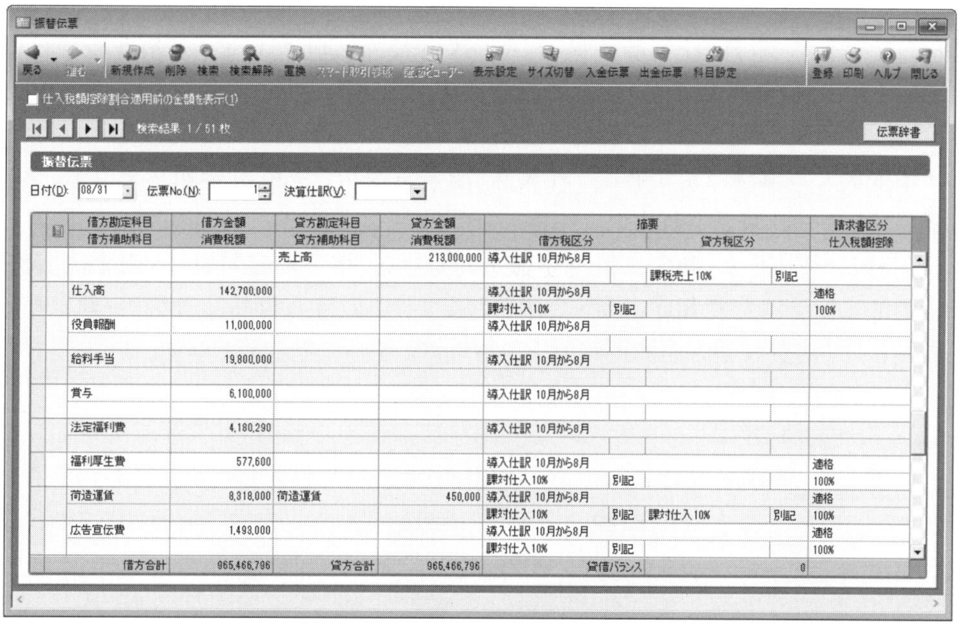

さかな電子販売株式会社の導入事例は, 期首繰越残高を入力し, 期首から導入月の前月にあたる8月までの取引の累計を導入前月の取引として振替伝票から入力しています。
各勘定科目を税抜金額で入力し, 消費税額は別途, 計算・集計して「仮払消費税等」勘定と「仮受消費税等」勘定に入力しています。

また, 消費税額の中間申告分は,「仮払消費税等」勘定の借方に税区分「対象外」で入力しています。これは「仮払消費税等」勘定の税区分が「課税仕入」に設定されているため, 消費税申告に関する仕訳に関して「対象外」をあらためて選択する必要があるのです。

さかな電子販売株式会社における消費税の設定は,「税抜経理方式」,「内税」入力に設定されていますので, 期首から導入月(令和〇年8月)までの取引累計を入力するにあたり, 損益計算書項目の入力では課税売上と課税仕入に該当する取引を税計算区分で「別記」を選択して入力する必要があります。「内税」入力に設定されているため, そのまま入力した場合は消費税が二重に計上されてしまいます。

6. 営業概要と取引の入力処理

さかな電子販売株式会社は，新年度からの会計ソフトの導入にあたり，令和○年9月（決算月）から会計ソフトによる処理を並行して行う予定です。
並行処理にあたり，今期の期首（令和×年10月1日）から導入する前月（令和○年8月）までの会計データは，期中導入として処理済みです。（第2章4.5.参照）また，9月1日から19日までに確認できた取引も入力済です。
次ページ以降に示す帳票から振替伝票を起票し，会計データを入力処理した後，会計ソフトによる決算処理を進めていきましょう。
会計処理を学ぶにあたり，各取引の『Advice』を参考にしてください。

(1) さかな電子販売株式会社の消費税設定について

さかな電子販売株式会社における消費税の設定は，「税抜経理方式」で「内税入力」の指定です。売上高と仕入高に関する勘定科目だけは，証ひょう類の表示価額から金額を入力することを前提にして，科目の「税計算区分」を「外税」に設定しています。消費税率は10％に設定されています。（科目の「税計算区分」の設定に関する説明は，45ページを参照のこと）

下記の入力事例に示す通り，「仕入高」勘定を選択して税抜金額を入力すると自動的に仮払消費税額が計算・表示されます。
同様に，「売掛金」勘定に税込金額を入力して，相手勘定科目に「売上高」勘定を選択すると自動的に仮受消費税額が計算・表示されます。この時，「仮払消費税等」勘定と「仮受消費税等」勘定には，消費税額が自動的に計上されていますので確認してみましょう。

参 考　**商品税込110円（税抜100円）を掛けで仕入れ，税込275円（税抜250円）で掛販売した。（カサゴ電子㈱／さわら工業㈱）**

※注意：実際に入力した場合は，確認後に必ず伝票を削除または修正してください。

日付（D）：09／02

借方科目／補助	借方金額	貸方科目／補助	貸方金額	摘要
仕入高	100 10	買掛金 カサゴ電子㈱	110	商品　掛仕入
売掛金 さわら工業㈱	275	売上高	250 25	商品　掛売上

消費税額が自動で処理されます。この仕訳を入力した場合，「仮払消費税等」勘定に10円，「仮受消費税等」勘定に25円が計上されていることを会計ソフトで確認してみましょう。

(2) 日次取引の入力処理

この問題は，「さかな電子販売株式会社問題(5期)」の学習用データを復元して使用します。〈P276参照〉

さかな電子販売株式会社は，令和○年9月から会計ソフトによる処理を導入している。期首(令和×年10月1日)から導入する前月(令和○年8月)までと9月1日から9月19日までに確認できた会計データは，入力処理済みである。

9月以降の会計データと決算資料(P60～P84参照)にもとづいて，必要な会計処理を行いなさい。

＜付記事項＞

(1) 会計期間は毎年10月1日から翌年9月30日までである。

(2) 事業内容は，電子機器部品の卸売業である。

(3) 取引先および取引条件等は次の表の通りである。

得意先	さわら工業(株)	ひらめ工業(株)	いわし工業(株)
売上計上日	検収書受領日	検収書受領日	検収書受領日
回収条件	月末締め･翌月末払い	月末締め･翌々月10日払い	月末締め･翌々月20日払い
回収方法	銀行振込	銀行振込	銀行振込

仕入先	カサゴ電子(株)	タイ電子(株)	メバル電子(株)
仕入計上日	納入検収日	納入検収日	納入検収日
支払条件	月末締め･翌々月25日払い	月末締め･翌々月25日払い	月末締め･翌々月25日払い
支払方法	銀行振込	銀行振込	銀行振込

(4) 入力にあたっては，入力済みのデータも参照すること。

(5) 勘定科目および補助科目の新規設定は行わないこと。

(6) 振替伝票の起票に際して，補助科目が設定されている勘定では，科目欄を2行使って補助科目を記入すること。

(7) 仕入取引と売上取引については，「外税」で入力処理している。

9月20日

①本日の商品売買状況

納品書

20××年 9月20日

さかな電子販売株式会社　様

タイ電子株式会社

品　名	数　量	金　額
2 0 Y	1,500	¥2,550,000
2 2 Y	1,500	¥1,210,000
	合計	¥3,760,000
	消費税額	¥376,000
	税込合計金額	¥4,136,000

9／20 検品

日付(D)：09／20

借方科目／補助	借方金額	貸方科目／補助	貸方金額	摘要

②仕入先から届いている請求書

この請求書にもとづいて，振込依頼書を作成します。(海銀行・普通預金)

請求書

令和○年 7月31日

さかな電子販売株式会社　様

岐阜県岐阜市*－*－*
カサゴ電子株式会社
登録番号：T*************

締　切　日	令和○年 7月31日
売上金額合計　○件(7月1日～7月31日)	¥3,300,000

※令和○年 9月25日までにお振込み下さい。

請求書

20××年 7月31日

さかな電子販売株式会社　様

静岡県三島市函南*－*－*
タイ電子株式会社
登録番号：T*************

締　切　日	20××年 7月31日
売上金額合計　○件(7月1日～7月31日)	¥3,520,000

※20××年 9月25日までにお振込み下さい。

請 求 書

20××年 7月31日

さかな電子販売株式会社　様

大阪市京橋*-*-*
メバル電子株式会社
登録番号：T*************

締　切　日	20××年 7月31日
売上金額合計　○件（7月1日～7月31日）	¥6,380,000

※20××年 9月25日までにお振込み下さい。

振込依頼表

振込依頼日：令和○年9月20日
引落日：令和○年9月25日

振　込　先	振込金額(税込)	摘　要	振込手数料
カ サ ゴ 電 子 株 式 会 社	¥3,300,000	買掛金支払	¥770
タ　イ 電 子 株 式 会 社	¥3,520,000	買掛金支払	¥770
メ バ ル 電 子 株 式 会 社	¥6,380,000	買掛金支払	¥770
合　計	¥13,200,000		¥2,310

日付（D）：09／25

借方科目／補助	借方金額	貸方科目／補助	貸方金額	摘要

Advice

すでに受け取っている請求書にもとづいて，振込依頼書を作成します。金融機関は，この振込依頼書にもとづいて，引落日に振込金額を指定の振込先口座へ振り込みます。当社は，振込依頼をした当日に引落日の日付でデータ入力処理します。ここでは，振込手数料を「支払手数料」勘定でそれぞれ処理します。

9月 21日

①本日の商品売買状況

納品書(控)・検収受領書

20XX年 9月21日

ひらめ工業株式会社　様

さかな電子販売株式会社

品　名	数　量	金　額
2 0 Y	500	¥1,450,000
2 2 Y	300	¥1,110,000
	合計	¥2,560,000
	消費税額	¥256,000
	税込合計金額	¥2,816,000

9／21検収

ひらめ工業(株)

日付(D)：09／21

借方科目／補助	借方金額	貸方科目／補助	貸方金額	摘要

②小口現金の補充

小口現金補充のため，普通預金 177,300円を引き出しました。(海銀行)

小口現金出納帳集計表

20XX年 9月12日～21日

税込金額

福利厚生費	¥8,800
広告宣伝費	¥17,600
交際費	¥11,000
旅費交通費	¥13,200
通信費	¥8,800
消耗品費	¥28,600
事務用品費	¥6,600
修繕費	¥17,600
車両費	¥38,500
租税公課	¥20,000
雑費	¥6,600
合　計	¥177,300

20XX年 9月21日

出納係　　印

※租税公課を除いて，すべて消費税 10% が適用される取引でした。

日付（D）：09／21

借方科目／補助	借方金額	貸方科目／補助	貸方金額	摘要

Advice

ここでは「小口現金」勘定を使用しないで，直接「普通預金」勘定の貸方に入力します。

③余裕資金7,000,000円を定期預金に預け入れました。（普通預金から振替）（海銀行）

日付（D）：09／21

借方科目／補助	借方金額	貸方科目／補助	貸方金額	摘要

Advice

「普通預金」勘定から余裕資金を「定期預金」勘定へ振り替えます。

④普通預金通帳の記帳結果（海銀行）

普通預金

	日付	お支払金額	お預り金額	摘　要	差引残高
1	○.09.10		5,400,000	ひらめ工業㈱	10,301,763
2	○.09.13	7,700		ガス	10,294,063
3	○.09.13	9,240		ガス	10,284,823
4	○.09.13		3,013,600	定期預金解約	13,298,423
5	○.09.19		14,740,000	いわし工業㈱	28,038,423
6	○.09.20	300,000		定期積金振替	27,738,423
7	○.09.21	177,300		お引き出し	27,561,123
8	○.09.21	7,000,000		定期預金振替	20,561,123

日付（D）: 09／13

借方科目／補助	借方金額	貸方科目／補助	貸方金額	摘要

Advice

普通預金通帳の記帳結果から当社未記入の取引を確認し，取引日でデータ入力します。2つのガス代の引落は，「水道光熱費」勘定で入力します。

日付（D）: 09／19

借方科目／補助	借方金額	貸方科目／補助	貸方金額	摘要

Advice

得意先「いわし工業（株）」からの振込通知書はすでに受け取っており，9月19日に入金を確認できたので，データ入力します。なお，振込手数料は先方負担です。

日付 (D)：09／20

借方科目／補助	借方金額	貸方科目／補助	貸方金額	摘要

Advice

9 月 20 日の「普通預金」勘定から「定期積金」勘定への振替取引を入力します。

9月 25日

①本日の商品売買状況

納 品 書

20××年 9月25日

さかな電子販売株式会社　様

メバル電子株式会社

品　名	数 量	金　額
ＺＺ-５０	1,200	¥2,640,000
	合計	¥2,640,000
	消費税額	¥264,000
	税込合計金額	¥2,904,000

9／25 検品

日付 (D)：09／25

借方科目／補助	借方金額	貸方科目／補助	貸方金額	摘要

②普通預金の引き出し（海銀行）

普通預金2,247,000円を引き出しました。

日付 (D)：09／25

借方科目／補助	借方金額	貸方科目／補助	貸方金額	摘要

③9月分給与支払（現金払い）

給与等集計表

役員報酬	¥1,000,000
給料手当	¥1,800,000
合計支給額	¥2,800,000
社会保険料	¥356,400
源泉所得税	¥89,800
住民税	¥190,800
控除額合計	¥637,000
差引総支給額	¥2,163,000

日付（D）：09／25

借方科目／補助	借方金額	貸方科目／補助	貸方金額	摘要

Advice

支給した金額と給与から天引きした控除額（預り金）は，それぞれ入力します。（単一仕訳）

④通勤交通費88,000円を現金で支払った。

日付（D）：09／25

借方科目／補助	借方金額	貸方科目／補助	貸方金額	摘要

⑤振込依頼書作成（海銀行・普通預金）

振込依頼書

振込依頼日：令和○年9月25日
引落日：令和○年9月30日

振込先	振込金額(税込)	摘要	振込手数料
松井産業	¥27,500	駐車場使用料	¥550
井口興業	¥77,000	倉庫家賃	¥770
田口不動産	¥209,000	事務所家賃	¥770
大塚運送	¥627,000	運送費	¥770
合計	¥940,500		¥2,860

※振込手数料は，当社負担です。

日付（D）：09／30

借方科目／補助	借方金額	貸方科目／補助	貸方金額	摘要

Advice

駐車場使用料，倉庫家賃，事務所家賃は，「地代家賃」勘定で入力します。それぞれ補助科目が設定されているので注意しましょう。また，入力日付は，引落日の9月30日です。

ここでは，振込手数料の合計額を「支払手数料」勘定で入力します。

⑥得意先から届いた振込通知書

振込通知書

令和○年 9月25日

さかな電子販売株式会社　様

さわら工業株式会社

締切日	令和○年 8月31日
購入金額合計　○件(8月1日～8月31日)	¥2,200,000

《振込日：令和○年 9月30日》

Advice

振込通知書だけでは，入力する証拠になりません。預金帳で入金を確認したのち，入金日付で処理します。

9月26日

①本日の商品売買状況

納品書(控)・検収受領書

20××年 9月26日

いわしエ業株式会社　様

さかな電子販売株式会社

品　名	数　量	金　額
XY-20	500	¥1,350,000
YY-30	800	¥1,600,000
ZZ-50	1,000	¥3,200,000
	合計	¥6,150,000
	消費税額	¥615,000
	税込合計金額	¥6,765,000

9／26検収

いわし工業(株)

日付(D)：09／26

借方科目／補助	借方金額	貸方科目／補助	貸方金額	摘要

②出張旅費を現金で仮払いしました。

仮払依頼書にもとづき，データを入力します。

20××年 9月 26日

仮払金申請書

下記の通り仮払いをお願い致します。

仮払金額　¥ 80,000

仮 払 日　20××年 9月 26日

精算予定日　20××年 9月 29日

目的・内容　＊＊＊＊＊

確かに受領しました。

20××年 9月 26日　中沢　治彦 ㊞

日付(D)：09／26

借方科目／補助	借方金額	貸方科目／補助	貸方金額	摘要

9月 27日

①従業員の中沢氏から慶弔見舞金規程に従って父親の死亡弔慰金の申請があり，香典20,000円を現金で支給しました。
証ひょうにもとづき，データを入力します。葬儀案内と出金伝票を保管します。

さかな電子販売株式会社　　　　20×× 年 9 月 27 日
代表取締役 鈴木 喜一郎 殿

慶弔見舞金支給申請書

下記のとおり、慶弔見舞金の支給をお願いいたします。
① 申請者　　所 属　＊＊＊＊＊＊＊
　　　　　　氏 名　中 沢 治 彦 (印)
② 申請の種類（該当するものに✔印を記入のこと）
☐結婚祝金　☑死亡弔慰金　☐出産祝金　☐葬 祭 料
☐傷病見舞金　☐災害見舞金　☐その他
【注意】支給事由に該当することを証明する書類を１部添付して下さい。
（住民票、社保手続書類の写し、罹災証明等の事実の証となるもの）

※従業員やその親族のお祝いや不幸に際して支給した慶弔見舞金は「福利厚生費」勘定で処理します。支給の相手が取引先などの社外の場合は「交際費」勘定で処理します。

日付(D)：09／27

借方科目／補助	借方金額	貸方科目／補助	貸方金額	摘要

Advice

慶弔見舞金は，対価性がないため消費税がかからない課税対象外(不課税)取引です。「福利厚生費」勘定は，通常，課税対象として設定されている勘定科目ですので，この仕訳を入力する際には，税区分欄を変更します。ここでは，設定されている課税対象仕入(課対仕入)の税区分を「対象外仕入」に変更します。
(弥生会計の税区分では，「対象外」のほかに「対象外売上」と「対象外仕入」が用意されており，科目別税区分表でそれぞれ集計できるようになっています。)

9月 28日

①当社は今月より湯河原リース(株)とリース契約を結びコピー複合機を1台利用しており，初回リース料を現金で支払いました。契約内容はリース契約明細書(抜粋)の通りです。
なお，当該リース物件は，オペレーティングリース取引により処理をしています。

リース契約明細書

契約主要事項

リース物件名	コピー複合機　1台	リース料お支払方法	毎月30日引落
リース物件購入代金(税込)	¥1,556,500	支払開始日	令和○年9月30日
リース料率	1.87%	契約期間	令和○年9月1日～令和△年8月31日
支払回数	60回	支払総額	¥1,745,700
1ヶ月あたりリース料(月額)	¥29,095		

日付(D)：09／28

借方科目／補助	借方金額	貸方科目／補助	貸方金額	摘要

Advice

オペレーティング･リース取引は，通常の賃貸借取引に係る処理と同様に「リース料」勘定で当期の費用とします。

9月 29日

⑴本日の商品売買状況

納品書(控)・検収受領書

20××年 9月29日

ひらめ工業株式会社　様

さかな電子販売株式会社

品　名	数 量	金　額
Ｙ Ｙ - ３ ０	1,000	¥2,000,000
Ｙ Ｚ - ４ ０	700	¥1,820,000
	合計	¥3,820,000
	消費税額	¥382,000
	税込合計金額	¥4,202,000

9／29検収

ひらめ工業㈱

日付（D）: 09／29

借方科目／補助	借方金額	貸方科目／補助	貸方金額	摘要

②9月26日に仮払いした出張費を精算し，残金を現金で戻し入れました。

下記の仮払旅費精算書にもとづき，データを入力します。(旅費規定により承認済)

仮払旅費精算書

提出日　20XX 年 9 月 29 日

出張先	静岡
目的	富士山化学工業株式会社（営業訪問）
出張期間	20XX 年　9 月　28 日　～　20XX 年　9 月　29 日まで

月日	発着地	発着時刻	適要	金額 交通費	宿泊費	日当	その他
9/28	東　京　発 静　岡　着		新幹線	6, 600		3, 300	
	発 着		会食				33, 000
	発 着		△△ホテル		9, 350		
9/29	静　岡　発 東　京　着		新幹線	6, 600		3, 300	
	発 着						
			小計	13, 200	9, 350	6, 600	33, 000

旅費総額	仮払金	差引（不足・戻し）額
62, 150	80, 000	17, 850

所属　　役職　　氏名　中沢治彦　㊞

日付(D)：09／29

借方科目／補助	借方金額	貸方科目／補助	貸方金額	摘要
				9/28 分　新幹線代
				9/28 分　出張手当
				得意先富士山化学工業㈱ 会食３名分
				9/28 分 宿泊費 中沢治彦氏
				9/29 分　新幹線代
				9/29 分　出張手当
				仮払精算　現金戻入

※ここでは，日付ごとに費目を分けて仕訳します。

③借入金の明細表にもとづいて９月29日付で入力処理します。(海銀行・普通預金より引落)

お借入残高明細表

回数	お支払日	お支払金額	利息	元本返済額	お借入残高
		(一　部　省　略)			
１９	令和○年 8月29日	¥158,552	¥18,552	¥140,000	¥4,920,000
２０	令和○年 9月29日	¥157,815	¥17,815	¥140,000	¥4,780,000
２１	令和○年10月29日	¥157,076	¥17,076	¥140,000	¥4,640,000
		(以　下　省　略)			

日本政策金融公庫

日付(D)：09／29

借方科目／補助	借方金額	貸方科目／補助	貸方金額	摘要

Advice

元本の返済と利息の支払の仕訳を分けて入力します。

9月30日

①普通預金の引き出し

普通預金706,800円を引き出しました。(海銀行)

日付(D):09/30

借方科目/補助	借方金額	貸方科目/補助	貸方金額	摘要

②社会保険料の納付(現金払い)

納入告知書 ~~納付書~~・領収証書	国庫金	厚生保険
	合計額	¥716,880
豊島社会保険事務所長		東京都弥生区弥生町1-11-11 さかな電子販売株式会社 殿

注) 預り金(社会保険料)のうち353,400円を従業員負担分として処理する。なお,納入告知書に記載されている金額(前月分)との差額363,480円は,事業主負担分として未払金を消し込む。

日付(D):09/30

借方科目/補助	借方金額	貸方科目/補助	貸方金額	摘要

③社会保険料の費用計上(当月分の事業主負担分)

事業主負担分432,500円を費用計上し,未払金勘定(補助科目:社会保険)で処理します。

日付(D):09/30

借方科目/補助	借方金額	貸方科目/補助	貸方金額	摘要

Advice

給料支払時に天引きした従業員の社会保険料は,「預り金」勘定の補助科目「社会保険料」で処理されています。社会保険料の事業主負担分は,「法定福利費」勘定で処理します。

④小口現金の補充

小口現金補充のため，普通預金190,300円を引き出しました。(海銀行)

小口現金出納帳集計表

20××年 9月22日～30日

税込金額

福利厚生費	6,600円
広告宣伝費	38,500円
交際費	8,800円
旅費交通費	17,600円
通信費	19,800円
消耗品費	15,400円
事務用品費	17,600円
修繕費	11,000円
車両費	48,400円
租税公課	0円
雑費	6,600円
合　　計	190,300円

20××年 9月30日
出納係　　印

※租税公課を除いて，すべて消費税10%が適用される取引でした。

日付(D)：09／30

借方科目／補助	借方金額	貸方科目／補助	貸方金額	摘要

Advice

ここでは，「小口現金」勘定を使用しないで，直接，「普通預金」勘定の貸方に入力します。

⑤普通預金通帳の記帳結果（海銀行）

普通預金

	日付	お支払金額	お預り金額	摘　要	差引残高
			（一　部　省　略）		
8	○.09.21	7,000,000		定期預金振替	20,561,123
9	○.09.25	3,300,000		カサゴ電子㈱	17,261,123
10	○.09.25	770		振込手数料	17,260,353
11	○.09.25	3,520,000		タイ電子㈱	13,740,353
12	○.09.25	770		振込手数料	13,739,583
13	○.09.25	6,380,000		メバル電子㈱	7,359,583
14	○.09.25	770		振込手数料	7,358,813
15	○.09.25	2,247,000		お引き出し	5,111,813
16	○.09.26	31,460		電気	5,080,353
17	○.09.26	36,300		電気	5,044,053
18	○.09.27	9,680		水道	5,034,373
19	○.09.27	11,550		水道	5,022,823
20	○.09.28	39,380		携帯電話	4,983,443
21	○.09.28	37,950		携帯電話	4,945,493
22	○.09.28	55,000		黄金リース	4,890,493
23	○.09.28	57,200		財宝リース	4,833,293
24	○.09.28	72,000		プラチナ損害保険	4,761,293

普通預金

	日付	お支払金額	お預り金額	摘　要	差引残高
1	○.09.29	157,815		日本政策金融公庫	4,603,478
2	○.09.30		2,200,000	さわら工業㈱	6,803,478
3	○.09.30	27,500		松井産業	6,775,978
4	○.09.30	77,000		井口興業	6,698,978
5	○.09.30	209,000		田口不動産	6,489,978
6	○.09.30	627,000		大塚運送	5,862,978
7	○.09.30	2,860		振込手数料　4件	5,860,118
8	○.09.30	706,800		お引き出し	5,153,318
9	○.09.30	190,300		お引き出し	4,963,018

Advice

電気代と水道代は，それぞれ「水道光熱費」勘定で処理します。携帯電話は，「通信費」勘定で処理します。また，黄金リースと財宝リースへの支払は，本年4月に契約したもので「リース料」勘定を使用しています。プラチナ損害保険の支払は，「保険料」勘定で処理します。

日付(D): 09/26

借方科目／補助	借方金額	貸方科目／補助	貸方金額	摘要
				電気料金
				電気料金

日付(D): 09/27

借方科目／補助	借方金額	貸方科目／補助	貸方金額	摘要
				水道料金
				水道料金

日付(D): 09/28

借方科目／補助	借方金額	貸方科目／補助	貸方金額	摘要
				携帯電話代
				携帯電話代

日付(D): 09/28

借方科目／補助	借方金額	貸方科目／補助	貸方金額	摘要
				黄金リース
				財宝リース

日付(D): 09/28

借方科目／補助	借方金額	貸方科目／補助	貸方金額	摘要
				プラチナ損害保険

日付(D): 09/30

借方科目／補助	借方金額	貸方科目／補助	貸方金額	摘要
				掛代金回収 さわら工業㈱

7. 年次決算前の準備

(1) 年次決算処理前の残高チェック

月次決算は，企業がみずからの経営状況を迅速に把握し，経営意思決定に役立たせるものでした。年次決算に準じた方法により迅速に実施することが求められており，年次決算を進めるにあたり，まず，決算月の月次決算をしっかり処理することが大切です。

そのうえで，諸法の規定にもとづいて当該事業年度における経営成績及び年度末の財政状態を報告するとともに，税務申告の準備を進めることになります。

決算処理を行う前に，データ入力に誤りがないか，二重に入力しているものはないかをチェックする必要があります。コンピュータ会計においては，データ入力から集計まで自動的に行われるので，転記ミスや計算ミスは起こりません。

主要な勘定科目について，弥生会計の入力データ(各帳簿)や残高試算表の残高と実際の証ひょう類をつき合わせながら会計処理の誤りがないかを確認します。

(2) 現金の残高チェック

現金の出納業務を正しく管理するためには，毎日の業務終業時に現金の実際調査を行うことが大切です。会計ソフトの現金勘定または現金出納帳の残高と現金の実際残高を照合します。

帳簿残高と実際有高が不一致の場合は，現金の実際有高にあわせるために会計ソフトの現金残高のデータを修正し，相手勘定は現金過不足勘定で一時処理します。原因を調査した結果，判明した場合はその勘定科目へ振り替えますが，月末まで不明な場合には雑損失勘定や雑収入勘定に振り替えます。なお，現金過不足額を原因不明により雑損失勘定や雑収入勘定に振り替える場合は，課税対象外取引として処理します。

①現金の実際残高

金種表により集計した金額と会計ソフトの現金残高をつき合わせます。決算時に判明した現金不足額80円は，原因不明なため雑損失として入力処理します。(課税対象外取引)

金種表により調査した結果

手許現金残高	¥1,135,253

日付(D)：09／30

借方科目／補助	借方金額	貸方科目／補助	貸方金額	摘要
雑損失	80	現金	80	

(3) 預金の残高チェック

会計ソフトの当座預金勘定が銀行の当座預金口座残高と一致しない理由の1つは，小切手の振出日（記帳日）と引落日が異なるからです。企業では小切手を振り出した時に当座預金から出金があったものとして記帳しますが，当座預金口座から決済されるのは小切手を受け取った企業が銀行へ支払呈示してからです。

そこで，月末に当座預金勘定（当座預金出納帳）の未記帳分や未呈示の小切手金額などを確認して当社の当座預金勘定（当座預金出納帳）と銀行の当座預金口座を一致させることが必要になります。銀行から送付される当座勘定照合表と会計ソフトの当座預金勘定を照合し，必要に応じて追加・修正仕訳を行います。この時に作成する管理表のことを銀行勘定調整表と呼びます。

主な不一致の原因は，下記の通りです。

1．未取付小切手：小切手の振出によって当社は記帳済だが，相手がまだ支払呈示していない場合。
・会計処理　⇒　当社の会計処理はありません。

2．未記帳取引：得意先から入金の連絡がないまま預金口座に入金され，当社が未記帳になっている場合。または，預金口座から自動引き落としになっているが，当社で起票もれがある場合。
・会計処理　⇒　記帳事実に従って，発生日の日付で入力処理します。

3．未取立小切手：当社が銀行に対して小切手の取立を依頼して預金勘定に入金起票をしたが，銀行の取立（入金）が未だ決済されていない場合。
・会計処理　⇒　当社の会計処理はありません。

4．未渡小切手：小切手を作成して当座預金勘定に記帳処理をしたが，相手に手渡されずに当社が保管している場合。
・会計処理　⇒　当座預金勘定と相手勘定を修正します。
①掛代金決済の場合は，逆仕訳を入力して修正します。
（借）当座預金　×××　　（貸）買掛金　×××
②発生した費用の場合は，未払金へ振り替えます。
（借）当座預金　×××　　（貸）未払金　×××

①普通，定期預金，定期積金の残高証明（海銀行）

預金の残高証明と会計ソフトの預金残高をつき合わせます。

残高証明書　　令和○年9月30日

さかな電子販売株式会社　様

預金種類	残高
普通預金	¥4,963,018
定期預金	¥8,100,000
定期積金	¥5,360,596

令和○年10月6日
海銀行　豊島支店

(4)売掛金残高と買掛金残高のチェック

売掛金は，掛販売の売上伝票で実際の数値記帳が始まります。営業部が売上伝票の起票と代金回収済みの処理および管理帳簿を作成します。経理の帳簿残高は，入金確認などによって売掛金残高の帳簿数値が作成されています。

一般的に，販売のデータ処理から回収までを処理する販売管理システムと経理処理を行う経理・財務システムは，それぞれ別のソフトで平行して動いています。

さらに加えて，営業部門の入力ミスや請求書締め日などの違いにより営業部門と経理部門の売掛金残高に差異が生じることがあります。

そこで，営業部から入手したデータと経理部門における帳簿残高を決算処理前にチェックし，正しい残高を確認しておく必要があります。

買掛金は，掛仕入の仕入伝票で実際の数値記帳が始まります。在庫管理部門から検収済みの正しい入庫情報と仕入先からの請求書をつき合わせて，支払準備に入ります。検収・入庫処理を経て入力されている買掛金残高と仕入先の請求書金額をつき合わせることが必要となります。

営業部門から入手した得意先の売掛金残高

令和○年9月30日現在の残高

得意先 企業名	金 額
さわら工業株式会社	¥1,804,000
ひらめ工業株式会社	¥12,844,476
いわし工業株式会社	¥18,889,762
合 計	¥33,538,238

仕入先から入手した買掛金残高

令和○年9月30日現在の残高

仕入先 企業名	金 額
カサゴ電子株式会社	¥6,686,000
タ イ電子株式会社	¥8,512,000
メバル電子株式会社	¥8,784,000
合 計	¥23,982,000

(5)その他のチェック

主要な勘定科目のほかにも，経費項目で請求書が未着の費目や決算時点で未払いの費目，そして，家賃のように次月分まで支払済みの費目を洗い出し，決算処理において当期の経費に加算，減算するために未払金勘定や前払金勘定の計上，さらに未経過勘定科目などに振り替える処理を行います。また，預り金の残高や，借入金の支払が計画通り行われているかもチェックしなければなりません。

①給与台帳，源泉徴収高計算書から入手した預り金の金額

預り金 残高 ￥303,447

- 源泉所得税 ￥106,647（給与・賃金・賞与 ￥89,800／報酬・謝金 ￥16,847）
- 住 民 税 ￥190,800
- 社会保険料 ￥6,000

②長期借入金の返済計画資料

P71の「お借入残高明細表」により借入金の残高及び返済金額を確認します。

8. 決算の手続き

(1) 決算の手続きと決算整理事項

決算の手続きは，すでに説明した通り，決算前に「現金の帳簿残高と実際残高の照合（残高確認）」や「預金残高証明書（銀行発行）と各預金の帳簿残高の照合（残高確認）」，「売掛金・買掛金の残高確認」などを終えてから行われます。

決算整理事項は，①売上原価の算定，②貸倒れの見積もり，③減価償却費の計上，④収益・費用の見越・繰延，⑤その他（未収金，未払金の確認，仮払金，仮受金の振替）などの手順で行います。

最後に，決算を確定させたうえで，消費税額や法人税額を算定して未払消費税等，未払法人税等の勘定に計上します。

(2) 決算仕訳に関する会計処理

弥生会計では，決算整理仕訳を通常の仕訳とは区別して入力することができます。区別して入力することで，集計表では決算整理仕訳のみの集計や決算整理仕訳を除いた集計などを行うことができます。

伝票画面で決算整理仕訳を入力する場合は，[決算仕訳（V）]で「決算」を選択します。帳簿画面や仕訳日記帳画面で入力する場合は，[期間]で「決」をクリックし，決算整理仕訳を入力します。

このような状態で入力した仕訳は，「決算」が選択され，[日付]に決算日が指定された決算整理仕訳として登録されます。

①棚卸表の作成と棚卸処理

年度末に売れ残った商品は，売上原価とはなりません。次年度に販売する商品として棚卸資産となります。従って，当期の商品仕入高から差し引き，当期の売上に対応する原価（売上原価）を計算します。

棚卸商品に減耗や評価損が発生している場合，売上原価に含めて処理する方法は，実地棚卸高の金額を「期末商品棚卸高」として入力します。

次の資料にもとづいて，決算整理仕訳を入力します。

商品棚卸表

20××年 9月30日

種　類	仕入単価	帳簿棚卸数量	実地棚卸数量	実地棚卸金額
XX-10	¥1,700	500	500	¥850,000
XY-20	¥1,700	500	490	¥833,000
YY-30	¥1,400	100	100	¥140,000
YZ-40	¥1,500	400	400	¥600,000
ZZ-50	¥2,200	600	600	¥1,320,000
合　計				¥3,743,000

上記の棚卸表の通り，実地棚卸の結果，XY-20が帳簿棚卸に対して10個不足していることが判明しました。この不足分については，棚卸減耗として売上原価に含めることとします。

前期繰越商品の金額を「商品」勘定から「期首商品棚卸高」勘定へ振り替えます。

日付(D): 09／30

借方科目／補助	借方金額	貸方科目／補助	貸方金額	摘要
期首商品棚卸高	3,620,000	商品	3,620,000	期首棚卸高

※会計データで残高試算表(10月度)・前期繰越欄「商品」勘定の金額を確認します。

当期の売上原価を算定するため，当期末の商品棚卸高の金額を「商品」勘定の借方に入力すると同時に「期末商品棚卸高」勘定の貸方へ入力します。

なお，棚卸減耗を売上原価に含ませるため,「期末商品棚卸高」は実地棚卸高の金額を入力します。

日付(D): 09／30

借方科目／補助	借方金額	貸方科目／補助	貸方金額	摘要
商品	3,743,000	期末商品棚卸高	3,743,000	期末棚卸高

②貸倒れの見積もり

当期末の一般債権につき実績法により計算した結果，当期末の貸倒引当金見積残高は￥320,000と算定されました。なお，前期末の貸倒引当金残高との差額を計上します。

日付(D): 09／30

借方科目／補助	借方金額	貸方科目／補助	貸方金額	摘要
貸倒引当金繰入額(販)	20,000	貸倒引当金(売)	20,000	貸倒の見積計上

③減価償却費の計算と処理

減価償却をするべき有形固定資産は「減価償却資産」と呼ばれ，取得した日付，価額，償却方法などを記録した「固定資産台帳」に記録して管理します。

次の固定資産台帳及び減価償却明細表のデータにもとづいて，減価償却に関する決算整理仕訳を入力します。(学習用データには固定資産の登録はされていません)

固定資産台帳・減価償却明細表

令和×年10月1日～令和○年9月30日

(金額単位：円)

種　類	取得年月日	取得価額	償却方法	耐用年数	償却率	当期償却額	償却累計額
(車両運搬具)							
乗用車	令和×年8月	3,000,000	定率法	6	0.319	617,067	1,682,686
乗用車	令和○年9月	2,000,000	定率法	6	0.319	621,040	674,206
計		5,000,000				1,238,107	2,356,892
(備　品)							
エアコン	令和◇年2月	320,000	定率法	6	0.319	37,273	240,429
応接セット	令和◇年2月	280,000	定率法	8	0.250	32,812	181,561
計		600,000				70,085	421,990
合　計		5,600,000				1,308,192	2,778,882

日付(D)：09／30

借方科目／補助	借方金額	貸方科目／補助	貸方金額	摘要
減価償却費	1,308,192	減価償却累計額	1,308,192	減価償却費計上

※注意：固定資産台帳では車両運搬具と備品の当期償却額を分けて記載していますが，仕訳ではまとめる場合があります。

④その他の処理(未経過勘定科目)

正しい期間損益計算を行うために，当期の収益と費用を修正します。

運送費に関する資料から決算修正を行います。

運送費は10日締めで月末払いとしており，締め日以降（9月11日から30日まで）に発生した運送費について，「未払費用」勘定を使用して費用計上します。

9月11日～30日分の運送料計算書の合計額　　¥418,000(税込金額)

日付(D)：09／30

借方科目／補助	借方金額	貸方科目／補助	貸方金額	摘要
荷造運賃	418,000	未払費用	418,000	未払分の計上

地代家賃に関する資料から決算修正を行います。

「地代家賃」勘定の補助元帳には，1か月分の前払い分が含まれているため，それぞれ13か月分の家賃が計上されています。前払い分を「前払費用」勘定に振替処理します。

事務所	¥209,000(税込金額)
倉庫	¥77,000(税込金額)
駐車場	¥27,500(税込金額)

日付(D)：09／30

借方科目／補助	借方金額	貸方科目／補助	貸方金額	摘要
前払費用	209,000	地代家賃 事務所	209,000	事務所家賃 前払分
前払費用	77,000	地代家賃 倉庫	77,000	倉庫家賃 前払分
前払費用	27,500	地代家賃 駐車場	27,500	駐車場代 前払分

⑤消費税の計算と処理

事業者は，原則として商品の販売やサービスの提供などの「課税売上」により顧客から預かった消費税から，商品の仕入や経費の支払などの「課税仕入」により取引先に支払った消費税を差し引いて，その差額を納付することになります。（本則課税）

次の消費税に関するデータにもとづいて，決算整理仕訳を入力します。（34ページを参照）
さかな電子販売株式会社の当期の消費税等が，次の金額に確定しました。

当期確定消費税額等	¥5,076,600

消費税の中間納付額との差額を「未払消費税等」勘定に計上します。消費税の中間納付額は，「仮払消費税等」勘定の借方に計上されています。なお，「仮受消費税等」勘定と「仮払消費税等」勘定との振り替えにより生じる端数差額は「雑収入」勘定で処理します。消費税の清算仕訳における各勘定科目の税区分は，消費税課税対象外です。

理解図

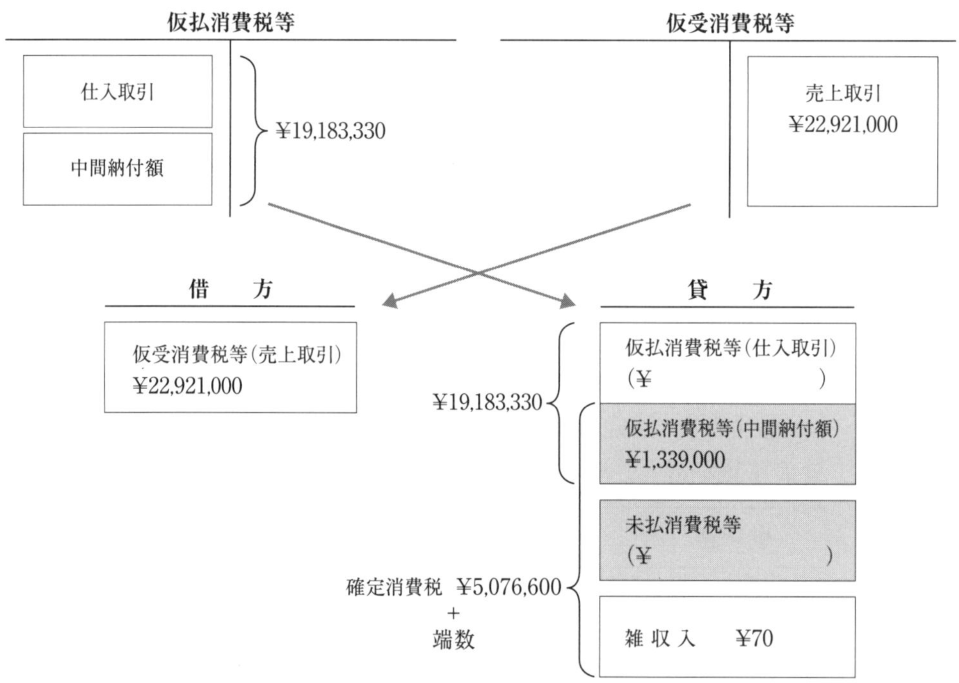

中間納付額1,339,000円を会計ソフトから確認します。問題文にある当期確定消費税額5,076,600円から中間納付額1,339,000円を差し引いた3,737,600円を「未払消費税等」勘定に計上します。

次に，仮受消費税22,921,000円と仮払消費税19,183,330円を同様に会計ソフトから確認します。「仮受消費税等」勘定と「仮払消費税等」勘定を相殺することで「未払消費税等」勘定の金額3,737,670円を求めます。問題文の指示に従って，「仮受消費税等」勘定と「仮払消費税等」勘定との振り替えにより生じる端数差額70円は「雑収入」勘定で処理します。（課税対象外に変更します）

日付(D)：09／30

借方科目／補助	借方金額	貸方科目／補助	貸方金額	摘要
仮受消費税等	22,921,000	仮払消費税等	19,183,330	
		未払消費税等	3,737,600	
		雑 収 入	70	

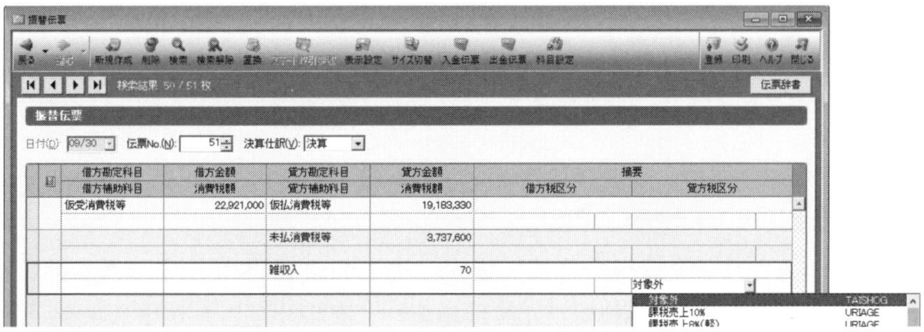

⑥法人税の計算と処理

会社は，事業年度終了ごとに，その終了の日の翌日から2ヵ月以内に確定申告書を本社の所在地の税務署長に提出し，その税額を納付します。

決算時に確定した法人税は，決算日に当期分の未払いとして「未払法人税等」などの勘定科目で処理しておきます。

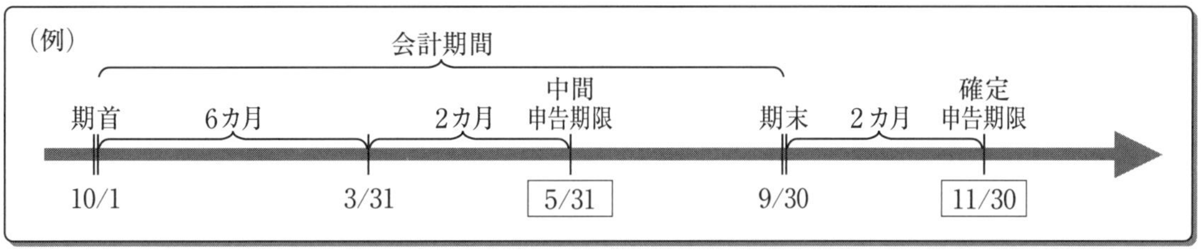

また，会社は，事業年度開始の日以後6ヵ月を経過した日から2ヵ月以内に，前事業年度の法人税額の2分の1（または中間仮決算による見積額）を予定申告して納めなければなりません。これを，中間（予定）申告といいます。

期中に納付した中間申告の税金は，一時，「仮払法人税等」などの勘定科目で処理します。決算期末では，中間に納付した税金を振り替える処理を行います。

次の法人税に関するデータにもとづいて，決算整理仕訳を入力します。

当期の法人税，法人都民税，法人事業税が次の金額に確定しました。

	確定法人税額等
法　人　税	¥566,700
法人都民税	¥223,300
法人事業税	¥128,400
合　計	¥918,400

※ここでは，確定法人税額等の合計を「法人税等」勘定で処理します。

5月に支払った法人税，法人都民税，法人事業税の中間納付額との差額を「未払法人税等」勘定に計上します。

なお，5月に支払った中間申告による納付額合計は，9月の決算整理の時まで「仮払法人税等」勘定の借方に計上されています。

日付（D）：09／30

借方科目／補助	借方金額	貸方科目／補助	貸方金額	摘要
法人税等	918,400	仮払法人税等	450,000	
		未払法人税等	468,400	

⑦決算書の出力

決算整理が終わったら，決算書を作成します。法人の決算書で作成できる財務諸表は，次の通りです。これらの決算書は，印刷時に印刷対象として選択することができます。

なお，月次決算では，株主資本等変動計算書を含め最後の4種類は作成できません。

【作成できる決算書】

- 表紙　• 貸借対照表　• 損益計算書　• 販売費及び一般管理費内訳書
- 製造原価報告書（製造原価科目を使用する設定の場合）
- 株主資本等変動計算書　• 注記表　• 記名押印書　• 前期比較決算書

決算書の作成の流れは，「科目の集計先の確認・設定」→「決算書の設定」→「決算書の作成・印刷」になります。弥生会計では，次のように確認，設定します。

●科目の集計先の確認・設定

決算書を作成するにあたり各勘定科目がどのような決算書項目として表示されるのかを確認し，必要に応じて選択するか，新規に追加設定します。

1. クイックナビゲータの［決算・申告］カテゴリの［科目設定］をクリックすると［科目設定］ウィンドウが表示されますので，勘定科目に設定されている［決算書項目］を確認します。
2. 決算書項目が正しく設定されていない場合は，［決算書項目］欄で選択します。選択する決算書項目がリストに表示されない場合は，ツールバーの［決算項目］ボタンをクリックして［決算書項目設定］ダイアログを表示させ，決算書項目を追加，修正します。
   決算書項目が「指定なし」になっている勘定科目がある場合は，必ず決算書項目を設定する必要があります。
   ※本書の例題では，「仮払法人税等」勘定を新規に作成し，登録した勘定科目名と決算書項目は同じになっています。（P45参照）

なお，［決算書項目設定］ダイアログは，クイックナビゲータの［決算・申告］カテゴリの［決算書項目設定］をクリックしても表示されます。決算書項目は初期設定されていますが，必要に応じて名称の変更や追加，削除，貸借区分を変更します。

●決算書の設定

クイックナビゲータの［決算・申告］カテゴリの［決算書設定］をクリックすると［決算書設定］ウィンドウが表示され，決算書の表紙の記載事項や各決算書類のタイトルなどを設定することができます。事業所名や会計期間などの初期値には［事業所設定］で設定した内容が表示されます。

その他に金額がマイナスになった場合の金額の表示や注記の表示についても設定できます。

●決算書の作成・印刷

貸借対照表や損益計算書，株主資本等変動計算書などの決算書類を印刷します。

1. クイックナビゲータの［決算・申告］カテゴリの［決算書作成］をクリックし，確認メッセージで［はい］ボタンをクリックすると［決算書作成］ダイアログが表示されますので［印刷］ボタンをクリックします。
2. ［印刷］ダイアログが表示されますので，［書式］から決算書の形式（報告式・勘定式など）を選択し，さらにプリンタや印刷範囲・部数，そして決算の種類（本決算，中間決算，月次決算）や印刷する決算書類にチェックを付けたのち［OK］ボタンをクリックして印刷を実行します。

なお，［印刷プレビュー］ボタンをクリックして印刷イメージを確認したり，［書式の設定］ボタンをクリックして金額単位や損益計算書等の「利益／損失」（当期純利益など）の名称を設定したりすることもできます。

⑧保存帳簿の帳票出力

仕訳日記帳や総勘定元帳などの必要な帳簿類を出力して紙媒体で保存します。弥生会計では，一部の内訳書で仕訳データや固定資産データ，手形データなどを取り込むことができ，取り込んだデータをもとに内訳書の項目を編集（入力・修正・削除）することも可能ですので，法人税の申告に際して必要となる各種の勘定科目内訳書の作成を効率的に行うことができます。

なお，電子帳簿保存法に従ってその要件を満たせば，総勘定元帳などの書類を紙媒体に代えて，電子データを原本として保存することができるようになりました。

また，弥生会計では，作成した法人の決算書をe-Taxに対応したデータ形式に書き出すことができますので，国税庁が提供しているe-Taxソフトなどの電子申告ができるソフトで読み込むことができます。

このように，情報通信技術（ICT）の進展と会計ソフトの機能拡充により会計帳簿の保存方法や申告方法を考え直す時期が来ています。

例題1

59～84ページまでの入力結果をふまえて,「さかな電子販売株式会社問題(5期)」について,下記の各科目の金額を記入しなさい。

さかな電子販売株式会社

貸借対照表(令和○年9月30日)の科目と金額

(単位:円)

	科目	金額
(1)	減価償却累計額	
(2)	資産合計	
(3)	未払法人税等	
(4)	未払消費税等	
(5)	繰越利益剰余金合計	

さかな電子販売株式会社

損益計算書(令和×年10月1日～令和○年9月30日)の科目と金額

(単位:円)

	科目	金額
(1)	売上総利益	
(2)	通信費	
(3)	地代家賃(倉庫分)	
(4)	雑収入	
(5)	当期純利益	

例題 1　解　答・解　説

さかな電子販売株式会社

貸借対照表（令和○年 9月 30日）の科目と金額

（単位：円）

	科　目	金　額
(1)	減価償却累計額	2,778,882 円
(2)	資産合計	60,224,723 円
(3)	未払法人税等	468,400 円
(4)	未払消費税等	3,737,600 円
(5)	繰越利益剰余金合計	11,102,776 円

さかな電子販売株式会社

損益計算書（令和×年 10月 1日 〜令和○年 9月 30日）の科目と金額

（単位：円）

	科　目	金　額
(1)	売上総利益	77,173,000 円
(2)	通信費	1,419,400 円
(3)	地代家賃（倉庫分）	840,000 円
(4)	雑収入	70 円
(5)	当期純利益	2,859,516 円

※この問題の入力結果は，学習用データの「さかな電子販売株式会社解答（5期）」で確認できます。

9. 繰越処理とその他の取引

(1) 繰越処理の意味

企業の経営活動は，継続して営まれることを前提にしています。このような「継続企業」の経営成績と財政状態を明らかにするためには，一定の期間を区切って計算する必要があります。この一定期間のことを会計期間（会計年度，または事業年度）といいます。

「損益計算書」は，その会計期間の経営成績を計算・表示していますので，次年度に繰り越すことはありません。一方，「貸借対照表」は，会計期末の「財政状態」を計算・表示していますので，当期の金額を確定して次年度に繰り越す処理が必要になります。この繰越処理によって，「貸借対照表」の金額が次年度に引き継がれ，会計処理の継続性（一貫性）が守られることになります。

学習簿記では，「帳簿の締切」「次年度の開始仕訳」と呼ばれる手続きを学びますが，弥生会計では「繰越処理」を行うことで自動的に処理されます。

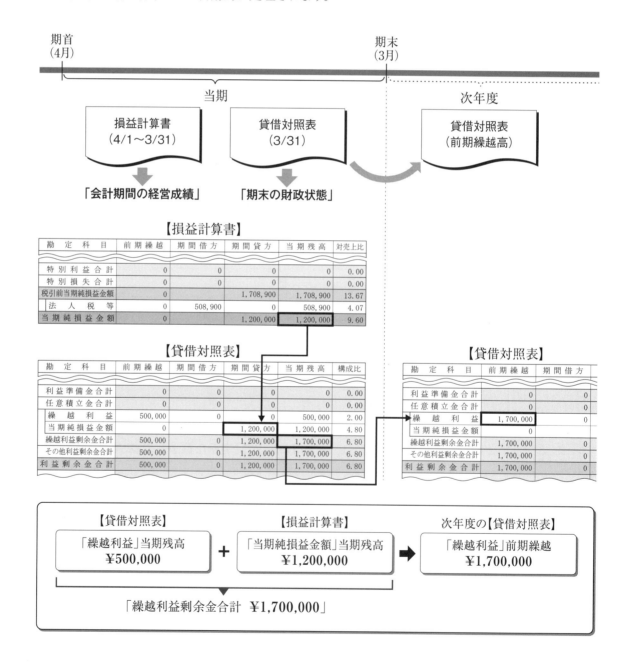

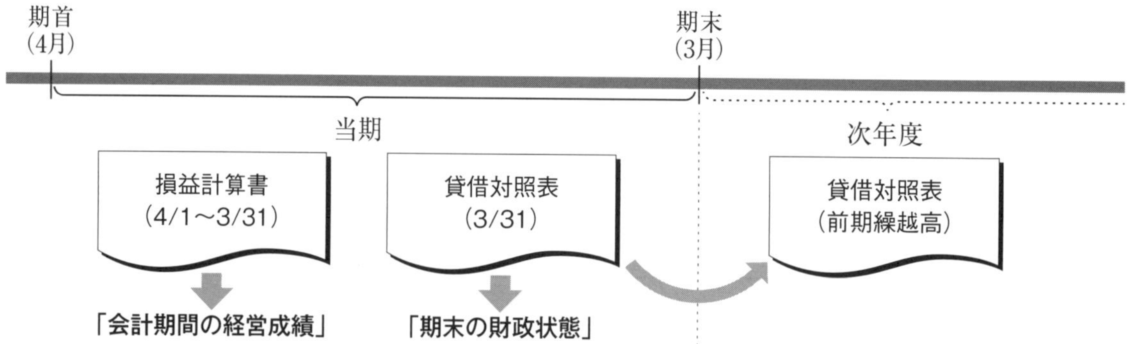

【損益計算書】

勘定科目	前期繰越	期間借方	期間貸方	当期残高	対売上比
特別利益合計	0	0	0	0	0.00
特別損失合計	0	0	0	0	0.00
税引前当期純損益金額	0		1,708,900	1,708,900	13.67
法人税等	0	508,900	0	508,900	4.07
当期純損益金額	0		1,200,000	1,200,000	9.60

【貸借対照表】

勘定科目	前期繰越	期間借方	期間貸方	当期残高	構成比
利益準備金合計	0	0	0	0	0.00
任意積立金合計	0	0	0	0	0.00
繰越利益	500,000	0	0	500,000	2.00
当期純損益金額	0		1,200,000	1,200,000	4.80
繰越利益剰余金合計	500,000	0	1,200,000	1,700,000	6.80
その他利益剰余金合計	500,000	0	1,200,000	1,700,000	6.80
利益剰余金合計	500,000	0	1,200,000	1,700,000	6.80

【貸借対照表】

勘定科目	前期繰越	期間借方
利益準備金合計	0	0
任意積立金合計	0	0
繰越利益	1,700,000	0
当期純損益金額	0	
繰越利益剰余金合計	1,700,000	0
その他利益剰余金合計	1,700,000	0
利益剰余金合計	1,700,000	0

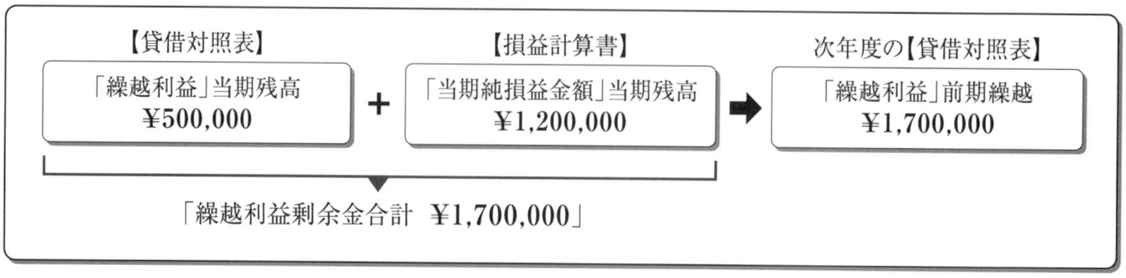

(2) 次年度への繰越処理

弥生会計では,「繰越処理」を行うことにより現在の事業所データに次年度のデータ領域が作成されます。本年度の各種設定や残高などが次年度に引き継がれることで, 次年度の取引を入力することができるようになります。

当然のことですが, 企業では当期末の翌日は次年度の期首です。当期の決算整理事項を処理している期間に, 次年度の取引入力ができないのでは日常処理が滞ります。一般的には, 本年度の日常処理が終了した段階で「繰越処理」を行い, 新年度の入力ができるように準備します。

「繰越処理」後は, 前期（繰越処理前の当期）と当期（新年度）の画面を切り替えて入力処理することができますので, 当期（新年度）の日常処理を行いながら前期（繰越処理前の当期）の決算整理事項を処理することになります。

●次年度への繰越処理

1. クイックナビゲータの［事業所データ］カテゴリの［繰越処理］をクリックします。
   または,［ファイル］メニューの［繰越処理］をクリックします。

2. ［次年度への繰越］ウィザードで繰越前と繰越処理後の年度情報が表示されますので, 確認した後に［次へ］ボタンをクリックします。

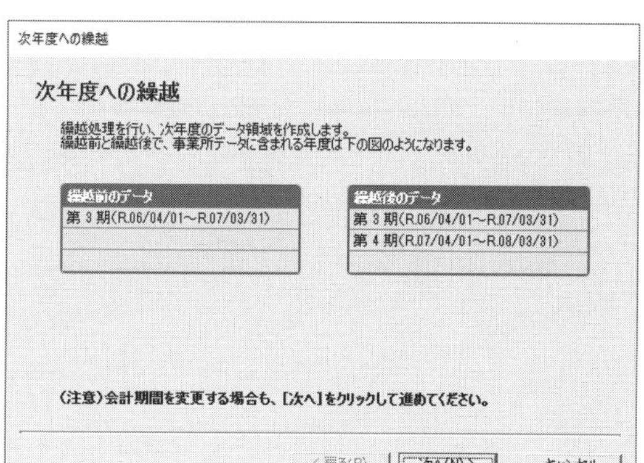

※仮に, 当期を第3期（R6/4/1～R7/3/31）, 次年度を第4期（R7/4/1～R8/3/31）とします。

3. 繰越処理時に，繰り越し前のデータをバックアップします。
バックアップファイルの保存先とファイル名を確認し，[次へ]ボタンをクリックします。

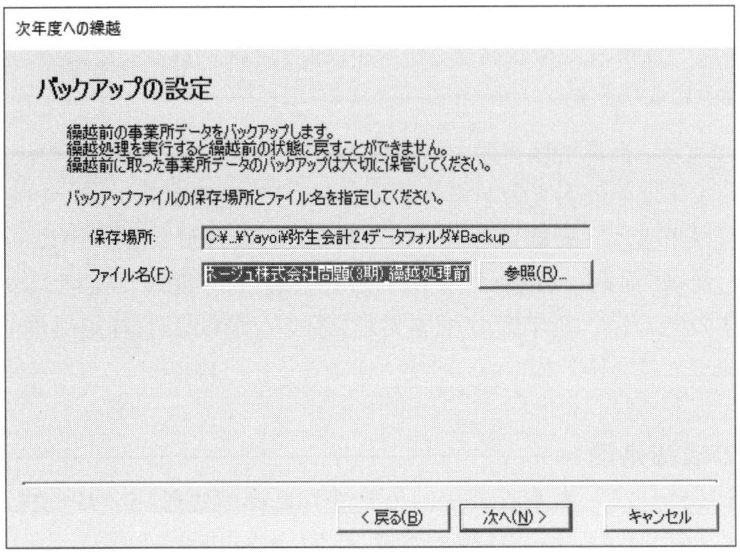

4. [会計期間の変更][予算の設定]などの画面が表示されます。必要な項目を設定して[次へ]ボタンをクリックします。
[繰越処理の実行]画面で[繰越実行]ボタンをクリックします。

5. 繰越処理が完了したら[完了]ボタンをクリックします。
新しい年度のデータ領域が作成され，タイトルバーに新しい会計年度が表示されます。

(3) 過年度のデータ修正と次年度更新

「繰越処理」を行うことにより新年度の画面が表示され，取引入力を行うことができます。新年度の日常処理を行いながら，前期の決算整理仕訳や取引の修正を行う場合は「年度切替」をクリックして前期の画面に切り替えます。

前期のデータを修正した後に「次年度更新」を行うことにより，前期で修正した内容を新年度へ反映させます。「次年度更新」は何回でも行うことができますので，「年度切替」で会計年度を切り替えながら前期の決算整理仕訳と新年度の取引入力を同時並行で処理します。

●処理年度の切り替えと次年度更新

1. クイックナビゲータの[事業所データ]カテゴリの[年度切替]をクリックします。
   または，[ファイル]メニューの[年度切り替え]をクリックします。
2. [年度切り替え]ダイアログが表示されますので，処理する会計年度を選択して[OK]ボタンをクリックします。

3. 過去年度のデータを変更した場合は，クイックナビゲータの[事業所データ]カテゴリの[次年度更新]をクリックします。または，[ファイル]メニューの[次年度更新]をクリックします。
4. [次年度への残高更新]ダイアログが表示されますので，反映する次年度を確認して[更新]ボタンをクリックします。処理中の年度の修正が次年度のデータに反映され，次年度の画面へ切り替わります。

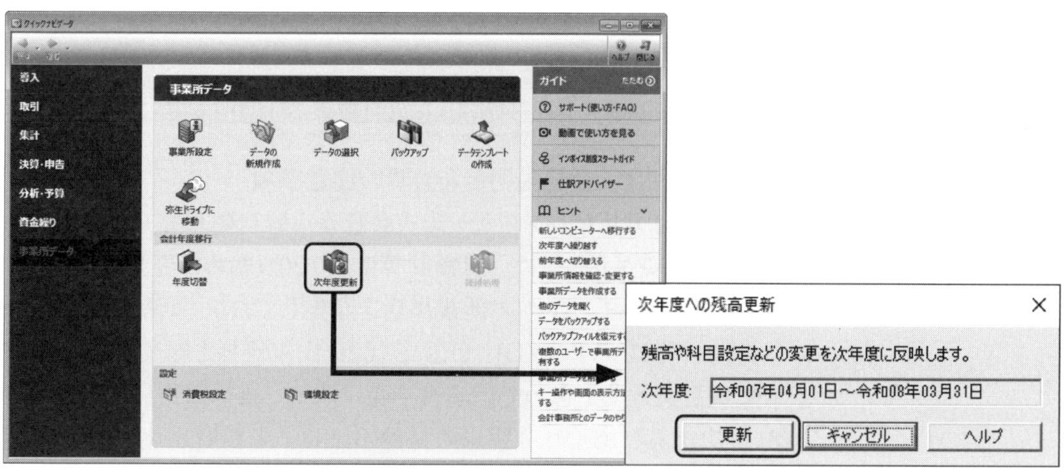

(4) 年次決算と繰越処理

ラネージュ株式会社（以下「当社」という。）は，当期の3月から会計ソフトを導入することになりました。期首から2月までの取引と3月1日～20日までに確認できた取引は，すでに入力処理されています。

次の資料にもとづいて，3月21日からの日次処理と年次決算，繰越処理を経て4月11日までの会計処理を行い，107ページの設問に答えなさい。

この問題は，「ラネージュ株式会社問題（3期）」の学習用データを復元して使用します。〈P276参照〉

【資料】

1．当社の概要

会 社 名：ラネージュ株式会社
業　　種：ナチュラル雑貨の卸販売
会計期間：4月1日～3月31日
資 本 金：1,000万円
消 費 税：課税事業者・本則課税「税抜経理方式」，「内税入力」に設定，税率10％

2．取引先及び取引条件について

(1) 得意先（売上高の計上は，出荷時の納品書控による。）

企業名	回収条件	振込手数料	回収方法
グリーン企画株式会社	月末締め・翌月末回収	当方負担	銀行振込
ハンドメイド株式会社	月末締め・翌月20日回収	先方負担	銀行振込
アンティーク株式会社	月末締め・翌月20日回収	先方負担	銀行振込

(2) 仕入先（商品の仕入高の計上は，仕入先が発行した納品書による。）

企業名	支払条件	振込手数料	支払方法
パープルウッド株式会社（商品仕入先）	月末締め・翌月末支払	当方負担	銀行振込
東欧輸入株式会社（商品仕入先）	月末締め・翌月末支払	当方負担	銀行振込

3．商品の外注加工について

当社は，商品の卸販売を行っており，商品の一部は外注加工を依頼する場合もある。外注費は，20日締めの合計請求書を受け取った際に販売費に計上している。

企業名	支払条件	振込手数料	支払方法
ヨーロピアン工房株式会社（外注先）	20日締め・翌月20日支払	先方負担	銀行振込

4．日次取引に関する補足説明と入力時の注意事項

(1) 3月1日より新宿レンタカー株式会社から軽自動車を6月中旬まで借り受ける契約を結んだ。レンタカー代は，日額計算により20日締めで翌月20日に銀行振込により支払う。

(2) アウトレットモールへの新規出店を予定しており，店舗の立地，レイアウト，契約交渉の助言等についてYOU Office代表 山本優様と顧問契約を締結している。月末締めで実費交通費を含めて請求書を受け取り，銀行振込により翌月15日に支払う。

(3) 年次決算にあたり，費用の見越計上は「未払費用」勘定，繰延計上は「前払費用」勘定を使用する。

(4) 設問に指示がある場合を除き，新規の勘定科目や補助科目の追加は行わないものとする。また，金融機関の休日は考えないものとする。

(5) 決算に関する仕訳は「決算仕訳」として入力する。なお，指示のない決算整理仕訳を考慮する必要はない。

3月21日

①パープルウッド株式会社から商品を掛けで仕入れた。

納品書

20××年 3月21日

ラネージュ株式会社　様

パープルウッド株式会社

品　名	数　量	金　額
台所雑貨A-1	20	¥240,000
衣類BY−3	20	¥120,000
台所家具WA	5	¥100,000
	合計	¥460,000
	消費税額	¥46,000
	税込合計金額	¥506,000

3／21検品

日付 (D)：

借方科目／補助	借方金額	貸方科目／補助	貸方金額	摘要

3月22日

①ハンドメイド株式会社へ商品を掛けで売り上げた。

売上伝票　**納品書(控)**

売上日　令和○年 3月22日

123-****　東京都新宿区**-**-**

ハンドメイド株式会社　様

ラネージュ株式会社

TEL 03-****-****　FAX 03-****-****

商品コード／商品名	数量	単位	単価	金額	備考
家具リビング輸入 L-2	3			160,000	
オリジナル小物入V5	10			80,000	
	税抜額 240,000		消費税額 24,000	合計 264,000	

日付 (D)：

借方科目／補助	借方金額	貸方科目／補助	貸方金額	摘要

②ガソリンスタンドで給油し，現金で支払った。

長月石油㈱ 神田セルフSS
毎度ありがとうございます。

領収書

令和○年3月22日　登録番号 T*************

------------ お買い上げ明細 ------------

・レギュラーガソリン ○L	¥4,950
(10%内税対象額	¥4,950)
(内消費税等	¥450)
お支払合計額	**¥4,950**
現金お預り	¥5,000
お釣り	¥50

※ガソリン代は，「旅費交通費」勘定を使用すること。

日付 (D)：

借方科目／補助	借方金額	貸方科目／補助	貸方金額	摘要

3月23日

①アンティーク株式会社へ商品を掛けで売り上げた。

売上伝票　**納品書(控)**

売上日　令和○年 3月23日
123-****　東京都新宿区**-**-**

ラネージュ株式会社
TEL 03-****-****　FAX 03-****-****

アンティーク株式会社　様

商品コード／商品名	数量	単位	単価	金額	備考
台所雑貨A-2	10			180,000	
衣類 BY−2	10			120,000	
	税抜額 300,000		消費税額 30,000	合計	330,000

日付 (D)：

借方科目／補助	借方金額	貸方科目／補助	貸方金額	摘要

②東欧輸入株式会社から商品を掛けで仕入れた。

納品書　　　　令和○年　3月23日

123-****
東京都新宿区**-**-**

ラネージュ株式会社　　様

123-****　東京都品川区**-**-**
東欧輸入株式会社

毎度お引立て頂きまして有難うございます。

商品コード/商品名	数量	単位	単価	金額	備考
リビング・輸入 P-1	10			360,000	
小物輸入 S-1	20			150,000	
	税抜額	510,000	消費税額 51,000	合計	561,000

日付 (D)：

借方科目／補助	借方金額	貸方科目／補助	貸方金額	摘要

③当社は霧氷リース(株)とリース契約を結び，今月から拡大ポスター用印刷機を利用している。本日，初回リース料があられ信用金庫の普通預金口座から引き落とされた。
なお，当該リース物件は，オペレーティングリース取引により処理をしている。

リース契約明細書

契約主要事項

リース物件名	拡大ポスター用印刷機　1台	リース料お支払方法	口座振替
リース物件購入代金(税込)	¥****	支払開始日	令和○年 3月23日
リース料率	***	契約期間	令和○年 3月1日から10ヶ月
支払回数	10回	支払総額	¥******
リース料(月額)	¥44,000（税込）		

日付 (D)：

借方科目／補助	借方金額	貸方科目／補助	貸方金額	摘要

Advice

拡大ポスター用印刷機に関するオペレーティング・リース取引は，「リース料」勘定を用いて当期の販売費とします。

3月 25日

① 3月分の従業員給与（月給）をみぞれ銀行の普通預金口座から振り込んだ。

給与明細一覧表

令和〇年 3月25日支払

項目名	役員報酬	給　与
基本給・諸手当	¥410,000	¥938,000
非課税通勤費	¥　5,500	¥ 45,930
課税支給合計	¥410,000	¥938,000
非課税支給合計	¥　5,500	¥ 45,930
総支給額	¥415,500	¥983,930
健康保険料	¥ 23,678	¥ 50,847
介護保険料	¥　3,238	¥　8,058
厚生年金保険料	¥ 36,547	¥ 90,923
雇用保険料		¥　4,920
所得税	¥　7,090	¥ 17,110
住民税	¥ 23,800	¥ 47,700
控除額計	¥ 94,353	¥219,558
差引支給額	¥321,147	¥764,372
振込支給額	¥321,147	¥764,372

※給与…締日：毎月20日，支給日：毎月25日

※「給与明細一覧表」にある非課税通勤費とは，所得税法における非課税所得であることを意味し，「給与手当」として取り扱うのではなく「旅費交通費」として処理すること。

※雇用保険料は給与支払日に従業員負担分を「立替金」勘定の貸方に入力して減額する方法により処理すること。

日付（D）：

借方科目／補助	借方金額	貸方科目／補助	貸方金額	摘要
				3月分役員報酬
				3月分従業員給与
				通勤定期代（販管費）
				社会保険料（健康・厚生年金）
				社会保険料（介護）
				雇用保険料
				源泉所得税
				住民税

Advice

労働保険（雇用保険）の会計処理にはいくつかの方法があります。ここでは，概算保険料を申告・納付した際に被保険者負担分（従業員分）を立替金で処理し，給料支払日に従業員負担分を立替金勘定の貸方に入力して立替金を減算する方法で処理します。

②社会保険料の事業主負担分(3月分)を計上した。

社会保険料集計表

令和○年 3月分

	健康保険	介護保険	厚生年金	子ども･子育て拠出金	社会保険料合計
被保険者負担分	¥74,525	¥11,296	¥127,470	−	¥213,291
事業主負担分	¥74,525	¥11,296	¥127,470	¥2,100	¥215,391
合　計	¥149,050	¥22,592	¥254,940	¥2,100	¥428,682

日付(D)：

借方科目／補助	借方金額	貸方科目／補助	貸方金額	摘要

Advice

当月の事業主負担分を「法定福利費」勘定の借方と「未払金」勘定(補助科目：社会保険料)の貸方に計上し，翌月末の納付時にその未払金を消し込みます。

③2月分の社会保険料をあられ信用金庫の普通預金口座から振り込み，納付した。

保険料納入告知額・領収済額通知書

あなたの本月分保険料額は下記のとおりです。

なお、納入告知書を指定の金融機関に送付しましたから、指定振替日(納付期限)までに振替えされるようお願いします。

事業所整理番号	××××××	事業所番号	××××××
納付目的年月	令和○年2月	納付期限	令和○年3月31日
健康保険料	厚生年金保険料	子ども･子育て拠出金	
171,642円	254,940円	2,100円	
合計額		428,682円	

下記の金額を指定の金融機関から口座振替により受領しました。

令和○年　1月 分保険料		領収日　令和○年2月28日
健康保険料	厚生年金保険料	子ども･子育て拠出金
171,642円	254,940円	2,100円
合計額		428,682円

令和○年 3月 15日

歳入徴収官
新宿年金事務所長

新宿区**-**-**
ラネージュ株式会社
殿

日付(D)：

借方科目／補助	借方金額	貸方科目／補助	貸方金額	摘要

3月 26日

①2月分の請求書にもとづいて，振込依頼書を作成して銀行に振込依頼した。
なお，振込手数料は，両社とも当方負担である。

総合振込依頼書

みぞれ銀行 殿

ご依頼人名 フリガナ ラネージュカブシキガイシャ
ラネージュ株式会社 様
ご連絡先電話番号 03-****-****

取組指定日 令和 ○年 3月 31日

枚中／枚目 1／1

送信番号	振込先 銀行	振込先 支店	預金種目	口座番号	フリガナ お受取人	金額 円	電信指定	手数料	照査印発行印
	氷雨銀行	丸の内	㊜ 当	9870	パープルウッド カブ パープルウッド㈱	1,485,000		770	
	みぞれ銀行	代々木	㊜ 当	5044	トウオウユニュウカブシキガイシャ 東欧輸入株式会社	735,900		550	
					合計 2 件	2,220,900	小計	1,320	

日付(D)：

借方科目／補助	借方金額	貸方科目／補助	貸方金額	摘要

3月 28日

①借入金返済計画にもとづき，あられ信用金庫の普通預金口座より振り替える。

お借入残高明細表

回数	お支払日	お支払金額	利息	元本返済額	お借入残高
		(一　部　省　略)			
9	令和○年 2月28日	¥143,920	¥3,920	¥140,000	¥2,100,000
10	令和○年 3月28日	¥143,675	¥3,675	¥140,000	¥1,960,000
11	令和○年 4月28日	¥143,430	¥3,430	¥140,000	¥1,820,000
		(以　下　省　略)			

日本政策金融公庫

日付(D)：

借方科目／補助	借方金額	貸方科目／補助	貸方金額	摘要

②みぞれ銀行とあられ信用金庫の普通預金口座を記帳した。
当社未記帳取引については，取引日付で入力処理する。

みぞれ銀行

普通預金

	年一月一日	摘要	お支払金額	お預り金額	差引残高
1	○.3.16	引出CD	200,000		1,618,559
2	○.3.16	スイドウ	27,500		1,591,059
3	○.3.16	ガス	34,100		1,556,959
4	○.3.20	振込		3,410,000	4,966,959
5	○.3.20	振込		2,901,140	7,868,099
6	○.3.20	振込	117,700		7,750,399
7	○.3.25	振込	1,085,519		6,664,880
8	○.3.27	振込		2,953,500	9,618,380

・3.20振込 ¥3,410,000 ：2月度売掛金回収（ハンドメイド㈱振込手数料 先方負担）
・3.20振込 ¥2,901,140 ：2月度売掛金回収（アンティーク㈱振込手数料 先方負担）
・3.20振込 ¥117,700 ：2月度外注加工費支払（ヨーロピアン工房㈱振込手数料 先方負担）
・3.25振込 ¥1,085,519 ：給与振込
・3.27振込 ¥2,953,500 ：2月度売掛金回収（グリーン企画㈱振込手数料¥770 当方負担）

あられ信用金庫

普通預金

	年一月一日	摘要	お支払金額	お預り金額	差引残高
1	○.3.19	振替	26,400		2,154,831
2	○.3.23	振替	44,000		2,110,831
3	○.3.25	振込	428,682		1,682,149
4	○.3.26	振替	28,250		1,653,899
5	○.3.28	振込	143,675		1,510,224

・3.19振替 ¥26,400 ：3月分リース料（事務所用コピー機／樹氷リース㈱ファイナンスリース契約・賃貸借処理）
・3.23振替 ¥44,000 ：3月分リース料（拡大ポスター用印刷機／霧氷リース㈱オペレーティングリース契約）
・3.25振込 ¥428,682：社会保険料 振込
・3.26振替 ¥28,250 ：3月分損害保険料（霜損保㈱）
・3.28振込 ¥143,675：借入金返済

日付（D）：

借方科目／補助	借方金額	貸方科目／補助	貸方金額	摘要

日付（D）：

借方科目／補助	借方金額	貸方科目／補助	貸方金額	摘要

③新宿レンタカー株式会社より請求書を受け取った。

請求書　令和○年3月20日

ラネージュ株式会社　様

東京都新宿区新宿*-*-*
新宿レンタカー株式会社
登録番号：T*************

締　切　日		令和○年3月20日
車輌賃貸借料合計(税込)	期間：3月1日 ～ 3月20日	¥154,000

※令和○年4月20日までにお振込み下さい。

※「賃借料」勘定を使用すること。

日付(D)：

借方科目／補助	借方金額	貸方科目／補助	貸方金額	摘要

④外注加工を依頼したヨーロピアン工房株式会社から請求書が届いた。

請求明細書　20××年 3月20日

ラネージュ株式会社　御中

東京都中央区月島*-*-*
ヨーロピアン工房株式会社
登録番号：T*************

ご請求額 ¥ 181,500 ※（税込）

ご請求金額の明細は下記のとおりです。（20××年2月21日 ～ 20××年3月20日）

日付	伝票番号／加工商品･加工明細	数　量	単　位	単　価	金　額

日付(D)：

借方科目／補助	借方金額	貸方科目／補助	貸方金額	摘要

⑤ミカワ運送株式会社から請求書が届いた。

請求書　20××年 3月20日

ラネージュ株式会社　様

東京都品川区品川*-*-*
ミカワ運送株式会社
登録番号：T*************

ご請求額　¥ 5 5 , 0 0 0（税込）

ご請求金額の明細は下記のとおりです。（20××年2月21日 ～ 20××年3月20日）

伝票番号／商品名	数　量	単　位	単　価	金　額	備　考

日付(D)：

借方科目／補助	借方金額	貸方科目／補助	貸方金額	摘要

3月 31日

①決算に際して実地棚卸により棚卸表を作成し，当期の棚卸高を計上した。なお，棚卸により判明した「オリジナル小物B」の棚卸減耗分は売上原価に含めることとする。

実地棚卸表・在庫一覧表

令和○年 3月度

種類	仕入単価	帳簿数量	実地数量	在庫金額
台所雑貨A	¥12,000	20	20	¥240,000
オリジナル小物B	¥2,000	30	28	¥56,000
合　　計				¥2,398,000

※棚卸減耗の発生は,「オリジナル小物B」だけである。

日付（D）：

借方科目／補助	借方金額	貸方科目／補助	貸方金額	摘要

Advice

実地棚卸と帳簿棚卸高との差額から棚卸商品に減耗や評価損が発生していることが判明します。「オリジナル小物B」の棚卸減耗分は売上原価に含ませるため，実地棚卸高をもとに計算された在庫金額（評価額）を「期末商品棚卸高」として入力します。

②決算に際して当期の減価償却費を計上した。

車輌運搬具（営業用）￥527,735　　器具備品（事務所用）￥131,933

日付（D）：

借方科目／補助	借方金額	貸方科目／補助	貸方金額	摘要
				当期償却分

Advice

弥生会計では，固定資産の取得価額や償却方法などの情報を固定資産一覧に登録することで，毎年の減価償却費が自動計算されます。固定資産の仕訳書き出しに関する設定を行えば，減価償却費などの仕訳を自動で作成し，振替伝票に書き出すことができます。

（学習用データには固定資産の登録はされていません）

③決算に際して，正しい期間損益計算を行うために費用を見越・繰延計上した。

・新宿レンタカー株式会社より締日から月末までの賃貸借料金明細書を受け取った。
・門前不動産株式会社より貸店舗家賃明細書を入手した。
・外注加工を依頼したヨーロピアン工房株式会社より締日から月末までの明細表を入手した。
・ミカワ運送株式会社より締日から月末までの運賃明細報告書を入手した。

車輛賃貸借料金明細書
(令和○年 3月度)

ラネージュ株式会社 様

新宿レンタカー㈱

車輛 No	期間	料金(税込)
わ ××−○○	3月 1日～20日	¥154,000
	3月21日～31日	¥ 77,000

貸店舗家賃明細書

ラネージュ株式会社 様

門前不動産㈱

賃料(月額)　¥242,000(税込)

令和○年２月分家賃	令和○年１月15日受領
令和○年３月分家賃	令和○年２月15日受領
令和○年４月分家賃	令和○年３月15日受領

外注加工費明細表　20XX年 3月度

ラネージュ株式会社 様

ヨーロピアン工房㈱

20XX年３月21日～３月31日

番号	受注日	加工明細	加工費金額
20012	○.3.24	******	22,000 円
		合計額(税込)	60,500 円

運賃明細報告書
(20XX年3月21日 ～ 3月31日)

ラネージュ株式会社 様

ミカワ運送㈱

出荷日	お問合せ No.	発送先	個数	運　賃
3月23日	******	1	1	¥1,650
			合計額(税込)	¥7,700

日付(D)：

借方科目／補助	借方金額	貸方科目／補助	貸方金額	摘要

Advice

年次決算では，当期の損益計算を正しく行うために，収入と支出にもとづいて計上した収益・費用が期間的にずれている場合は，発生した事実にもとづいて収益・費用の見越・繰延の手続きが必要になります。レンタカー代，外注加工費，荷造運賃は21日から月末までの費用を見越計上し，貸店舗の地代家賃は当月に支払った前払分(4月分)を繰延計上します。

④繰越処理を行って，第4期を作成しなさい。

・データファイルの名称と予算の設定は初期値とする。また，電子帳簿保存は行わない。

Advice

次年度への繰越処理を行うことにより第３期の各種設定や残高などが第４期に引き継がれ，第４期の取引を入力することができるようになります。

4月1日

①前期末の費用の見越計上と繰延計上を振り戻すため，再振替仕訳を行う。

・3月31日に見越計上したレンタカーの賃借料を振り戻した。
・3月31日に繰延計上した地代家賃を振り戻した。
・3月31日に見越計上した外注加工費を振り戻した。
・3月31日に見越計上した運送料を振り戻した。

日付（D）：

借方科目／補助	借方金額	貸方科目／補助	貸方金額	摘要

Advice

前期末に見越・繰延計上した未払費用や前払費用は，翌期首における開始処理の際に費用・収益の各勘定へ振り戻す仕訳が必要であり，これを再振替仕訳と呼びます。この再振替仕訳と期中の収支にもとづいた仕訳，そして期末の見越・繰延の仕訳によって，当期の正しい損益計算が行われます。

4月3日

①グリーン企画株式会社へ商品を掛けで売り上げた。

売上伝票　納品書（控）

売上日　令和○年4月3日
123-****　東京都新宿区**-**-**

グリーン企画株式会社　様

ラネージュ工房株式会社
TEL 03-****-****　FAX 03-****-****

商品コード／商品名	数量	単位	単価	金額	備考
家具玄関D-1	3			360,000	
壁掛け装飾 W6	8			320,000	

税抜額 680,000　消費税額 68,000　合計 748,000

日付（D）：

借方科目／補助	借方金額	貸方科目／補助	貸方金額	摘要

4月4日

①本日，YOU Office 山本優様より業務委託料(3月分)と交通費の請求書を受け取り，3月分の費用として未払処理した。顧問料は，月末締め，翌月15日払である。

請求書

令和○年3月31日

ラネージュ株式会社　様

下記の通りご請求申し上げます

東京都中央区**−**−**
TEL 03-****-****
登録番号 T*************
YOU Office
代表 山本 優

ご請求金額　¥461,030

月	日	品　名	数量	単価	金　額
3	31	顧問料 3月分			¥450,000
		交通費(税抜)			¥12,000
				小計	¥462,000
				消費税(10%)	¥46,200
				合　計	¥508,200
				源泉所得税	¥47,170
				ご請求額	¥461,030

※顧問料は「支払報酬料」勘定を使用すること。

※未払金勘定には補助科目が設定されている。

日付(D)：

借方科目／補助	借方金額	貸方科目／補助	貸方金額	摘要

Advice

源泉徴収の対象となる報酬等には，YOU Office代表 山本優様に支払った業務委託料だけではなく，調査費，日当，旅費交通費なども含まれます。なお，請求書に報酬等と消費税等の金額が明確に区分されている場合は，報酬等の金額が源泉徴収の対象です。

この取引は，交通費を含めた¥462,000(税抜)に消費税額を加算した¥508,200を第3期の費用として未払金処理するため，「年度切替」により第3期の画面に切り替えて入力します。第3期に切り替えて入力を行ったことによる残高の変更は，「次年度更新」を行うことで第4期のデータに反映されます。

そして，第4期の振込依頼日(4月10日)に未払金を消し込むと同時に，¥462,000の10.21％を源泉所得税等(復興特別所得税を含む)として預り金勘定(補助科目：源泉所得税)に計上します。

②第3期のすべての取引が終了し，ラネージュ株式会社の第3期の消費税額が確定した。【当期確定消費税額 ¥2,290,500】(端数差額は「雑収入」勘定で処理する。)

日付(D)：

借方科目／補助	借方金額	貸方科目／補助	貸方金額	摘要

③第３期の期末残高を第４期の期首残高へ反映させなさい。

Advice

第３期のデータを変更した場合は，［次年度更新］の処理が必要です。［次年度への残高更新］ダイアログで「次年度」に第４期が表示されていることを確認して［更新］ボタンをクリックします。この処理により，変更された第３期の期末残高をもとに第４期の繰越残高が更新されます。

4月 10日

①従業員から預かった３月分の源泉所得税と住民税，３月15日に山本優氏に業務委託料を支払った際に預かった源泉所得税47,170円を現金で納付した。

ラネージュ株式会社

所得税徴収高計算書用資料

計算期間　令和○年 3月度

区分	支払年月日	人員	課税支給額	税額	非課税支給額
給与	令和○年 3月25日	*	1,348,000	24,200	51,430
賞与		0	0	0	0
年末調整等(不足税額)		0		0	
年末調整等(超過税額)		0		0	
合計			1,348,000	24,200	51,430

ラネージュ株式会社

住民税徴収額一覧表
令和○年 3月度給与
支給日：令和○年 3月25日

住民税納付先	自治体コード	指定番号	人数	従業員名	個人番号	徴収税額	退職
○×市	123456		*			****	
				××× ×××		****	
				××× ×××		****	
				××× ×××		****	
□△区	987654		*			****	
				××× ×××		****	
				××× ×××		****	
合 計			*			71,500	

日付（D）：

借方科目／補助	借方金額	貸方科目／補助	貸方金額	摘要
				源泉所得税/従業員・山本氏分
				住民税

②４月４日に受け取った請求書にもとづき，YOU Office山本優様の業務委託料（３月分）について振込依頼書を作成して銀行に振込依頼した。なお，振込手数料は，当方負担である。

総合振込依頼書

みぞれ銀行　殿

ご依頼人名　フリガナ　ラネージュカブシキガイシャ
ラネージュ株式会社　様
ご連絡先電話番号　03-****-****

取組指定日　令和 ○年 4月 15日

枚中／枚目　1／1

送信番号	振込先 銀行	振込先 支店	預金種目	口座番号	フリガナ お受取人	金額 円	電信指定	手数料	照査印 発行印
	みぞれ銀行	銀座支店	㊥普 当	5089	ユー オフィス ユー オフィス	461,030		550	
				合 計	1 件	461,030	小計	550	

※仕訳欄は次ページです。

日付(D)：

借方科目／補助	借方金額	貸方科目／補助	貸方金額	摘要
				顧問料振込
				源泉所得税
				振込手数料

4月11日

①従業員から日帰り出張の旅費精算書を受け取り，現金で支払った。

旅費精算書

提出日　令和○年4月11日

出張先	静岡
目的	△△株式会社　商談
出張期間	令和○年　4月 11日　～　令和○年　4月 11日まで

月日	発着地	発着時刻	適要	金額 交通費	宿泊費	日当	その他
4/11	東　京 発 三　○ 着		新幹線（往復）	22,000		1,650	
	三　○ 発 口　町 着		タクシー	880			
	発 着		手みやげ用菓子				3,240
小計				22,880	0	1,650	3,240

旅費総額	仮払金	差引（不足・戻し）額
27,770	0	

所属　役職　氏名　横山 幸代 ㊞

承認印　所属長印

※手みやげ用の菓子は軽減税率対象品目です。税区分で「課税対応仕入8%(軽)」を選択します。

日付(D)：

借方科目／補助	借方金額	貸方科目／補助	貸方金額	摘要
				新幹線代(往復)
				タクシー代
				出張手当
				みやげ代

入力結果にもとづいて，次ページの問1～19の設問に答えなさい。

例題2

次の金額を答えなさい。

1. 第3期末における「現金預金」の残高はいくらですか？ ¥
2. 第3期末における「買掛金／パープルウッド㈱」の残高はいくらですか？ ¥
3. 第3期末における「売掛金／グリーン企画㈱」の残高はいくらですか？ ¥
4. 第3期の3月度における「ハンドメイド㈱」の掛売上高の合計はいくらですか？ ¥
5. 第3期末における「預り金／補助科目：源泉所得税」の残高はいくらですか？ ¥
6. 第3期の3月度における「長期借入金」の返済額はいくらですか？ ¥
7. 第3期末における「未払費用」の残高はいくらですか？ ¥
8. 第3期の3月10日から25日までに発生した「水道光熱費」の合計はいくらですか？ ¥
9. 第3期に支給した「給料手当」の合計はいくらですか？ ¥
10. 第3期の3月度の「外注加工費」の金額はいくらですか？ ¥
11. 第3期の「広告宣伝費」の累計額はいくらですか？ ¥
12. 第3期の「保険料」の累計額はいくらですか？ ¥
13. 第3期の確定消費税を処理する際に端数を計上した「雑収入」の金額はいくらですか？ ¥
14. 第3期の3月度における「売上原価」はいくらですか？ ¥
15. 第3期末における「経常利益」の金額はいくらですか？ ¥
16. 第4期の期首における「減価償却累計額」の繰越残高はいくらですか？ ¥
17. 第4期の期首における［流動負債合計］の繰越残高はいくらですか？ ¥
18. 第4期の4月10日における「未払金」の残高はいくらですか？ ¥
19. 第4期の期首における「繰越損益」はいくらですか？ ¥

例題2	解答・解説
1. 第3期末における「現金預金」の残高はいくらですか？	￥ 12,367,673
2. 第3期末における「買掛金／パープルウッド㈱」の残高はいくらですか？	￥ 2,305,600
3. 第3期末における「売掛金／グリーン企画㈱」の残高はいくらですか？	￥ 1,815,000
4. 第3期の3月度における「ハンドメイド㈱」の掛売上高の合計はいくらですか？	￥ 2,860,000
5. 第3期末における「預り金／補助科目:源泉所得税」の残高はいくらですか？	￥ 71,370
6. 第3期の3月度における「長期借入金」の返済額はいくらですか？	￥ 140,000
7. 第3期末における「未払費用」の残高はいくらですか？	￥ 145,200
8. 第3期の3月10日から25日までに発生した「水道光熱費」の合計はいくらですか？	￥ 117,000
9. 第3期に支給した「給料手当」の合計はいくらですか？	￥ 11,256,000
10. 第3期の3月度の「外注加工費」の金額はいくらですか？	￥ 165,000
11. 第3期の「広告宣伝費」の累計額はいくらですか？	￥ 852,000
12. 第3期の「保険料」の累計額はいくらですか？	￥ 339,000
13. 第3期の確定消費税を処理する際に端数を計上した「雑収入」の金額はいくらですか？	￥ 48
14. 第3期の3月度における「売上原価」はいくらですか？	￥ 3,016,000
15. 第3期末における「経常利益」の金額はいくらですか？	￥ 2,309,048
16. 第4期の期首における「減価償却累計額」の繰越残高はいくらですか？	￥ 1,648,678
17. 第4期の期首における［流動負債合計］の繰越残高はいくらですか？	￥ 7,234,745
18. 第4期の4月10日における「未払金」の残高はいくらですか？	￥ 1,338,575
19. 第4期の期首における「繰越損益」はいくらですか？	￥ 4,273,625

●3／31(決算仕訳を含む), 4／1の仕訳例は, 次の通りです。

令和○年　3月度　　　　　　　　　　**仕訳日記帳**

ラネージュ株式会社

日　付 伝票No	借方勘定科目 借方補助科目	借方金額 借方税額 借方税区分	貸方勘定科目 貸方補助科目	貸方金額 貸方税額 貸方税区分	摘　要
3/31 42	買掛金 パープルウッド(株)	1,485,000	普通預金 みぞれ銀行	1,485,000	掛代金支払
	支払手数料	770 (70 課対仕入10%内税	普通預金 みぞれ銀行	770	振込手数料　適格
	買掛金 東欧輸入(株)	735,900	普通預金 みぞれ銀行	735,900	掛代金支払
	支払手数料	550 (50 課対仕入10%内税	普通預金 みぞれ銀行	550	振込手数料　適格
52	支払報酬料	508,200 (46,200 課対仕入10%内税	未払金 ユーオフィス	508,200	顧問料山本氏 3月分　適格
	(税込) 2,730,420	2,684,100 46,320	(税込) 2,730,420	2,730,420 0	3月度 合計 仕訳数　5 件
3/31 49	期首商品棚卸高	2,138,400	商品	2,138,400	期首商品棚卸高
	商品	2,398,000	期末商品棚卸高	2,398,000	期末商品棚卸高
50	減価償却費	659,668	減価償却累計額	659,668	当期償却分
51	賃借料	77,000 (7,000 課対仕入10%内税	未払費用 新宿レンタカー	77,000	新宿レンタカー(株) 3/21～3/31分　適格
	前払費用 門前不動産	242,000	地代家賃	242,000 (22,000 課対仕入10%内税	地代 4月分 店舗家賃 繰延処理　適格
	外注加工費	60,500 (5,500 課対仕入10%内税	未払費用 ヨーロピアン工房	60,500	ヨーロピアン工房 外注加工費 見越計上 3/21～3/31分　適格
	荷造運賃	7,700 (700 課対仕入10%内税	未払費用 ミカワ運送	7,700	発送運賃 ミカワ運送 見越計上 3/21～3/31分　適格
53	仮受消費税等	7,907,220	仮払消費税等	5,616,672	
			未払消費税等	2,290,500	
			雑収入	48	
	(税込) 13,490,488	13,477,288 13,200	(税込) 13,490,488	13,468,488 22,000	決算仕訳 合計 仕訳数　10 件

令和○年　4月度　　　　　　　　　　**仕訳日記帳**

ラネージュ株式会社

日　付 伝票No 生成元	借方勘定科目 借方補助科目	借方金額 借方税額 借方税区分	貸方勘定科目 貸方補助科目	貸方金額 貸方税額 貸方税区分	摘　要
4/1 1	未払費用 新宿レンタカー	77,000	賃借料	77,000 (7,000 課対仕入10%内税	新宿レンタカー(株) 再振替仕訳　適格
	地代家賃	242,000 (22,000 課対仕入10%内税	前払費用 門前不動産	242,000	地代 再振替仕訳　適格
	未払費用 ヨーロピアン工房	60,500	外注加工費	60,500 (5,500 課対仕入10%内税	ヨーロピアン工房 外注加工費 再振替仕訳　適格
	未払費用 ミカワ運送	7,700	荷造運賃	7,700 (700 課対仕入10%内税	発送運賃 ミカワ運送 再振替仕訳　適格
	(税込) 387,200	365,200 22,000	(税込) 387,200	374,000 13,200	4月度 合計 仕訳数　4 件

※この問題の入力結果は, 学習用データの「ラネージュ株式会社解答(3期～4期)」で確認できます。

10. 部門の設定とその他の取引

柏の葉株式会社は，令和○年3月1日から財務会計ソフトウェアを導入する予定です。導入にあたり，令和×年4月1日における開始残高を入力したうえで，令和×年4月から令和○年2月までの発生額の合計をまとめて入力します。

なお，収益と費用の発生は，社内の管理資料作成のために本社と九州支社の2つの部門に分けて把握します。(解答データが用意されています。)

(1) 導入時の初期設定と開始残高の入力 (38ページ以降を参照)

必要な情報を次の資料より収集し，財務会計ソフトウェアの導入処理に関する設定を行います。なお，プリンタの環境設定等は必要ありません。

● 開始残高の入力…… 令和○年3月1日からソフトウェアを導入します。
令和×年4月1日における開始残高を導入時の金額入力の機能を使用して入力します。

● 期中の仕訳入力…… 令和×年4月から令和○年2月までの発生額の合計をまとめて入力します。
令和○年3月に発生した取引の仕訳を入力します。

< 付記事項 >

会社情報

会 社 名 ： 柏の葉株式会社

業　　種 ： 卸売業

会計期間 ： 第15期 自令和×年4月1日 至令和○年3月31日
(仮に，令和6年4月1日～令和7年3月31日とします)

会計処理 ： 伝票式会計制度により，会計処理を行っています。

< 取引関係 >

仕入先 ：

(株) 秋田物産 … 掛取引，月末締め，翌月15日に小切手振出

(株) 山形物産 … 掛取引，月末締め，翌月20日に当座預金口座から振込支払

得意先 ：

(株) 輪島商事 … 掛取引，月末締め，翌月25日に振込入金 (普通預金口座)

(株) 那須商事 … 掛取引，月末締め，翌月10日に振込入金 (当座預金口座)

振込支払・振込入金時の手数料は770円(税込)であり，すべて当方が負担しています。

取引銀行は，パークシティ銀行本店に当座預金と普通預金の口座を開設しています。

< 補助科目の設定 >

売掛金勘定，買掛金勘定については，前記の取引関係に記載されている取引先名を補助科目として登録して使用します。

預り金勘定については，源泉所得税，住民税，社会保険，雇用保険の各補助科目を登録して使用します。 その他，取引において必要であれば随時補助科目として登録してください。

<部門の設定>

発生した収益・費用については，会社の内部資料として部門別に把握しています。次の部門を部門登録して使用します。なお，振込時の手数料は，すべて本社負担とします。

部門の設定： 本社　九州支社

<その他>

消費税基本情報：

本則課税（課税売上割合95%以上である），税抜処理方式により処理しており，月次単位で作成する元帳や試算表，決算書などの書類はすべて税抜処理を前提として作成，出力することとしています。

消費税額について円未満の端数が生じた場合は切り捨てとします。なお，当社の取引商品は全て課税商品であり，消費税率は10%とします。

また，前期および期中の消費税額は適正に処理されています。

<計算上の注意>

・金額を算定するにあたり生じる計算上の端数は，円未満を切り捨てます。
・特別な指示がない限り，取引は資料の通りに行われているものとします。
・摘要の入力に関しては，省略しても差し支えないものとします。
・金融機関の休日は考慮しないものとします。

(2) 部門の設定

会計ソフトでは，部門を設定することで，地域や部門，店舗ごとに収益や費用を管理できます。また，科目の残高や各種集計を部門別に把握することができます。部門の管理が必要ない場合は，部門を設定する必要はありません。

①部門設定の概要

部門の設定は，［設定］メニューの［部門設定］をクリック，またはクイックナビゲータの［導入］カテゴリの［部門設定］をクリックして表示される［部門設定］ウィンドウで行います。

部門を登録すると，次のことが行えます。

・仕訳入力時に取引金額を部門に割り当てることができます。
・各種集計表で部門ごとの集計ができます。
・残高試算表（部門対比）が作成できます。
・予算実績対比表（部門対比）が作成できます。
・部門ごとの元帳が作成できます。

［部門設定］ウィンドウには初期設定では「事業所」が用意されており，登録する部門はすべて「事業所」の下階層に登録されます。部門を登録することで，仕訳の入力時に取引金額を割りあてる部門を選択できます。仕訳の金額は選択した部門の個別費として登録されます。

たとえば，仕訳の入力で「九州支社」を選択すると，「九州支社」の個別費として登録されます。部門を選択しない取引は，「事業所」全体＝全社の取引として登録されます。

②部門の登録

部門は，上位の部門を作成してから下位の部門を作成します。初期設定で用意されている「事業所」を除いて５階層まで登録できます。

ここでは，事業所の下に「本社」と「九州支社」の２つの部門を登録します。

２つの部門は，次の手順で登録します。

1．[設定]メニューの[部門設定]をクリック，またはクイックナビゲータの[導入]カテゴリの[部門設定]をクリックします。
　[部門設定]ウィンドウが表示されます。
2．追加する部門の上位の部門を選択します。
　選択した部門の下位に新しい部門が作成されます。初めて部門を作成する場合は「事業所」の下位に作成されます。ここでは，「事業所」を編集して「全社」へ変更しました。
3．[新規作成]ボタンをクリックします。
　[部門の新規登録]ダイアログが表示されます。
4．部門名やサーチキーなどの各項目を入力します。
5．設定が終わったら[登録]ボタンをクリックします。
　新しい部門が登録されます。

<部門の登録例>

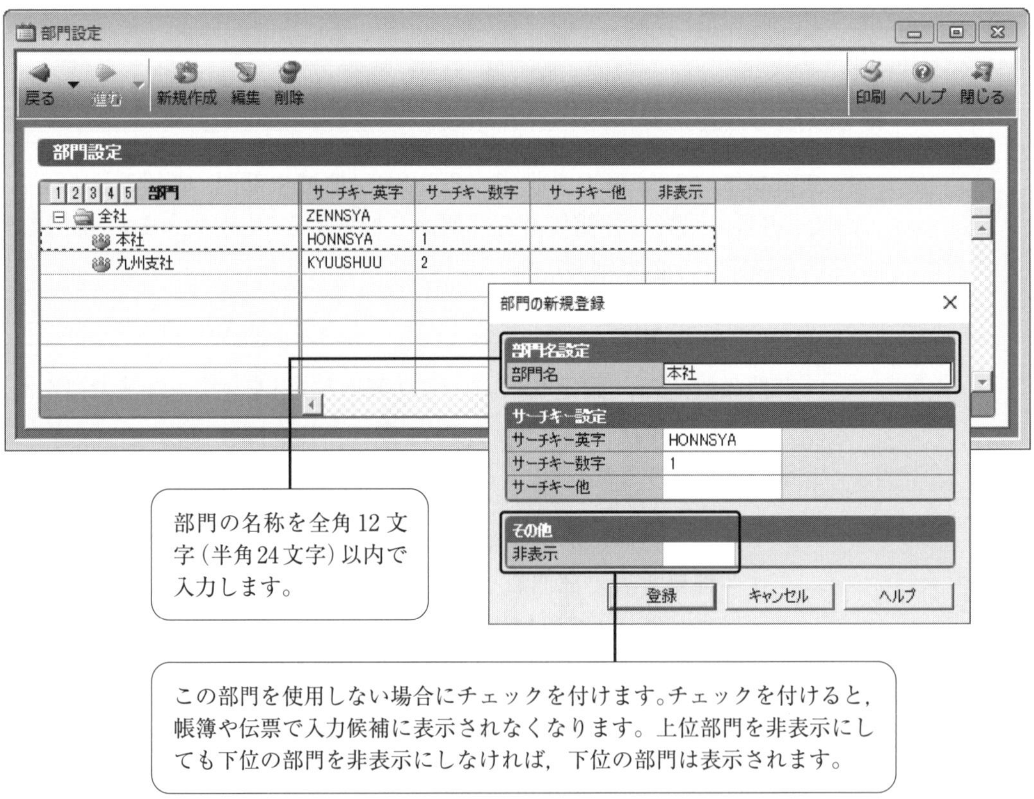

③前期繰越残高の入力

部門管理を行う場合は，部門ごとに各科目の前期繰越残高を入力します。科目と部門の設定は，前期繰越残高（開始残高）の入力前に行っておく必要があります。また，期中導入の場合は，前期繰越残高のほかに導入月までにすでに発生している当期の取引データの入力も必要です。

前期繰越残高(開始残高)の入力に際して，「第2章　5.導入時期の決定」(P48～P57)を必ず確認してください。柏の葉株式会社の事例では，前期繰越残高を「全社」(共通)の残高として入力します。

＜前期繰越残高の科目別入力例＞

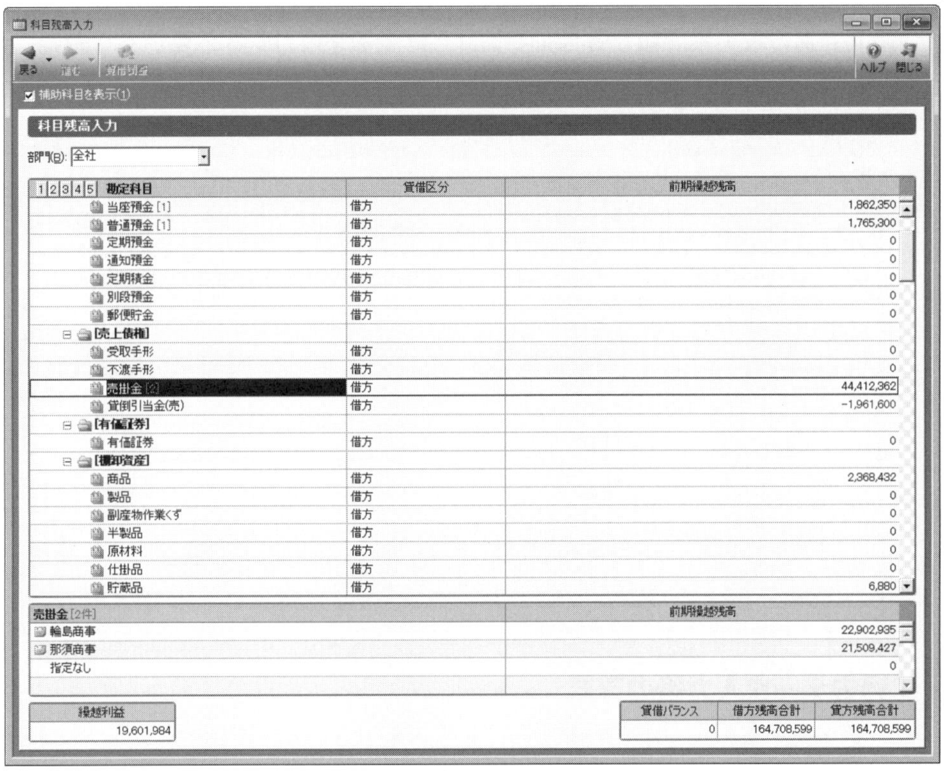

④過去データの入力パターンについて（期中導入）

弥生会計を期中に導入する場合，当期のデータを正しくするには，期首から導入前月までに発生した過去の取引データを入力する必要があります。

過去データの入力方法には，52ページで説明した通り5つのパターンがあります。適した期中導入パターンを選択し，期首から導入月の前月までにすでに発生しているデータを入力してください。

＜パターン1(推奨)＞	前期繰越残高を入力し，期首から通常の取引を入力する。
＜パターン2＞	前期繰越残高を入力し，期首からの取引累計を入力する。
＜パターン3＞	前期繰越残高を入力し，期首から月ごとに取引合計を入力する。
＜パターン4＞	前期繰越残高と期首からの取引累計を合算して入力する。
＜パターン5＞	科目の残高だけを入力する。

※消費税額の計算は，パターン1以外では正しく計算されません。消費税申告書の作成の際に確認が必要です。

⑤過去データの入力手順（期中導入）

パターン１以外の方法により期中導入する場合は，振替伝票により各科目の取引累計額を仕訳形式で入力します。月末の日付で，取引が発生しているすべての科目について入力します。入力する勘定科目（補助科目）が借方，貸方に発生している時は，借方，貸方の両方で同じ勘定科目を選択し，借方金額，貸方金額を入力します。

なお，消費税の設定が「税抜処理」の場合は，各科目の累計額を入力する際に，課税取引の課税科目の税計算区分を「別記」に指定して入力します。仮受消費税等，仮払消費税等は，別に入力します。（54 ページ参照）

また，部門を登録している場合で前期繰越残高を部門別に入力する時は，振替伝票で入力する科目別の取引累計額も部門別で集計した金額を入力する必要があります。

＜科目別累計額の振替伝票入力例＞

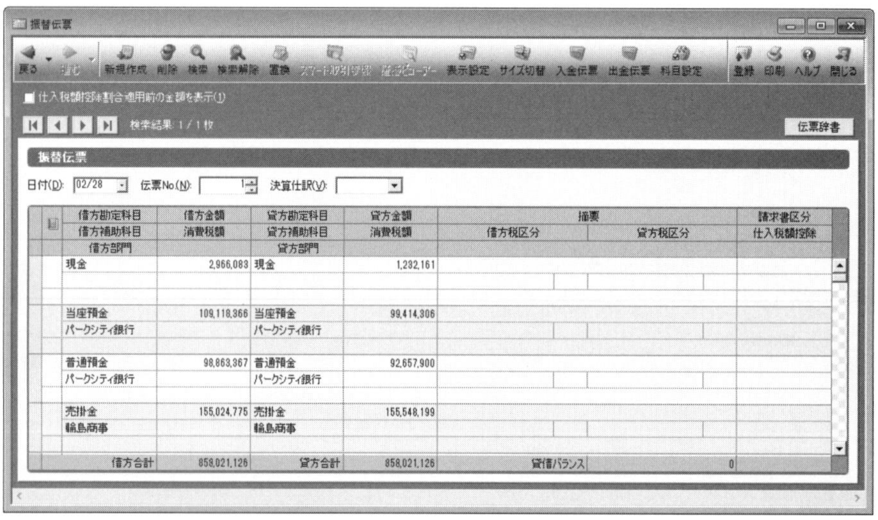

⑥過去データ入力後の確認

過去データの入力が終わったら，残高試算表を印刷して用意した資料と照合します。部門ごとに前期繰越残高を入力した場合は，部門ごとに残高試算表を印刷して確認する必要があります。ここでは，部門ごとに前期繰越残高を入力していません。

法人の場合は，貸借対照表で「繰越利益」科目が正しく計算されていることを確認します。
残高試算表を印刷して確認します。

1．[集計]メニューの[残高試算表]を選択し，[月次・期間]をクリック，またはクイックナビゲータの[集計]カテゴリの[残高試算表（月次・期間）]をクリックします。
2．残高試算表が表示されますので，[期間]で導入月をクリックして選択します。
3．[印刷]ボタンをクリックします。[印刷]ダイアログが表示されます。
4．[印刷帳票]で「残高試算表（月次・期間）」を選択します。
5．[OK]ボタンをクリックして印刷を実行します。

(3) データの入力（部門設定におけるデータ入力）

次の資料にもとづいて，柏の葉株式会社の令和×年４月１日における開始残高を入力したうえで，令和×年４月から令和○年２月までに発生した各科目の累計額を入力します。

この事例では，前期繰越残高を「全社」(共通)の残高として入力し，収益と費用については4月〜2月末の各科目の累計額を本社と九州支社の部門に分けて入力します。

【全社試算表】(令和×年4月1日〜令和○年2月28日)

勘定科目	期首残高	借方合計	貸方合計	残　高
現金	¥460,226	¥2,966,083	¥1,232,161	¥2,194,148
当座預金	¥1,862,350	¥109,118,366	¥99,414,306	¥11,566,410
普通預金	¥1,765,300	¥98,863,367	¥92,657,900	¥7,970,767
売掛金	¥44,412,362	¥316,178,766	¥315,629,876	¥44,961,252
(輪島商事)	(¥22,902,935)	(¥155,024,775)	(¥155,548,199)	(¥22,379,511)
(那須商事)	(¥21,509,427)	(¥161,153,991)	(¥160,081,677)	(¥22,581,741)
貸倒引当金	¥－1,961,600	¥0	¥0	¥－1,961,600
商品	¥2,368,432	¥0	¥0	¥2,368,432
貯蔵品	¥6,880	¥0	¥6,880	¥0
仮払消費税等	¥0	¥10,562,979	¥64,289	¥10,498,690
前払費用	¥95,764	¥0	¥95,764	¥0
建物	¥43,376,090	¥0	¥0	¥43,376,090
附属設備	¥271,542	¥0	¥0	¥271,542
器具備品	¥626,653	¥0	¥0	¥626,653
土地	¥70,947,200	¥0	¥0	¥70,947,200
ソフトウェア	¥477,400	¥0	¥0	¥477,400
買掛金	¥17,295,020	¥122,580,590	¥121,653,150	¥16,367,580
(秋田物産)	(¥8,339,980)	(¥54,476,845)	(¥53,998,977)	(¥7,862,112)
(山形物産)	(¥8,955,040)	(¥68,103,745)	(¥67,654,173)	(¥8,505,468)
一年以内返済長期借入金	¥2,160,000	¥1,980,000	¥0	¥180,000
未払金	¥5,096,465	¥5,096,465	¥0	¥0
預り金	¥882,330	¥10,670,390	¥10,779,290	¥991,230
(源泉所得税)	(¥151,380)	(¥1,614,880)	(¥1,630,320)	(¥166,820)
(住民税)	(¥218,650)	(¥2,514,470)	(¥2,595,530)	(¥299,710)
(社会保険)	(¥0)	(¥6,028,740)	(¥6,028,740)	(¥0)
(雇用保険)	(¥512,300)	(¥512,300)	(¥524,700)	(¥524,700)
未払法人税等	¥10,200,000	¥10,200,000	¥0	¥0
未払消費税等	¥5,152,800	¥5,152,800	¥0	¥0
仮受消費税等	¥0	¥0	¥19,254,420	¥19,254,420
長期借入金	¥4,320,000	¥0	¥0	¥4,320,000
資本金	¥100,000,000	¥0	¥0	¥100,000,000
繰越利益剰余金	¥19,601,984	¥0	¥32,581,770	¥52,183,754

（前ページの続き）

勘定科目	期首残高	借方合計	貸方合計	残　高
売上高	¥0	¥0	¥192,544,200	¥192,544,200
仕入高	¥0	¥69,909,500	¥0	¥69,909,500
給与手当	¥0	¥51,660,000	¥4,046,000	¥47,614,000
法定福利費	¥0	¥6,028,740	¥0	¥6,028,740
福利厚生費※	¥0	¥402,150	¥0	¥402,150
広告宣伝費	¥0	¥13,873,050	¥0	¥13,873,050
運賃配送費	¥0	¥1,450,420	¥0	¥1,450,420
水道光熱費	¥0	¥2,713,710	¥202,650	¥2,511,060
消耗品費	¥0	¥3,769,880	¥0	¥3,769,880
修繕費	¥0	¥269,370	¥0	¥269,370
賃借料	¥0	¥3,440,800	¥0	¥3,440,800
リース料	¥0	¥481,970	¥0	¥481,970
租税公課	¥0	¥306,340	¥0	¥306,340
会議費	¥0	¥590,580	¥0	¥590,580
交際費※	¥0	¥1,188,060	¥0	¥1,188,060
旅費交通費	¥0	¥2,971,970	¥225,780	¥2,746,190
顧問料	¥0	¥1,540,000	¥0	¥1,540,000
通信費	¥0	¥2,399,660	¥202,300	¥2,197,360
支払保険料	¥0	¥898,650	¥0	¥898,650
支払手数料	¥0	¥165,860	¥0	¥165,860
新聞図書費	¥0	¥462,810	¥12,160	¥450,650
支払利息	¥0	¥127,800	¥0	¥127,800
当期純利益	¥0	¥32,581,770	¥0	¥32,581,770
合計		¥890,602,896	¥890,602,896	

※期中の取引はすべて消費税（10%）のかかる取引でした。

（注）勘定科目について必要があれば新規登録するものとする。
ただし，会計ソフトに基本登録されている勘定科目を使用すること。なお，上記試算表に表示されている企業の勘定科目と同一の内容を示す勘定科目があれば，その科目を利用するものとする。
ここでは「一年以内返済長期借入金」と「顧問料」の各勘定は，新規登録して処理する。

【本社試算表】（令和×年 4 月 1 日～令和○年 2 月 28 日）

勘定科目	期首残高	借方合計	貸方合計	残　高
売上高	¥0	¥0	¥117,894,700	¥117,894,700
仕入高	¥0	¥40,921,700	¥0	¥40,921,700
給与手当	¥0	¥37,140,000	¥2,839,000	¥34,301,000
法定福利費	¥0	¥4,243,490	¥0	¥4,243,490
福利厚生費※	¥0	¥287,840	¥0	¥287,840
広告宣伝費	¥0	¥7,210,920	¥0	¥7,210,920
運賃配送費	¥0	¥854,760	¥0	¥854,760
水道光熱費	¥0	¥1,615,440	¥125,880	¥1,489,560
消耗品費	¥0	¥2,140,400	¥0	¥2,140,400
修繕費	¥0	¥190,730	¥0	¥190,730
賃借料	¥0	¥0	¥0	¥0
リース料	¥0	¥481,970	¥0	¥481,970
租税公課	¥0	¥255,000	¥0	¥255,000
会議費	¥0	¥392,380	¥0	¥392,380
交際費※	¥0	¥815,340	¥0	¥815,340
旅費交通費	¥0	¥1,976,550	¥175,990	¥1,800,560
顧問料	¥0	¥1,540,000	¥0	¥1,540,000
通信費	¥0	¥1,543,160	¥124,200	¥1,418,960
支払保険料	¥0	¥898,650	¥0	¥898,650
支払手数料	¥0	¥165,860	¥0	¥165,860
新聞図書費	¥0	¥408,450	¥7,400	¥401,050
支払利息	¥0	¥127,800	¥0	¥127,800
当期利益	¥0	¥17,956,730	¥0	¥17,956,730
合計		¥121,167,170	¥121,167,170	

※期中の取引はすべて消費税（10%）のかかる取引でした。

【九州支社】（令和×年 4 月 1 日～令和○年 2 月 28 日）

勘定科目	期首残高	借方合計	貸方合計	残　高
売上高	¥0	¥0	¥74,649,500	¥74,649,500
仕入高	¥0	¥28,987,800	¥0	¥28,987,800
給与手当	¥0	¥14,520,000	¥1,207,000	¥13,313,000
法定福利費	¥0	¥1,785,250	¥0	¥1,785,250
福利厚生費※	¥0	¥114,310	¥0	¥114,310
広告宣伝費	¥0	¥6,662,130	¥0	¥6,662,130
運賃配送費	¥0	¥595,660	¥0	¥595,660
水道光熱費	¥0	¥1,098,270	¥76,770	¥1,021,500
消耗品費	¥0	¥1,629,480	¥0	¥1,629,480
修繕費	¥0	¥78,640	¥0	¥78,640
賃借料	¥0	¥3,440,800	¥0	¥3,440,800
リース料	¥0	¥0	¥0	¥0
租税公課	¥0	¥51,340	¥0	¥51,340
会議費	¥0	¥198,200	¥0	¥198,200
交際費※	¥0	¥372,720	¥0	¥372,720
旅費交通費	¥0	¥995,420	¥49,790	¥945,630
顧問料	¥0	¥0	¥0	¥0
通信費	¥0	¥856,500	¥78,100	¥778,400
支払保険料	¥0	¥0	¥0	¥0
支払手数料	¥0	¥0	¥0	¥0
新聞図書費	¥0	¥54,360	¥4,760	¥49,600
支払利息	¥0	¥0	¥0	¥0
当期利益	¥0	¥14,625,040	¥0	¥14,625,040
合計		¥76,065,920	¥76,065,920	

※期中の取引はすべて消費税（10%）のかかる取引でした。

ここでは，部門を設定する新規データの作成について学びました。この新規データに続けて，各種帳票類から 3 月の取引を入力する問題は，「コンピュータ会計 応用問題集（PDF）」に収録されています。「コンピュータ会計 応用問題集（PDF）」は，弥生株式会社のホームページからダウンロードして活用してください。

ぜひ，「応用テキスト（本書）」に引き続き，「問題集（PDF）」で期中取引の入力練習をお勧めいたします。

参考までに，全社(合計)の入力結果を示します。(抜粋)

残高試算表（月次・期間）

貸借対照表

全社(合計)　　　　　　　　　　　　　　　　　　　　　　柏の葉株式会社

自 令和×年 4月 1日　至 令和○年 2月28日　　　　税抜　　単位：円

勘定科目	前期繰越	期間借方	期間貸方	期間残高	構成比
現金	460, 226	2, 966, 083	1, 232, 161	2, 194, 148	1. 14
当座預金	1, 862, 350	109, 118, 366	99, 414, 306	11, 566, 410	5. 98
普通預金	1, 765, 300	98, 863, 367	92, 657, 900	7, 970, 767	4. 12
現金・預金合計	4, 087, 876	210, 947, 816	193, 304, 367	21, 731, 325	11. 24
売掛金	44, 412, 362	316, 178, 766	315, 629, 876	44, 961, 252	23. 26
貸倒引当金（売）	−1, 961, 600	0	0	−1, 961, 600	−1. 01
売上債権合計	42, 450, 762	316, 178, 766	315, 629, 876	42, 999, 652	22. 25
有価証券合計	0	0	0	0	0. 00
商品	2, 368, 432	0	0	2, 368, 432	1. 23
貯蔵品	6, 880	0	6, 880	0	0. 00
棚卸資産合計	2, 375, 312	0	6, 880	2, 368, 432	1. 23
前払費用	95, 764	0	95, 764	0	0. 00
仮払消費税等	0	10, 562, 979	64, 289	10, 498, 690	5. 43
他流動資産合計	95, 764	10, 562, 979	160, 053	10, 498, 690	5. 43
流動資産合計	49, 009, 714	537, 689, 561	509, 101, 176	77, 598, 099	40. 14
建物	43, 376, 090	0	0	43, 376, 090	22. 44
附属設備	271, 542	0	0	271, 542	0. 14
工具器具備品	626, 653	0	0	626, 653	0. 32
土地	70, 947, 200	0	0	70, 947, 200	36. 70
有形固定資産計	115, 221, 485	0	0	115, 221, 485	59. 61
ソフトウェア	477, 400	0	0	477, 400	0. 25
無形固定資産計	477, 400	0	0	477, 400	0. 25
投資その他の資産合計	0	0	0	0	0. 00
固定資産合計	115, 698, 885	0	0	115, 698, 885	59. 86
繰延資産合計	0	0	0	0	0. 00
資産合計	164, 708, 599	537, 689, 561	509, 101, 176	193, 296, 984	100. 00
買掛金	17, 295, 020	122, 580, 590	121, 653, 150	16, 367, 580	8. 47
仕入債務合計	17, 295, 020	122, 580, 590	121, 653, 150	16, 367, 580	8. 47
一年以内返済長期借入金	2, 160, 000	1, 980, 000	0	180, 000	0. 09
未払金	5, 096, 465	5, 096, 465	0	0	0. 00
未払法人税等	10, 200, 000	10, 200, 000	0	0	0. 00
未払消費税等	5, 152, 800	5, 152, 800	0	0	0. 00
預り金	882, 330	10, 670, 390	10, 779, 290	991, 230	0. 51
仮受消費税等	0	0	19, 254, 420	19, 254, 420	9. 96
他流動負債合計	23, 491, 595	33, 099, 655	30, 033, 710	20, 425, 650	10. 57
流動負債合計	40, 786, 615	155, 680, 245	151, 686, 860	36, 793, 230	19. 03
長期借入金	4, 320, 000	0	0	4, 320, 000	2. 23
固定負債合計	4, 320, 000	0	0	4, 320, 000	2. 23
負債合計	45, 106, 615	155, 680, 245	151, 686, 860	41, 113, 230	21. 27
資本金	100, 000, 000	0	0	100, 000, 000	51. 73
資本金合計	100, 000, 000	0	0	100, 000, 000	51. 73
新株式申込証拠金合計	0	0	0	0	0. 00
資本準備金合計	0	0	0	0	0. 00
その他資本剰余金合計	0	0	0	0	0. 00
資本剰余金合計	0	0	0	0	0. 00
利益準備金合計	0	0	0	0	0. 00
任意積立金合計	0	0	0	0	0. 00
繰越利益	19, 601, 984	0	0	19, 601, 984	10. 14
当期純損益金額	0		32, 581, 770	32, 581, 770	16. 86
繰越利益剰余金合計	19, 601, 984	0	32, 581, 770	52, 183, 754	27. 00
その他利益剰余金合計	19, 601, 984	0	32, 581, 770	52, 183, 754	27. 00
利益剰余金合計	19, 601, 984	0	32, 581, 770	52, 183, 754	27. 00
自己株式合計	0	0	0	0	0. 00
自己株式申込証拠金合計	0	0	0	0	0. 00
株主資本合計	119, 601, 984	0	32, 581, 770	152, 183, 754	78. 73
評価・換算差額等合計	0	0	0	0	0. 00
新株予約権合計	0	0	0	0	0. 00
純資産合計	119, 601, 984	0	32, 581, 770	152, 183, 754	78. 73
負債・純資産合計	164, 708, 599	155, 680, 245	184, 268, 630	193, 296, 984	100. 00

残高試算表（月次・期間）

損益計算書

全社(合計)

柏の葉株式会社

自 令和×年 4月 1日　至 令和○年 2月28日

税抜　単位：円

勘定科目	前期繰越	期間借方	期間貸方	期間残高	対売上比
売上高	0	0	192,544,200	192,544,200	100.00
売上高合計	0	0	192,544,200	192,544,200	100.00
期首商品棚卸高	0	0	0	0	0.00
仕入高	0	69,909,500	0	69,909,500	36.31
当期商品仕入高	0	69,909,500	0	69,909,500	36.31
合計	0	69,909,500	0	69,909,500	36.31
期末商品棚卸高	0	0	0	0	0.00
売上原価	0	69,909,500	0	69,909,500	36.31
売上総損益金額	0		122,634,700	122,634,700	63.69
給料手当	0	51,660,000	4,046,000	47,614,000	24.73
法定福利費	0	6,028,740	0	6,028,740	3.13
福利厚生費	0	402,150	0	402,150	0.21
荷造運賃	0	1,450,420	0	1,450,420	0.75
広告宣伝費	0	13,873,050	0	13,873,050	7.21
交際費	0	1,188,060	0	1,188,060	0.62
会議費	0	590,580	0	590,580	0.31
旅費交通費	0	2,971,970	225,780	2,746,190	1.43
通信費	0	2,399,660	202,300	2,197,360	1.14
消耗品費	0	3,769,880	0	3,769,880	1.96
修繕費	0	269,370	0	269,370	0.14
水道光熱費	0	2,713,710	202,650	2,511,060	1.30
新聞図書費	0	462,810	12,160	450,650	0.23
支払手数料	0	165,860	0	165,860	0.09
賃借料	0	3,440,800	0	3,440,800	1.79
リース料	0	481,970	0	481,970	0.25
保険料	0	898,650	0	898,650	0.47
租税公課	0	306,340	0	306,340	0.16
顧問料	0	1,540,000	0	1,540,000	0.80
販売管理費計	0	94,614,020	4,688,890	89,925,130	46.70
営業損益金額	0		32,709,570	32,709,570	16.99
営業外収益合計	0	0	0	0	0.00
支払利息	0	127,800	0	127,800	0.07
営業外費用合計	0	127,800	0	127,800	0.07
経常損益金額	0		32,581,770	32,581,770	16.92
特別利益合計	0	0	0	0	0.00
特別損失合計	0	0	0	0	0.00
税引前当期純損益金額	0		32,581,770	32,581,770	16.92
当期純損益金額	0		32,581,770	32,581,770	16.92

※この問題の入力結果は，学習用データの「柏の葉株式会社2月末(15期)」で確認できます。

第3章 製造業における原価情報

第3章では,製造業に関する基本知識と会計処理を学びます。製品原価の計算プロセスを理解し,製造部門を有する企業の月次決算処理を学んだうえで,製造原価報告書などの原価情報を活用できるスキルを習得しましょう。また,製造業を有する企業のデータ入力練習も用意されていますのでチャレンジしてください。

第3章 製造業における原価情報

11. 製造業の経営活動と原価要素の分類

(1) 製造業の経営活動

製造業は，材料などの仕入や労働力，設備・機械などを調達する活動とそれらを投入して製品を製造する「ものづくり」現場の活動，そして完成した製品を販売する活動に分けることができます。製品を製造する企業内部の活動に対して，材料などの仕入や労働力，設備などを調達する購買活動と製品を販売する販売活動を外部活動と呼ぶことがあります。

つまり，製造業では，資金を投入して製品を製造し，完成した製品を販売することによって，はじめて投下した資金を回収する（売上高を計上する）ことができるのです。

製造業の特徴は，商品販売業と比べて取引相手が存在しない内部活動（製造活動）があることや資金の投入から利益を認識するまでに長い時間がかかることです。

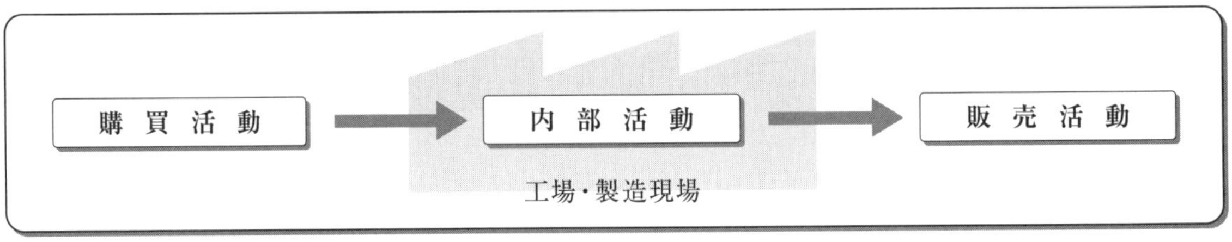

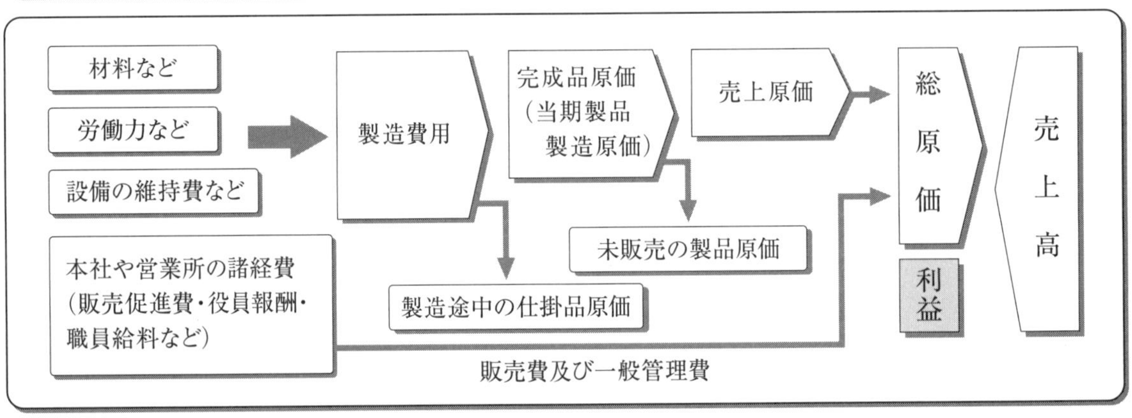

製造部門を有する企業にとって，製品がいくらで製造できたかという計算をしなければ，売価も決定することができません。そこで，製造活動という内部活動を継続的・規則的に記録・集計・計算する技術が必要となります。製品を製造するためにかかった費用を計算する技術を「原価計算」と呼び，この「原価計算」の結果を複式簿記のルールに従って帳簿に記入することによって，正確な財務諸表の作成を導くことができるのです。

内部活動である製品の製造にかかったすべての費用のことを「（総）製造費用」といいます。この「（総）製造費用」は，期末に製造途中である仕掛品（しかかりひん）と完成した製品に集計・計算することができます。「製造費用」という用語は，製造にかかった費用を意味するのに対して，完成した製品に集計・計算された費用を「製造原価」（「製品製造原価」）と呼びます。

さらに，完成した製品の製造原価のうち，顧客に販売した分が「売上原価」です。「売上高」と売り上げた製品の製造原価（＝「売上原価」）を対応させて，商品販売業と同じように粗利益（＝「売上総利益」）を算定します。

また，「総原価」という用語は，製品を製造して販売するまでにかかったすべての原価という意味で用いられ，「売上原価」に製品を販売するために発生した費用や全社的な諸経費である

「販売費及び一般管理費」を加えた金額です。一方，資金を借り入れた際の支払利息や異常な状態を原因として発生した費用，そして偶発的な事故によって発生した損失などは，原価として集計されることはありません。

(2) 材料費・労務費・経費

製品を製造するために発生した原価は，その発生した形態によって3つの要素に分けることができます。製品を製造するための材料費，労働力を投入した労務費，そして設備の維持費や水道光熱費などの経費（材料費と労務費以外）です。

①材料費

製品を製造する際に原材料を使った時は，その消費高を材料費と呼びます。材料費には，素材費（原料費），買入部品費，燃料費，工場消耗品費，消耗工具器具備品費などがあります。素材費とは製品の主要な部分のことで，外部から購入してそのまま製品に取りつける部品などは買入部品費として処理します。

製造現場の電球や機械の潤滑油など，製品を製造するために補助的に使用されるものは工場消耗品費として処理し，ペンチや工具などのように耐用年数が1年未満か，比較的に金額が低いものは消耗工具器具備品費として処理します。

また，どのような役割を果たしているのかという視点で，材料費を主要材料費や補助材料費などに分類することもあります。

なお，素材費（原料費）や買入部品を購入して代金を後日に支払う場合は，買掛金勘定で処理します。購入の際に付随費用が発生した場合は，商品の仕入の時と同様に材料購入原価に加算することになります。

②労務費

製品を製造する作業者（工員）に賃金を支払った時は，その消費高を労務費と呼びます。労務費には，賃金，給料，雑給，従業員賞与手当，健康保険料等の事業主負担金分である法定福利費などがあります。製造現場以外の従業員に支給する「給料」を「賃金」と区別します。材料費と同じように，どのような役割を果たしているのかという視点で，賃金は作業種類別の直接賃金や間接作業賃金，手待賃金などに分類することもあります。

③経費

製品を製造する際にかかった費用で，材料費，労務費以外の原価要素を経費と呼びます。経費には，外注加工費，特許権使用料，減価償却費，たな卸減耗費，賃借料，修繕料，電力料，ガス代，水道料などがあります。

外注加工費（外注加工賃）とは，加工や工程の一部を外部の業者に委託する際の費用のことです。外注した材料や部品が納品されて，代金を後日に支払う場合は買掛金勘定で処理します。

(3) 製造直接費と製造間接費

製造業では，何種類かの製品を製造する場合が多いことでしょう。同じ種類の材料や共通な部品を利用しながら異なった種類の製品を製造することもあります。発生した製造費用を製品との関係で分類すると製造直接費と製造間接費に分けることができます。

①製造直接費

特定の製品の製造に使用したことがはっきりと把握できている製造原価を製造直接費と呼びます。つまり，発生した製造費用がこの製品だけの原価であるとして，明確に跡づけられる原価を意味します。

一般的に，材料費では素材費（原料費）や買入部品費が直接材料費になります。労務費では，特定の製品の製造だけを担当している従業員に支払われた給与（直接賃金）が直接労務費です。そして，経費では，特定の製品の製造時に利用する特許権使用料や外注加工費などが直接経費に分類されます。

②製造間接費

何種類かの製品を製造する場合，各種の製品製造のために共通に発生した製造費用を製造間接費と呼びます。たとえば，各製品に使用する共通の材料費や何種類かの製品を製造している工場の水道光熱費などです。どの製品にどれだけ消費されたかを把握するためには多くの手間がかかるため，製造間接費を製品ごとに集計する場合には，製造間接費となる費用を合計したうえで，ある一定の基準にもとづいて各製品へ割り当てる必要があります。この手続きを配賦と呼びます。

③製品と製造原価との関係

製品を製造する際に消費した原価要素は，発生した原価の形態で材料費，労務費，経費の3つに分類しました。また，特定の製品のためだけに発生した費用を製造直接費，各種製品を製造するために共通に発生した費用を製造間接費として分類しました。

このように分類された製造費用は，最終的に完成品の製造原価として集計されます。製造直接費は，それぞれの製品に直接集計（賦課）され，製造間接費は配賦基準によりそれぞれの製品に配賦されます。

その関係は，次の通りです。

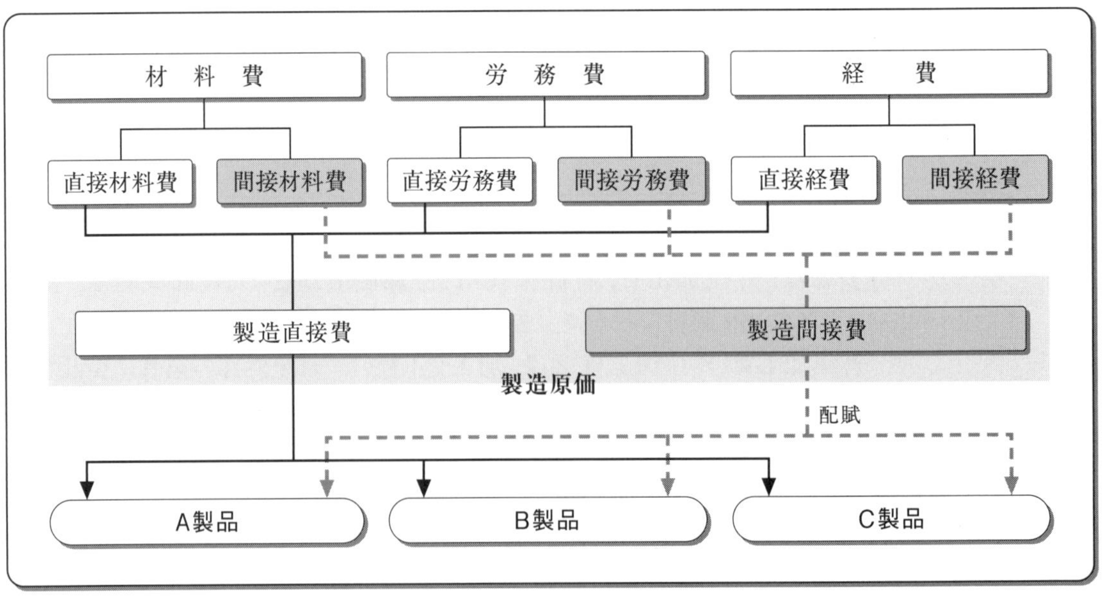

総合原価計算（126ページ参照）において，期間に集計した製造費用を月末仕掛品原価に配分する際など，その他必要である場合には，原価要素の発生の仕方によって直接材料費以外（または直接材料費と直接経費以外）の原価要素をまとめて加工費として計算することがあります。

また，個別原価計算（126ページ参照）において，労働が機械作業と密接に結合して総合的な作業となり，そのため製品に賦課すべき直接労務費と製造間接費とを分離することが困難な際など，その他必要である場合には，直接労務費と製造間接費とを合わせて加工費として扱うことがあります。

(4) 変動費と固定費

原価要素は，生産量や販売量，操業度の増減によって，変化する原価と変化しない原価に分類することがあります。操業度とは，生産設備の利用度のことを意味します。

生産量が増減すれば発生する製造原価もそれに応じて増減しますが，その金額は生産量の増減に関係しない製造原価の比率で大きく変わってきます。同様に，売上高の増減と利益の関係も同じで，販売量の増減に関連しない費用の割合が大きい場合は，売上高が増加しても比例して利益が増加するとは限りません。利益計画を検討する際には，重要な分類になります。（第5章参照）

①変動費

製品の生産量や販売量に応じて比例的に増減する原価要素を変動費と呼びます。たとえば，直接材料費や外注加工費，出来高で支払う賃金，梱包・発送に関係する販売費などです。

②固定費

製品の生産量や販売量に関係なく1期間の発生額が一定している原価要素を固定費と呼びます。たとえば，生産量や販売量が増減しても機械の減価償却費は一定ですし，事務系の従業員の給与も一定です。その他，保険料や賃借料，租税公課なども一定ですので固定費です。

生産量や販売量がある範囲内では固定的であるが，その範囲をこえると急増し，ふたたび一定の範囲内で固定化する原価要素を準固定費と呼ぶことがあります。

また，生産量や販売量がゼロの場合でも，一定額が発生し，さらに生産量，販売量の増加に応じて比例的に増加する原価要素を準変動費と呼ぶことがあります。たとえば，電力料やガス代なども準変動費として分類する場合があります。

12. 原価計算の手続きと原価計算の種類

(1) 原価計算の計算手続き

原価計算とは，製品の製造原価を計算することをいいます。つまり，原価計算は一定期間の生産活動にともなって発生（消費）した原価を認識・記録・計算して，生産物1単位を製造・完成させるために，どのくらいの原価がかかったかを計算する諸手続きといえるでしょう。

一般に，製品1単位あたりの製造原価を計算する一連の計算手続きは，実際発生額を費目別に分類・計算し，次に原価部門別に分類・計算し，最後に製品別に集計・計算されます。

①費目別計算

製品の製造に関する原価要素を材料費，労務費，経費として形態別に分類・把握し，その原価情報をもとに原価計算を開始します。原価要素の消費高を費目別に計算することを原価の費目別計算と呼び，第1段階の計算手続きになります。

②部門別計算

第2段階の計算手続きで，費目別計算で分類・把握された原価要素を原価部門別に分類・集計することを原価の部門別計算と呼びます。

製品は，通常いくつかの製造部門を通って完成されるという理由から，その部門ごとに原価を集計・計算してより正確に原価を計算しようとするものです。たとえば，製品を製造する製造部門と製造部門を補助する補助部門などに分けることがあります。

③製品別計算

費目別計算，部門別計算によって集計された製造原価を製品別に分類・計算して，製品1単位あたりの製造原価を計算します。これを原価の製品別計算と呼びます。

企業によっては，部門別計算を行うことなく材料費，労務費，経費として形態別に分類・把握し，次に製品別計算が行われる場合があります。それぞれの生産形態によって適用される手続きも異なります。

(2) 原価計算の種類

製造原価の発生のしかたは，企業の生産形態に影響されます。正確な製品の製造原価を計算するためには，生産形態にあった計算方法を選ぶ必要があるのです。生産形態は，受注生産と見込生産の2つに分けることができます。

①個別原価計算と総合原価計算

製造業では，種類の異なる製品を個別に受注して製造する生産形態や特定の製品をロット（2個以上の複数）ごとに繰り返し生産する形態があります。このような生産形態の場合，個々の製品ごとに原価を集計して製品原価を計算する方法がとられます。この計算方法は，個別原価計算と呼ばれます。

一方，製品を連続して繰り返し大量に生産する製造業があります。たとえば，化学工業や製菓業などです。このような生産形態の場合，個々の製品に原価を集計するのではなく，一定の期間（1ヶ月）で発生した製造原価を集計し，期間末（月末）に製造途中の製品（月末仕掛品）原価を按分計算して差し引くことで完成した製品原価を求め，次にその期間の完成数量で割ることで完成品1単位の製品原価を計算する方法がとられます。この計算方法は，総合原価計算と呼ばれます。

②全部原価計算と部分原価計算

全部原価計算とは，製品の製造原価を計算するにあたり，製造するために消費したすべての原価を集計して製品原価を計算する方法です。あたりまえのように感じますが，現在，企業では，大型の機械設備が導入されるとともに設備の維持費が膨大に発生しています。これらの費用は，製品の生産量に関係することなく発生する費用です。また，これらの製造間接費をどのような基準で製品に配賦すれば，正確な製品原価の計算ができるのかが，大きな課題となっていたのです。

製品の生産量に関係することなく発生する費用は，製品との関連性を求めるのではなく，期間の費用としてとらえることができないか，という考え方でアプローチしたのが部分原価計算だと説明できます。つまり，製造費用のうち変動費のみで製造原価を計算することで，製品原価のコスト管理に利用できる情報が得られるのです。この計算方法は，部分原価計算＝直接原価計算と呼ばれ，原価管理や利益計画に有用な原価情報を提供するのに役立ちます。

しかしながら，企業は増大した製造間接費をどのように抑制するかを考え，さらには，個別の製品の収益性を把握して採算性についての意思決定をしなければなりません。製造間接費の管理と配賦は，重要なテーマとして管理手法が次々に開発されています。

(3) 原価計算と帳簿入力

すでに学んだように，製造部門を有する企業は，外部活動である購買活動と販売活動，そして内部活動である製造活動があります。購買活動と販売活動の帳簿入力は，商品販売業と同様に従来の勘定科目で入力処理することになります。

一方，製造活動の帳簿入力は，製造原価に関係する勘定科目で入力処理する必要があり，原価計算から得られるデータ（たとえば，月末仕掛品や完成品の製造原価）を複式簿記の仕組みの中に取り込むことによって，真実性が保証された決算書を作成することができるのです。

弥生会計では，新規データを作成する際に〔製造原価に関する科目を使用する〕にチェックをつけることで製造原価用の勘定科目が作成されます。製造原価科目としては，材料仕入高勘定，期首材料棚卸高勘定，期末材料棚卸高勘定，製造原価に関する労務費の各勘定科目，一般経費とは別に製造経費の各勘定科目，そして期首仕掛品勘定，期末仕掛品勘定などが作成されます。

また，貸借対照表科目としては，棚卸資産としてすでに作成されている製品勘定，原材料勘定，仕掛品勘定を利用することになります。

弥生会計で製造原価に関する勘定科目を使用することは，原価計算システムを運用することではなく，製造活動の記録を複式簿記の帳簿体系と継続的に結びつけることを意味しています。

つまり，期末仕掛品原価などの原価データは，会計ソフトの枠外で原価計算によって算定したうえで各勘定科目に入力します。期末（月末）に商品販売業と同様な決算整理仕訳を入力することによって，完成品や販売した製品の製造原価（売上原価）が自動的に算定されます。

なお，仕掛品や製品の棚卸高について，たとえば，継続的に原価計算を行うことをしないで，見積もりや推定によって会計ソフトに入力処理することも可能です。しかし，原価計算を行わないので算定された売上原価や売上総利益の金額は，場合によっては不正確になります。また，製造過程における有用な原価情報を得ることができない場合があることも理解しなければなりません。

13. 製品原価と期間原価

(1) 製品原価と期間原価の違い

ここでは，製造業における製品(製造)原価の計算方法と企業利益の算定方法を一歩踏み込んで考察します。製造業では，商品を仕入れて販売するのではなく，製品を自社で製造して販売します。利益をのせた販売価格を決定するためには，1単位の製品を製造するために発生している費用(製造原価)を正確に把握することが必要です。

そもそも，製造業を営む企業は，当期の利益を計算するにあたり，製造現場で発生している費用(製造原価)をどのように記録・計算・集計することによって利益を算定しているのでしょうか。この論点を理解するカギは，製品原価と期間原価の違いを理解することにあります。そして，製造業における利益計算の仕組みを知ることで，原価情報を有効に利用することが可能になります。

①製造原価と期間原価

製品の製造原価とは，製品を製造するために製造現場で発生した製造コストのことです。製品を製造するためにかかった費用ということで製造原価(manufacturing cost)と呼ばれることが多いです。また，一定単位の製品に集計された製造原価を製品原価(product cost)と呼ぶことで区別する場合があります。(財務会計の視点)

一方，期間原価(period cost)とは，生産活動に関連して発生するものではなく，1つの組織において，一定期間に発生した原価要素を当期の収益に対応させて把握した原価です。たとえば，本社のスタッフ部門で働く営業部や経理部の社員に支給される給与，役員の報酬，販売促進のための費用，本社の水道光熱費や本社家屋の建物減価償却費などです。これらの費用は，損益計算書の販売費及び一般管理費として計上されます。

②製品原価の計算方法

製品の製造に必要な原価要素は，形態別に材料費，労務費，経費に分類して集計されます。製造するために発生した費用が，完成した製品にすべてが関連づけられて集計されるのであればわかりやすいのですが，実際にはいくつかの問題があります。

問題の1つは，製造途中の製品の製造原価(期末仕掛品原価)を当期に発生した製造費用から差し引いて製品原価を計算する点にあります。つまり，当期に発生した製造費用の一部が製品原価として損益計算書へ集計されないということです。当期に製造費用として支出されても製品が完成するまで製品原価に集計されません。

また，経費に分類されている工場・設備の維持に関する費用は，工場の大規模化にともなってその発生費用は高額になり，さらに発生の態様は製造プロセスとの関係が薄れてきました。生産設備を維持していくための期間原価の性質を有しているにもかかわらず，現在の制度会計では，製品原価として集計・計算されています。

③製造業における売上原価の意味

完成したすべての製品が当期にすべて販売されれば，完成品の製造原価を意味する当期製品製造原価の金額は，損益計算書上の売上原価の金額になります。しかしながら，期首の製品在庫があり，当期末に未販売の製品があれば，「当期製品製造原価」に前期からの期首製品棚卸高を加算し，当期の未販売の製品原価を差し引いた金額をもって(製品)売上原価を算定し，当期の売上高と対応させて売上総損益(売上総利益，売上総損失)を求めます。

本社のスタッフ部門の諸経費や営業費は,「販売費及び一般管理費」として損益計算書の当期の費用に計上され，利益計算に反映されています。しかし，当期の損益計算書に計上される製品原価は，当期に発生して支出した製造費用から製造途中の仕掛品原価が控除され，さらに当期に販売された（売上高に対応した）製品製造原価のみが売上原価に転嫁されるのです。このように製造費用の支出と利益計算における費用計上のタイミングがずれることになります。

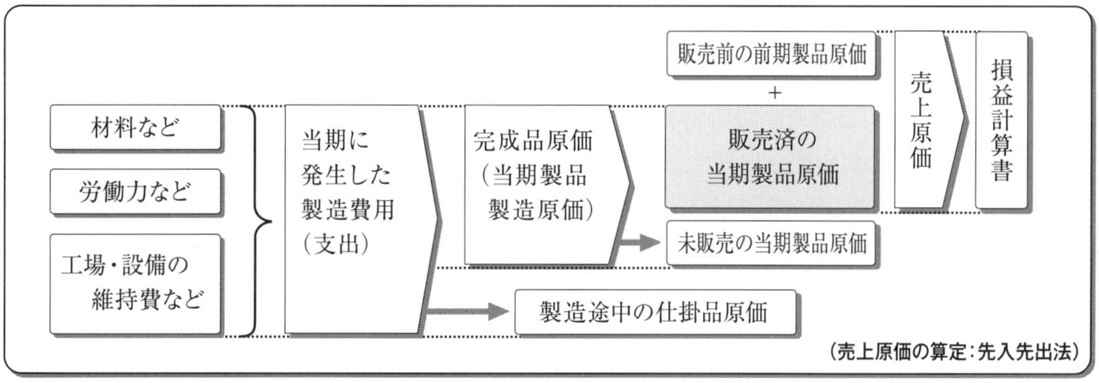

(2) 利益管理のための原価情報

製品を製造するに際しては，発生したすべての製造原価を集計して製品の製造原価を計算することが原則です。しかし，前ページで説明したように，経費に分類されている工場・設備の維持に関する費用は，製品の製造との直接的な関係が薄れ，生産設備を維持していくために期間ごとに発生する費用という性質を持ちます。つまり，製造に関係して発生する製造原価の性質が失われつつあります。そこで今日では，この性質の製造費用を製品に関連づけて製品原価に含めるのではなく，期間原価として利益から差し引く考え方の方が，利益管理のために有用ではないかと考えられるようになりました。つまり，製造原価のすべてを製品原価として集計する全部原価（full cost）による原価計算ではなく，製造原価の一部のみを製品原価として集計する部分原価（partial cost）による原価計算です。集計する原価を変動費のみに限定して計算する方法は，直接原価計算と呼ばれます。

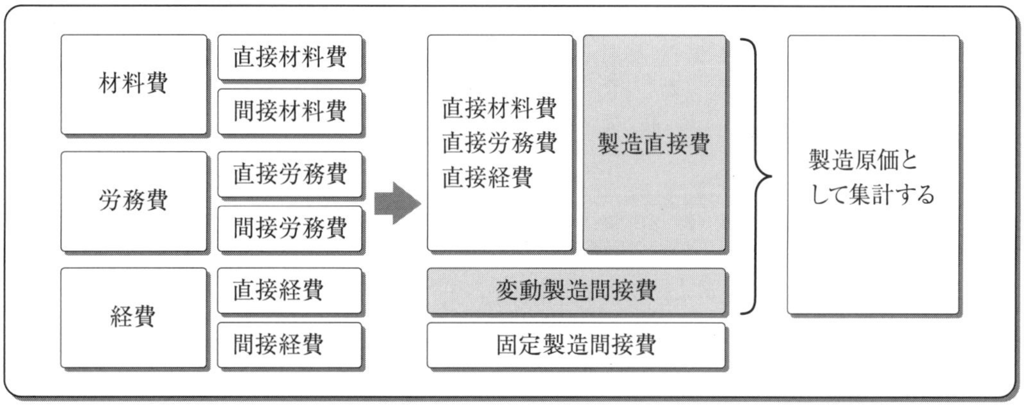

14. 製造原価報告書の作成と製造業の月次決算

(1) 製造原価報告書と製品売上原価の算定

製造業では，商品販売業と違って製品を仕入れることはなく，企業内部で製造して販売するので，売り上げた製品の売上原価をみずから計算しなければなりません。

そのためには，まず当期（当月）に完成した製品の製造原価を集計・計算する必要があります。この計算過程を示すために作成されるのが製造原価報告書です。

①製造原価報告書の作成

製造原価報告書（Cost Report：C/R）は，当期の製造費用を1.材料費　2.労務費　3.経費の3つの原価要素に分け，一定期間（1会計期間または1ヶ月）における製造原価の消費高を記載します。

年次決算であれば期首と期末における製造途中の製品の原価（仕掛品原価）を加減することで，当期に完成した製品の製造原価を算定します。この金額が，製造原価報告書の末尾に記載されている「当期製品製造原価」です。

製造原価報告書の形式は，次の通りです。

製造原価報告書

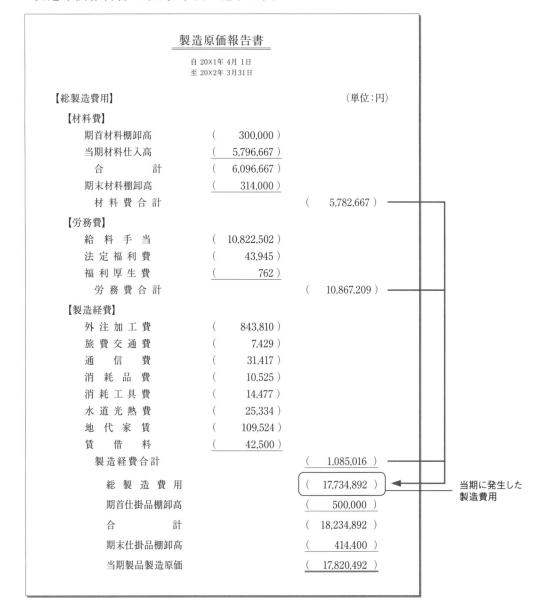

自 20X1年 4月 1日
至 20X2年 3月31日

【総製造費用】			（単位：円）
【材料費】			
期首材料棚卸高	（300,000）		
当期材料仕入高	（5,796,667）		
合計	（6,096,667）		
期末材料棚卸高	（314,000）		
材料費合計		（5,782,667）	
【労務費】			
給料手当	（10,822,502）		
法定福利費	（43,945）		
福利厚生費	（762）		
労務費合計		（10,867,209）	
【製造経費】			
外注加工費	（843,810）		
旅費交通費	（7,429）		
通信費	（31,417）		
消耗品費	（10,525）		
消耗工具費	（14,477）		
水道光熱費	（25,334）		
地代家賃	（109,524）		
賃借料	（42,500）		
製造経費合計		（1,085,016）	
総製造費用		（17,734,892）	← 当期に発生した製造費用
期首仕掛品棚卸高		（500,000）	
合計		（18,234,892）	
期末仕掛品棚卸高		（414,400）	
当期製品製造原価		（17,820,492）	

②製品製造原価と製品売上原価

製品の製造のために発生した当期の原価は，製品製造原価として集計することができます。全部原価計算を前提に考えれば，多額の設備維持費なども製品との関係において，この製造原価に含まれます。

製造原価報告書の末尾を見れば理解できるように，この製品製造原価に期首（月初）と期末（月末）の製造途中の仕掛品原価が加算，減算されます。つまり，期末に製造途中の仕掛品の製造原価は，費用ではなく，たな卸資産になります。

「当期製品製造原価」は，完成した製品の製造原価です。完成したすべての製品が当期に販売されれば，損益計算書上で同じ金額が製品の売上原価になります。しかしながら，完成製品（期首の製品在庫を含む）のうち，未販売の製品があれば，「当期製品製造原価」から未販売の製品原価を差し引いた金額が製品売上原価として当期の売上高と対応し，売上総損益が算定されるのです。

つまり，製造業の場合，当期に製造のために支出した金額は，期首と期末の製造途中の仕掛品原価，未販売の製品原価に影響されながら当期の費用として算定されることに注意しなければなりません。

製造原価報告書（末尾部分）

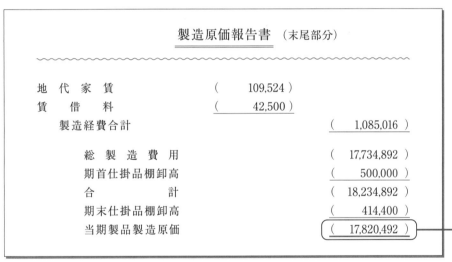

地代家賃	（109,524）	
賃借料	（42,500）	
製造経費合計		（1,085,016）
総製造費用		（17,734,892）
期首仕掛品棚卸高		（500,000）
合計		（18,234,892）
期末仕掛品棚卸高		（414,400）
当期製品製造原価		（17,820,492）

損益計算書（一部抜粋）

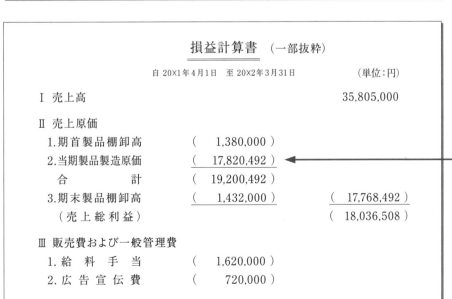

自 20X1年4月1日　至 20X2年3月31日　（単位：円）

Ⅰ 売上高		35,805,000
Ⅱ 売上原価		
1.期首製品棚卸高	（1,380,000）	
2.当期製品製造原価	（17,820,492）	
合計	（19,200,492）	
3.期末製品棚卸高	（1,432,000）	（17,768,492）
（売上総利益）		（18,036,508）
Ⅲ 販売費および一般管理費		
1.給料手当	（1,620,000）	
2.広告宣伝費	（720,000）	

例題 1

下記の製造原価報告書と損益計算書(抜粋)にもとづいて，設問に答えましょう。

製造原価報告書

自 20X1年 10月 1日
至 20X2年 9月30日

【総製造費用】		(単位:円)
【材料費】		
期首材料棚卸高	(330,000)	
当期材料仕入高	(6,128,500)	
合　　計	(6,458,500)	
期末材料棚卸高	(280,000)	
材料費合計		(6,178,500)
【労務費】		
給料手当	(10,267,000)	
法定福利費	(521,000)	
福利厚生費	(155,000)	
労務費合計		(10,943,000)
【製造経費】		
外注加工費	(814,170)	
旅費交通費	(11,650)	
通信費	(38,480)	
消耗品費	(68,000)	
消耗工具費	(111,600)	
水道光熱費	(89,000)	
地代家賃	(376,000)	
賃借料	(94,600)	
製造経費合計		(1,603,500)
総製造費用		(18,725,000)
期首仕掛品棚卸高		(375,000)
合　　計		(19,100,000)
期末仕掛品棚卸高		(440,000)
当期製品製造原価		(18,660,000)

損益計算書

自 20X1年10月1日　至 20X2年9月30日　(単位:円)

Ⅰ 売上高		41,400,000
Ⅱ 売上原価		
1.期首製品棚卸高	(1,780,000)	
2.当期製品製造原価	(18,660,000)	
合　計	(20,440,000)	
3.期末製品棚卸高	(1,515,000)	(18,925,000)
(売上総利益)		(22,475,000)
Ⅲ 販売費および一般管理費		
1.給料手当	(1,820,000)	
2.広告宣伝費	(880,000)	

設問 1 当期に完成した製品の製造原価の金額を答えましょう。

設問 2 当期に販売した製品の製造原価の金額を答えましょう。

設問 3 当期末において，未販売の製品の製造原価の金額を答えましょう。

設問 4 当期末において，製造途中にある製品の製造原価の金額を答えましょう。

設問 5 製品の製造のために，当期に発生した製造費用の合計金額を答えましょう。

設問 6 当期の製造において，使用されないで残った材料の金額を答えましょう。

設問 7 前期に完成した製品で，前期末には未販売であった製品の製造原価の金額を答えましょう。

解答欄

設問 1	設問 2	設問 3	設問 4

設問 5	設問 6	設問 7

例題1 **解答・解説**

設問1	設問2	設問3	設問4
¥18,660,000	¥18,925,000	¥1,515,000	¥440,000

設問5	設問6	設問7
¥18,725,000	¥280,000	¥1,780,000

- 当期に完成した製品の製造原価 →「製造原価報告書」の当期製品製造原価の金額
- 当期に販売した製品の製造原価 →「損益計算書」の売上原価の金額
- 当期末において，未販売の製品の製造原価 →「損益計算書」の期末製品棚卸高の金額
- 当期末において，製造途中にある製品の製造原価 →「製造原価報告書」の期末仕掛品棚卸高の金額
- 製品の製造のために当期に発生した製造費用 →「製造原価報告書」の総製造費用の金額
- 当期の製造において，使用されないで残った材料の金額 →「製造原価報告書」の期末材料棚卸高の金額
- 前期に完成した製品で，前期末には未販売であった製品の製造原価 →「損益計算書」の期首製品棚卸高の金額

(2) 製造部門を有している企業の月次決算

製造部門を有している企業の月次決算では，製造業特有の棚卸資産である「原材料」「仕掛品」，そして「製品」の３種類について，一般商品販売の売上原価算定に必要な月次決算処理と同じ仕訳が必要になります。

①製造業の月次決算

一般商品販売での月次決算と同様に，製造業における月次決算では，①当期（当月）に消費した材料費の算定のため，②当期（当月）に製造した製品原価（当期製品製造原価）の算定のため，そして③当期（当月）に売り上げた製品の製造原価（売上原価）の算定のために月次決算仕訳が必要になります。

一般商品販売では，「商品」「期首商品棚卸高」「期末商品棚卸高」の各勘定を使用し，会計年度の最初の月の月次決算では「期首商品棚卸高」勘定の借方と「商品」勘定の貸方に入力し，翌月からは「商品」勘定と「期末商品棚卸高」勘定を使用して，期末棚卸高を入れ替える仕訳が求められました。

なお，138ページからの会計処理の練習では，会計年度の最初の月末である4月の月次決算仕訳が求められていますので注意してください。（応用問題集（PDF）では，5月の月次決算を練習します。）

②月次決算の仕訳例（会計年度（4月～3月）の最初の月末である4月の月次決算，5月以降の月次決算）

4月末の月次決算仕訳（会計年度の最初の月末における月次決算）

●当月材料費を計算するための仕訳

前期から繰り越された原材料の棚卸高を「〔製〕期首材料棚卸高」勘定の借方と「原材料」勘定の貸方に入力するとともに，4月末の材料棚卸高を「原材料」勘定の借方と「〔製〕期末材料棚卸高」勘定の貸方に入力処理することで算定されます。

借方勘定／補助	借方金額	貸方科目／補助	貸方金額	摘要
〔製〕期首材料棚卸高	XXX	原材料	XXX	月初　原材料棚卸高
原材料	XXX	〔製〕期末材料棚卸高	XXX	月末　原材料棚卸高

●当月製品製造原価を計算するための仕訳

前期から繰り越された製造途中である仕掛品の棚卸高を「〔製〕期首仕掛品」勘定の借方と「仕掛品」勘定の貸方に入力するとともに，4月末の仕掛品棚卸高を「仕掛品」勘定の借方と「〔製〕期末仕掛品」勘定の貸方に入力処理することで算定されます。

借方勘定／補助	借方金額	貸方科目／補助	貸方金額	摘要
〔製〕期首仕掛品	XXX	仕掛品	XXX	月初　仕掛品棚卸高
仕掛品	XXX	〔製〕期末仕掛品	XXX	月末　仕掛品棚卸高

●製品の売上原価を計算するための仕訳
前期から繰り越された未販売の製品の棚卸高を「期首製品棚卸高」勘定の借方と「製品」勘定の貸方に入力するとともに，４月末の製品棚卸高を「製品」勘定の借方と「期末製品棚卸高」勘定の貸方に入力処理することで算定されます。

借方勘定／補助	借方金額	貸方科目／補助	貸方金額	摘要
期首製品棚卸高	XXX	製品	XXX	月初　製品棚卸高
製品	XXX	期末製品棚卸高	XXX	月末　製品棚卸高

製造部門における諸勘定の体系は次の通りです。（月次決算の際には，期首・当期・期末は，月初・当月・月末と読みかえる。）

【仕掛品】

期首仕掛品（C／R）

①	

仕 掛 品（B／S）

期首仕掛品棚卸高	①
②	

当期の製造原価を自動集計（C／R）

材料の消費高 労務費の消費高 経費の消費高	集計されます。 （当期製造費用）

期末仕掛品（C／R）

	② 期末仕掛品棚卸高

当期製品製造原価 ＝ 期首仕掛品棚卸高 ＋ 当期製造費用 − 期末仕掛品棚卸高

【製　品】

期首製品棚卸高（P／L）

①	

製　品（B／S）

期首製品棚卸高	①
②	

当期の製品製造原価を集計

当期製品製造原価	

期末製品棚卸高（P／L）

	②期末製品棚卸高

当期の売上原価 ＝ 期首製品棚卸高 ＋ 当期製品製造原価 − 期末製品棚卸高
（製造に関する）

5月末の月次決算仕訳（期中における月次決算）

●当月材料費を計算するための仕訳（原材料の棚卸高を入力処理することで算定されます）

借方勘定／補助	借方金額	貸方科目／補助	貸方金額	摘要
〔製〕期末材料棚卸高	XXX	原材料	XXX	月初　原材料棚卸高
原材料	XXX	〔製〕期末材料棚卸高	XXX	月末　原材料棚卸高

●当月製品製造原価を計算するための仕訳（製造途中である仕掛品の棚卸高を入力処理することで算定されます）

借方勘定／補助	借方金額	貸方科目／補助	貸方金額	摘要
〔製〕期末仕掛品	XXX	仕掛品	XXX	月初　仕掛品棚卸高
仕掛品	XXX	〔製〕期末仕掛品	XXX	月末　仕掛品棚卸高

●製品の売上原価を計算するための仕訳（未販売製品の棚卸高を入力処理することで算定されます）

借方勘定／補助	借方金額	貸方科目／補助	貸方金額	摘要
期末製品棚卸高	XXX	製品	XXX	月初　製品棚卸高
製品	XXX	期末製品棚卸高	XXX	月末　製品棚卸高

(3) 会計ソフトで製造原価に関する科目を使用する場合

製造部門を有している企業においては，製造原価報告書によって製品の製造原価を算定することになります。弥生会計では，［データの新規作成］をクリックして表示された［事業所データの新規作成］ウィザードの勘定科目オプション設定画面で，［製造原価に関する科目を使用する］にチェックをつけます。チェックをつけると一般的な勘定科目に加えて，製造原価に関する科目が追加され，製造原価報告書を作成することができるようになります。

製造原価用の勘定科目には，科目名の先頭に［製］が表示されます。たとえば，製品の製造のために使用した固定資産の減価償却費は，製造原価として集計するために「［製］減価償却費」という勘定科目を使用します。製造原価用の勘定科目を入力する時は，「／」スラッシュを入力してからサーチキーを入力します。

製品を製造する作業者に支払った賃金は，弥生会計では「［製］給料手当」という勘定科目を使用します。「賃金」という勘定科目はありませんので注意してください。

15. 製造部門を有する企業の会計処理

ここでは，会計ソフトで製造原価に関係する科目を使用して処理する場合を確認しましょう。

株式会社ハードバンク電子工業（以下「当社」という。）について，次の資料に従って，令和○年5月の必要な会計処理を行い，145ページの設問に答えなさい。
この問題は，「株式会社ハードバンク電子工業問題（19期）」の学習用データを復元して使用します。〈P276参照〉

【資料】

1．当社の概要

会 社 名 ： 株式会社ハードバンク電子工業
業　　種 ： ＰＣ部品の製造業
会計期間 ： 4月1日 ～ 3月31日
資 本 金 ： 7,000万円
消 費 税 ： 課税事業者（本則課税），税抜経理方式，税率10％

2．4月分の取引及び5月分の取引のうち，一部の取引についてはすでに入力済みである。
また，会計処理にあたっては，すでに入力済みの処理を参考にするとともに，新たな勘定科目や補助科目の追加は行わないものとする。
なお，5月分の取引ですでに入力が終了しているものは，次の通りである。

(1) 4月分電話料金
(2) 次の4月分経費の総合振込による支払
　4月分材料代，4月分外注加工費，4月分運送費，4月分従業員等立替金精算，4月分文具
(3) インターネットバンキング手数料
(4) 4月分売掛金の回収
(5) 4月分給料
(6) 労働保険料の支払
　労働保険料の納付期間は6／1から7／10ですが，本問は便宜的に5月中に納付したものとする。
(7) 電気料金，水道料金，ガス料金の支払
(8) 5月分経費の未払計上
　運送料，営業旅費，営業雑費，製造雑費，電話料金，文具代，電気料金，水道料金，ガス料金，労働保険料事業主負担額
(9) 5月分減価償却月割額

3．製品の販売について
メーカー，および顧客からの注文により，ＰＣ周辺部品を製造販売している。売上高は，その月に完成・出荷したものを月末に計上している。販売代金は，翌月10日までに当社の普通預金口座に振込入金される。
製品の販売は，販売管理ソフトにより管理している。顧客ごとの売掛金管理は，販売管理ソフトで行っているため，売掛金勘定に補助科目を設けていない。

販売管理ソフトから出力した5月分の販売高合計は，次の通りである。

単位：円

集計期間	本月売上高	消費税額	本月請求額
○/5/1 ～ ○/5/31	20,712,000	2,071,200	22,783,200

●5月分の製品販売に関する仕訳

日付(D)：05／31

借方科目／補助	借方金額	貸方科目／補助	貸方金額	摘要

Advice

消費税込みの課税売上高の金額を入力します。

4．材料および外注加工費について

材料を仕入先から購入し，その加工を外注先に依頼している。材料購入額および外注加工費は，その月に購入または発生したものを月末に計上している。代金は，翌月10日までに同社の指定口座にインターネットバンキングを利用して総合振込をしている。

材料および外注加工費は，購買管理ソフトにより管理している。仕入先および外注先ごとの買掛金管理は購買管理ソフトで行っているため，買掛金勘定に補助科目を設けていない。

購買管理ソフトから出力した5月分の材料購入額および外注加工費発生額は次の通りである。

単位：円

区分	集計期間	購入・発生額	消費税額	合計額
材料購入額	○/5/1 ～ ○/5/31	5,900,000	590,000	6,490,000
外注加工費発生額	○/5/1 ～ ○/5/31	4,000,000	400,000	4,400,000
合計		9,900,000	990,000	10,890,000

●5月分の材料および外注加工費に関する仕訳

日付(D)：05／31

借方科目／補助	借方金額	貸方科目／補助	貸方金額	摘要

Advice

一般的に材料や外注加工費は，特定の製品に消費された製造直接費です。「[製]材料仕入高」勘定と「[製]外注加工費」勘定を使用します。

5．役員報酬・給料手当について

当社の給与計算期間は，毎月1日～月末であり，翌月15日にインターネットバンキングにより各従業員等の口座に振り込んでいる。なお，毎月末に当月発生分の給料等を未払計上している。

5月分の給与明細一覧表（合計部分）は，次の通りです。なお，役員報酬及び給料は販売費・一般管理費として処理し，賃金は製造原価として処理するものとする。

5月分の給与明細一覧表　単位：円

摘要	役員報酬	給料	賃金	合計
役員報酬	400,000			400,000
基本給		230,000	1,357,930	1,587,930
諸手当		48,000	140,000	188,000
総支給額	400,000	278,000	1,497,930	2,175,930
健康保険料	16,150	12,300	61,200	89,650
介護保険料	2,532	1,845	5,992	10,369
厚生年金保険料	32,965	22,494	124,949	180,408
雇用保険料		1,800	6,669	8,469
所得税	10,530	4,470	40,670	55,670
住民税	6,900	3,500	51,700	62,100
控除額計	69,077	46,409	291,180	406,666
差引支給額	330,923	231,591	1,206,750	1,769,264

● 5月分の給与に関する仕訳

日付（D）：05／31

借方科目／補助	借方金額	貸方科目／補助	貸方金額	摘要

Advice

5月分の役員報酬，給料手当は，5月末時点では未払いであると明記されていますので未払金勘定（補助科目：給料）の貸方に入力します。

なお，賃金とは，製品の製造にかかわった従業員に対して支給されたものですので「[製]給料手当」勘定を利用します。

健康保険料などの社会保険料と所得税等の源泉徴収分は，給与支払時の未払金消込みの際に預り金として処理しますので，ここでは給与支給総額を未払金に計上する処理だけです。

6. 法定福利費について

当社は，毎月末に当月分の健康保険料，介護保険料，厚生年金保険料の事業主負担額を未払計上している。事業主負担額は，役員及び従業員から預かる金額と同額とする。

●法定福利費に関する仕訳

日付(D)：05／31

借方科目／補助	借方金額	貸方科目／補助	貸方金額	摘要

Advice

事業主負担額は，役員報酬および給料と賃金に分けて計上し，「法定福利費」勘定に¥88,286，「[製]法定福利費」勘定に¥192,141として未払金処理します。

7. その他の支払等について

その他の支払等については，次の普通預金通帳から判断して処理しなさい。なお，行頭に「*」の付してある取引については，すでに入力済みである。

普通預金

	日付	摘　要	お支払金額	お預り金額	差引残高
1	○.05.01	繰越			12,286,400
* 2	○.05.07	電話	100,100		12,186,300
* 3	○.05.10	振込	カ)アキタコウギョウ	17,197,704	29,384,004
* 4	○.05.10	インターネット	17,653,300		11,730,704
* 5	○.05.10	手数料	12,650		11,718,054
6	○.05.10	税金等	61,800	(注1)	11,656,254
7	○.05.10	税金等	58,700	(注2)	11,597,554
* 8	○.05.15	インターネット	1,945,780	(注3)	9,651,774
* 9	○.05.20	税金等	295,488	(注4)	9,356,286
*10	○.05.24	電気	312,400		9,043,886
*11	○.05.24	水道	44,000		8,999,886
*12	○.05.25	ガス	83,600		8,916,286
13	○.05.25	口座振替	128,944	(注5)	8,787,342
14	○.05.31	税金等	546,302	(注6)	8,241,040
15	○.05.31	税金等	1,864,000	(注7)	6,377,040
16	○.05.31	税金等	297,500	(注8)	6,079,540

注1. 源泉所得税の納付額であり，4月中に支払った給与等(3月分給料等)から徴収したものである。
注2. 住民税の納付額であり，4月中に支払った給与等(3月分給料等)から徴収したものである。

注3. 4月分の役員報酬および給料の支払額である。

注4. 労働保険料の支払額である。金額は，昨年度確定保険料と概算保険料の差額8,600円と当年度概算保険料286,888円の合計額である。昨年度の差額は昨年度末に未払計上している。

注5. 長期借入金の返済である。下記返済予定表を参照

借入金返済予定表

株式会社ハードバンク電子工業 様

ぽると銀行

融資金額	3,000,000円	利率	3.00%	融資日	×.11.2
融資期間	2年	毎月返済額	128,944円		
返済日	返済額	元本	利息	合計	残高
○.4.25	128,944円	125,769円	3,175円	128,944円	1,144,135円
○.5.25	128,944円	126,084円	2,860円	128,944円	1,018,051円

注6. 4月分の社会保険料の支払額である。(4月分の社会保険料の未払計上額および従業員の預り金額については，すでに入力済みのデータ記録から判断すること。)

注7. 前期確定法人税等の納付額である。同額を前期末決算において未払法人税等勘定に計上している。

注8. 前期確定消費税等の納付額である。同額を前期末決算において未払消費税等勘定に計上している。

●源泉所得税，住民税の納付に関する仕訳（注1，注2）

日付(D)：05／10

借方科目／補助	借方金額	貸方科目／補助	貸方金額	摘要

Advice

4月中の給与支払時3月分給料に徴収したものであり，「預り金」勘定（補助科目：源泉所得税，住民税）で処理されています。5月10日に普通預金口座から振込納付された仕訳です。

●長期借入金の返済と支払利息に関する仕訳（注5）

日付(D)：05／25

借方科目／補助	借方金額	貸方科目／補助	貸方金額	摘要

Advice

返済額¥126,084と支払利息¥2,860を分けて仕訳します。

●4月分の社会保険料の支払に関する仕訳(注6)

日付(D):05／31

借方科目／補助	借方金額	貸方科目／補助	貸方金額	摘要

Advice

4月分の健康保険料，介護保険料，厚生年金保険料の支払額の仕訳です。

事業主負担分は4月末に未払計上している「未払金」勘定(補助科目：社会保険料)で，従業員負担分は4月分給料支払時(5月15日)に「預り金」勘定(補助科目：健康保険料，介護保険料，厚生年金保険料)で処理されています。

事業主負担分は，「未払金」勘定(補助科目:社会保険料)で確認(補助元帳)することができます。同様に従業員負担分は，「預り金」勘定の各補助科目で確認することができます。

●前期末決算において計上した未払法人税額の納付に関する仕訳(注7)

日付(D):05／31

借方科目／補助	借方金額	貸方科目／補助	貸方金額	摘要

Advice

「未払法人税等」勘定で確認することができます。法人税については，83ページを参照。

●前期に確定した消費税額の納付に関する仕訳(注8)

日付(D):05／31

借方科目／補助	借方金額	貸方科目／補助	貸方金額	摘要

8. 月末在庫について

単位：円

名称	合計在庫金額
材料	1,897,270
仕掛品	15,922,610
製品	18,400,000
合計	36,219,880

●当期材料費を計算するための仕訳

日付(D)：05／31

借方科目／補助	借方金額	貸方科目／補助	貸方金額	摘要
				月初原材料棚卸高
				月末原材料棚卸高

●当期製品製造原価を計算するための仕訳

日付(D)：05／31

借方科目／補助	借方金額	貸方科目／補助	貸方金額	摘要
				月初仕掛品棚卸高
				月末仕掛品棚卸高

●製品の売上原価を計算するための仕訳

日付(D)：05／31

借方科目／補助	借方金額	貸方科目／補助	貸方金額	摘要
				月初製品棚卸高
				月末製品棚卸高

Advice

5月の月初材料棚卸高，月初仕掛品棚卸高，月初製品棚卸高は，4月の製造原価報告書の期末(月末)材料棚卸高，期末(月末)仕掛品棚卸高，および損益計算書の期末(月末)製品棚卸高を確認することで金額を調べることができます。

5月は期中なので，月次決算仕訳は，それぞれ4月の期末在庫(5月，月初)と5月末の在庫を振り替える仕訳となります。「期首材料棚卸高」勘定や「期首仕掛品」勘定，そして「期首製品棚卸高」勘定は使用しませんので注意してください。(135ページ参照)

例題２

次の金額を答えなさい。

No.	設　　問	金　　額
1	現金預金合計の５月末残高	円
2	所得税預り金の５月末残高	円
3	仮払消費税の５月末残高	円
4	長期借入金の５月末残高	円
5	５月末の資産合計	円
6	５月末の総売上高（累計額）	円
7	５月度の当期製品製造原価	円
8	５月末の給料手当合計（製造費用）	円
9	５月末の法定福利費合計（販管費）	円
10	５月度の営業利益（月次）	円

例題２　解　答・解　説

No.	設　　問	金　　額
1	現金預金合計の５月末残高	6,543,540 円
2	所得税預り金の５月末残高	55,620 円
3	仮払消費税の５月末残高	2,781,353 円
4	長期借入金の５月末残高	1,018,051 円
5	５月末の資産合計	102,100,496 円
6	５月末の総売上高（累計額）	36,635,800 円
7	５月度の当期製品製造原価	15,584,583 円
8	５月末の給料手当合計（製造費用）	3,020,670 円
9	５月末の法定福利費合計（販管費）	182,292 円
10	５月度の営業利益（月次）	7,371,755 円

● 伝票No順に入力する仕訳は，次の通りです。

仕訳日記帳

株式会社ハードバンク電子工業解答

日付 伝票No	借方勘定科目 借方補助科目	借方金額 借方税額 借方税区分	貸方勘定科目 貸方補助科目	貸方金額 貸方税額 貸方税区分	摘要
5/31 48	売掛金	22,783,200	売上高	22,783,200 (2,071,200 課税売上10%内税	5月 売上高
5/31 49	[製]材料仕入高	6,490,000 (590,000 課対仕入10%内税	買掛金	6,490,000	5月分 材料購入額 適格
	[製]外注加工費	4,400,000 (400,000 課対仕入10%内税	買掛金	4,400,000	5月分 外注加工費 適格
5/31 50	役員報酬	400,000	未払金 給料	400,000	5月分 役員報酬
	給料手当	278,000	未払金 給料	278,000	5月分 給与手当
	[製]給料手当	1,497,930	未払金 給料	1,497,930	5月分 給与手当 製造
5/31 51	法定福利費	88,286	未払金 社会保険料	88,286	5月分 社会保険料 事業主負担分
	[製]法定福利費	192,141	未払金 社会保険料	192,141	5月分社会保険料 事業主負担分 製造
5/10 52	預り金 源泉所得税	61,800	普通預金 ぽると銀行	61,800	4月分 源泉所得税 納付
	預り金 住民税	58,700	普通預金 ぽると銀行	58,700	4月分 住民税 納付
5/25 53	長期借入金	126,084	普通預金 ぽると銀行	126,084	借入金返済
	支払利息	2,860	普通預金 ぽると銀行	2,860	借入金利息
5/31 54	未払金 社会保険料	273,151	普通預金 ぽると銀行	273,151	4月分 社会保険料 支払
	預り金 健康保険料	89,650	普通預金 ぽると銀行	89,650	4月分 健康保険料 支払
	預り金 介護保険料	10,369	普通預金 ぽると銀行	10,369	4月分 介護保険料 支払
	預り金 厚生年金保険料	173,132	普通預金 ぽると銀行	173,132	4月分 厚生年金保険料 支払
5/31 55	未払法人税等	1,864,000	普通預金 ぽると銀行	1,864,000	法人税納付
5/31 56	未払消費税等	297,500	普通預金 ぽると銀行	297,500	消費税納付
5/31 57	[製]期末材料棚卸高	979,000	原材料	979,000	月初原材料棚卸高
	原材料	1,897,270	[製]期末材料棚卸高	1,897,270	月末原材料棚卸高
5/31 58	[製]期末仕掛品	19,850,000	仕掛品	19,850,000	月初仕掛品棚卸高
	仕掛品	15,922,610	[製]期末仕掛品	15,922,610	月末仕掛品棚卸高
5/31 59	期末製品棚卸高	14,700,000	製品	14,700,000	月初製品棚卸高
	製品	18,400,000	期末製品棚卸高	18,400,000	月末製品棚卸高

※この問題の入力結果は，学習用データの「株式会社ハードバンク電子工業解答(19期)」で確認できます。

第4章 予算管理と経営分析指標

第4章では，利益計画を策定するために必要な知識として財務構造の分析（経営分析）を取り上げます。公式ではなく内容を理解することが大切ですので，説明されている図解を活用してください。また，手計算により内容を再確認できる例題を用意しました。同時に会計ソフトでも集計表示させて確認してください。

第4章 予算管理と経営分析指標

16. 予算管理の手順

(1) 予算の役割

企業の経営環境がきびしい今日，3年後，5年後の「企業の姿」を定め，策定された経営戦略を強力に，確実に推進していくことが求められています。産業・市場の変化，競争の状況や生産技術の革新など，外部環境の変化に対応しながら，企業の「進むべき方向性」，「あるべき姿」をどのように具体化していくか。この具体化こそが，企業体の維持・発展に不可欠なのです。

経営理念（ビジョン），戦略から導かれた中期の経営計画（企業のあるべき姿）を実現するためには，次の1年間にどの段階まで進めなければならないのか。つまり，どのように実現するかという実行計画（アクションプラン）を策定する必要があります。

この実行計画こそが短期の経営計画であり，利益計画（広義）ともいえるものです。この短期の経営計画について，具体的な業務活動計画を予算化することで，業務活動を推進かつコントロールし，モチベーションを高めていくことになります。

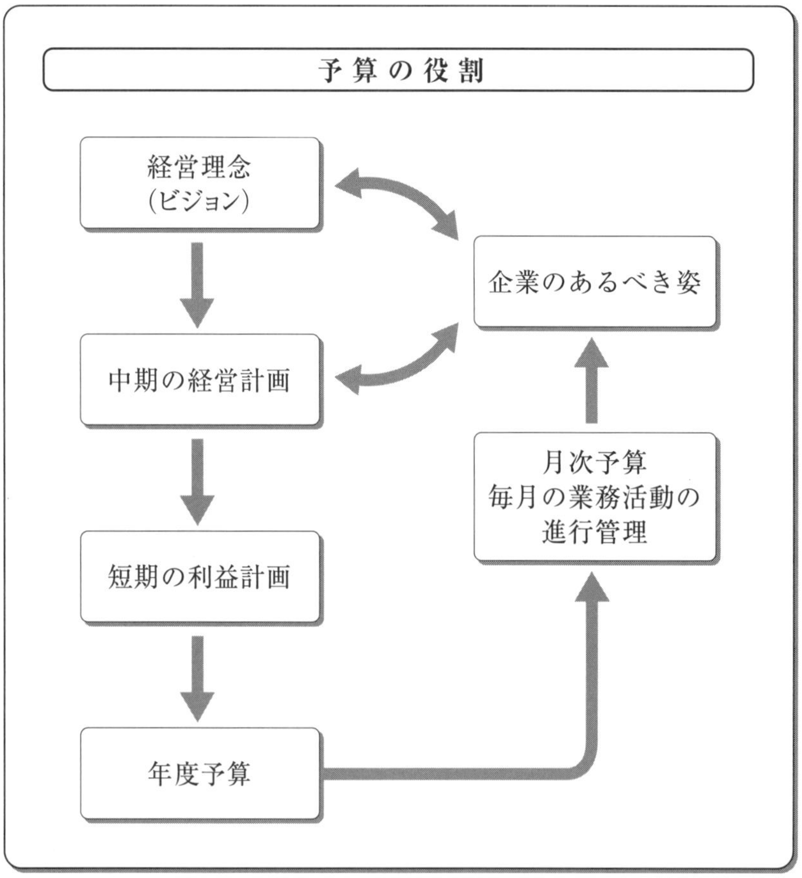

(2)利益計画

利益計画とは,「企業のあるべき姿」を実行に移し, 達成するための基本的な方法(実行計画表)のことです。次年度の販売目標, 利益目標, そして価格政策, 経費削減などの収益・費用計画を作成し, 業務計画を具体的な数値として「予算化」します。

つまり, 予算の編成と実行, そして評価こそが, 利益計画を実現していくための管理手法であるといわれるところです。

①制度会計と管理会計

制度会計とは, 会社法や金融商品取引法, そして税法等によって規制されている会計を意味します。特に, 企業外部の利害関係者に対して, 信頼性の高い会計情報を提供する領域が財務会計の分野です。企業の決算報告書は, この目的を担っています。

一方, 経営者の意思決定を支援する分野は, 管理会計といわれます。企業の管理会計の領域は, 意思決定会計と業績管理会計に分けられることがあります。業績管理会計とは, まさに中期の経営計画を年度予算にまとめ, 業績をコントロールする会計を意味します。

財務会計分野から提供される決算報告書(制度上の貸借対照表や損益計算書)などの会計情報を経営の意思決定に役立つ情報として, 組み替えて利用する力が求められています。

②財務構造の分析と収益構造の分析

中期の経営計画を具体化する利益計画の策定には, 企業の現状を分析して実態をつかみ,「企業のあるべき姿」を実現するために何が問題かを把握することが重要です。そして, その問題点を解決する手段を検討しなければ, 決して目標を達成することはできません。

企業の経営課題を把握する分析には, 2つのアプローチがあります。1つは, 財務構造の分析であり, 企業の財務状況をフロー(損益計算書)とストック(貸借対照表)から分析します。企業の現状, または策定した計画について, 収益性, 安全性, 生産性, そして流動性などについての問題点を把握し, 改善案を検討します。(151ページで学習します)

もう1つは, 収益(損益)構造の分析を行うことによって, 企業の固定費と変動費の構成を把握し, 利益計画の実現のために, そのバランスを適正な状態へ再構築することです。(第5章で学習します)

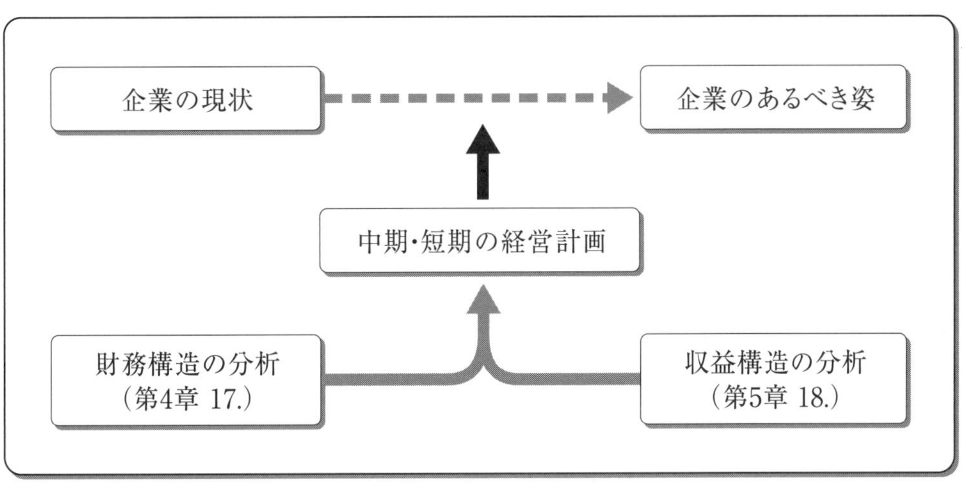

(3) 利益計画と月次決算

月次決算は，会計年度末に行う本決算と違って，制度で定められたものではありません。もちろん，本決算につなげていくという意味で，本決算の様式で月次決算を積み上げていくことも大切です。

本書では，「財務会計から得た会計情報」を経営管理の視点で，どのように活用するか，ということがテーマの1つです。経営資料として利用するためには，遅くても翌月の上旬には月次決算の結果をまとめる必要があります。さらに，経営者の必要とする情報を得るため，財務会計上の月次損益計算書に管理会計上の修正を行い，経営の意志決定に役立たせることが求められます。

つまり，利益計画として年度の予算を設定したうえで，月次予算によって目標管理を具体化します。この月次予算を立てることによって，結果数値（実績）としての月次決算と比較することができるのです。

このように，年度の利益計画を月ベースに落とし込み，業務活動をコントロールしながら年度目標を達成するためには，常に各月の実行計画を修正することが必要です。（第6章で学習します）

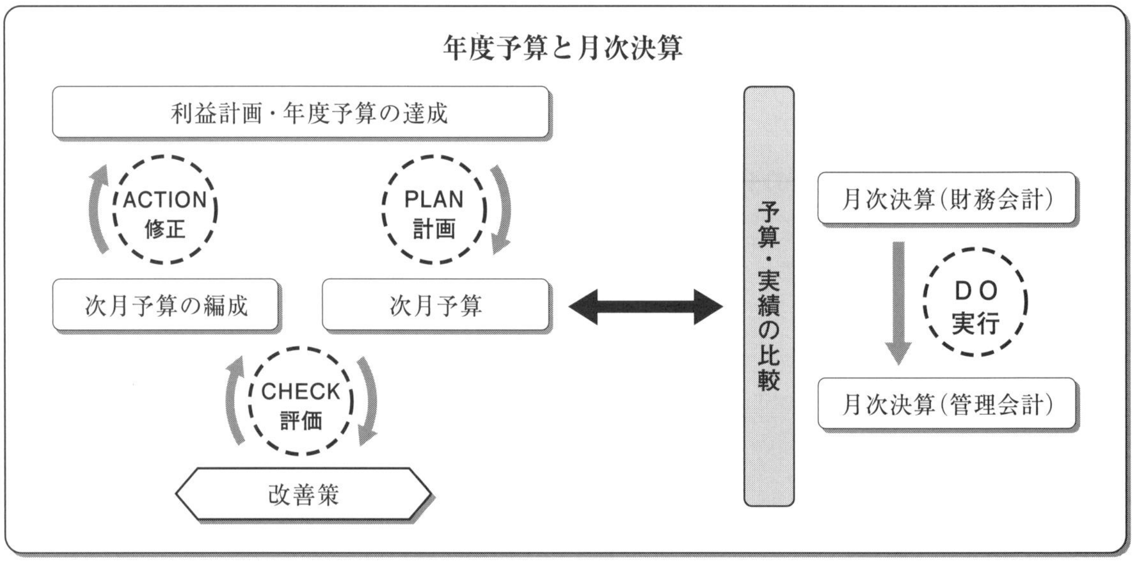

(4) 資金計画

短期の経営計画にもとづき，利益計画として年度予算を立てる時，目標売上高や目標利益に関する販売予算から組み始めることが一般的です。次に，経費予算を積み上げるなど収益と費用に関する予算を組み立てます。

しかし，販売計画や収益予算は，収入のタイミングと一致していません。そこで，これらの損益予算を現金の収支バランスからもう一度考えることが必要となります。これが資金計画で検討する内容です。（第7章で学習します）

資金繰りは，利益計画と違って，次月でリカバリーするというわけにはいきません。資金がショートすれば企業の存続にかかわります。そこで，資金計画の検討結果から利益計画を見直すことも必要になりますし，また，資金調達を検討しなければならない場合もあります。

17. 財務構造の分析（経営分析）

(1) 現状分析の意味

中期経営計画や利益計画を立てるにあたり，企業の現状を分析して経営課題を把握する必要があります。「企業のあるべき姿」を実現するために，どのような問題を解決しなければならないのか，そして，目標を達成するためのプロセスや整合性も事前に検討します。このような分析・検討によって，健全な財務状況を確保するための改善策を打つことができるのです。

また，自社の経営実態を把握することは，同じ業種の他の企業と比較することを可能にします。自社の「強み」，「弱み」を理解し，外部環境の「脅威」と「機会」に立ち向かうことが重要です。

この章では，企業の収益性，安全性，成長性，生産性について検討します。

(2) 財務諸表の分析

損益計算書と貸借対照表からどのような会計情報を入手することができるのでしょうか。損益計算書と貸借対照表で算定される経営数値を確認してみましょう。

①損益計算書と貸借対照表の現状

要約残高試算表（月次・期間）

損益計算書

さかな電子販売株式会社

自 令和×年10月 1日　至 令和〇年 9月30日（決算仕訳を含む）　税抜　単位：円

勘定科目	期間		当期累計	
	金額	対売上比	金額	対売上比
売上高合計	229,210,000	100.00	229,210,000	100.00
売上原価	152,037,000	66.33	152,037,000	66.33
売上総損益金額	77,173,000	33.67	77,173,000	33.67
販売管理費計	73,160,782	31.92	73,160,782	31.92
営業損益金額	4,012,218	1.75	4,012,218	1.75
営業外収益合計	27,510	0.01	27,510	0.01
営業外費用合計	261,812	0.11	261,812	0.11
経常損益金額	3,777,916	1.65	3,777,916	1.65
特別利益合計	0	0.00	0	0.00
特別損失合計	0	0.00	0	0.00
税引前当期純損益金額	3,777,916	1.65	3,777,916	1.65
法人税、住民税及び事業税	0	0.00	0	0.00
法人税等	918,400	0.40	918,400	0.40
法人税等調整額	0	0.00	0	0.00
当期純損益金額	2,859,516	1.25	2,859,516	1.25

売上高から販売した商品の原価を差し引いた利益部分です。

給料や営業の諸経費を差し引いた利益で，会社の本業で得た利益を意味します。

利息や有価証券の売買による損益などを含めた日常的な経営活動で得た利益です。

営業とは関係ない臨時の損益を計算した最終的な利益を意味します。

税金を支払って残った利益で，利益剰余金となります。

要約残高試算表（月次・期間）

貸借対照表

さかな電子販売株式会社

自 令和×年10月 1日　至 令和○年 9月30日（決算仕訳を含む）　　税抜　　単位：円

借方	金額	構成比	貸方	金額	構成比
現金・預金合計	19,558,867	32.48	仕入債務合計	23,982,000	39.82
売上債権合計	33,218,238	55.16	他流動負債合計	5,359,947	8.90
有価証券合計	0	0.00	流動負債合計	29,341,947	48.72
棚卸資産合計	3,743,000	6.22	固定負債合計	4,780,000	7.94
他流動資産合計	313,500	0.52	負債合計	34,121,947	56.66
流動資産合計	56,833,605	94.37	資本金合計	15,000,000	24.91
有形固定資産計	2,821,118	4.68	新株式申込証拠金合計	0	0.00
無形固定資産計	0	0.00	資本準備金合計	0	0.00
投資その他の資産合計	570,000	0.95	その他資本剰余金合計	0	0.00
固定資産合計	3,391,118	5.63	資本剰余金合計	0	0.00
繰延資産合計	0	0.00	利益準備金合計	0	0.00
複合	0	0.00	任意積立金合計	0	0.00
未確定勘定	0	0.00	当期純損益金額	2,859,516	4.75
			繰越利益剰余金合計	11,102,776	18.44
			その他利益剰余金合計	11,102,776	18.44
			利益剰余金合計	11,102,776	18.44
			自己株式合計	0	0.00
			自己株式申込証拠金合計	0	0.00
			株主資本合計	26,102,776	43.34
			評価・換算差額等合計	0	0.00
			新株予約権合計	0	0.00
			純資産合計	26,102,776	43.34
資産合計	60,224,723	100.00	負債・純資産合計	60,224,723	100.00

①流動資産

現金や有価証券のように短期に換金できるもの，営業に関係する商品や売掛金のことをいいます。流動資産は，換金性の高い当座資産，棚卸資産，その他に区分することがあります。

②固定資産

有形固定資産とは，建物や営業用の車両，備品のように1年以上使用するものをいいます。

③流動負債と固定負債

流動負債は，決算から1年以内に支払わなければならない債務のことをいいます。
固定負債は，長期借入金などの支払や返済期間が1年を超える債務のことをいいます。
返済する義務のある資金をあらわしており，他人資本とも呼ばれます。

④企業の資本

株式の発行などで株主から払い込まれた金額と得た利益部分で自己資本とも呼ばれます。

資金を運用　［資産］ ⟷ ［他人資本／自己資本］　資金を調達

②財務分析

企業の現在の状況について，5つの視点から分析することで強みと弱みを把握することができます。そのうえで，「企業のあるべき姿」へ向けて，いつまでに，どのような手段によって成長・発展させていくのかを考えます。近年，株主に対してどれだけ還元できる企業なのか？という視点が重視されるようになり，企業価値の最大化を考えるようになりました。

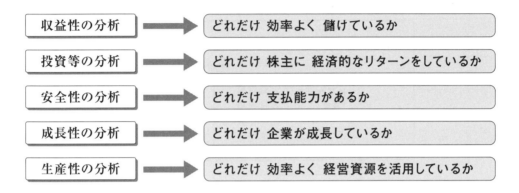

収益性の分析	→ どれだけ 効率よく 儲けているか
投資等の分析	→ どれだけ 株主に 経済的なリターンをしているか
安全性の分析	→ どれだけ 支払能力があるか
成長性の分析	→ どれだけ 企業が成長しているか
生産性の分析	→ どれだけ 効率よく 経営資源を活用しているか

(3) 収益性の分析と投資等の分析

企業の儲け（収益性）を分析する場合，「利益」と「売上高」と「資本」の関係で考えると容易に理解できます。分析の計算式をあまり意識することなく，それぞれの関係を調べることで，企業の現在の状況を把握することができます。

①利益と売上高と資本の関係

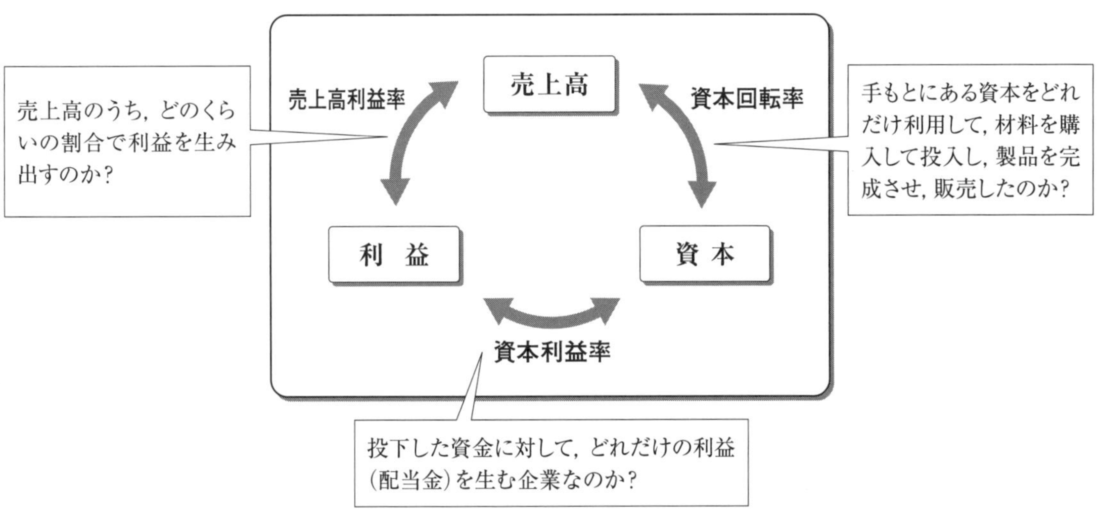
売上高のうち，どのくらいの割合で利益を生み出すのか？
売上高利益率
売上高
資本回転率
手もとにある資本をどれだけ利用して，材料を購入して投入し，製品を完成させ，販売したのか？
利　益
資 本
資本利益率
投下した資金に対して，どれだけの利益（配当金）を生む企業なのか？

「利益」と「売上高」の関係は，売上高に対する「利益」の割合で示されます。利益率が高い商品・サービスを販売，提供できれば，さらに市場開拓や研究開発に投資できるようになります。

「利益」と「資本」の関係は，「資本利益率」と呼ばれます。企業は，株主や債権者から資金を調達し，設備，人，商品・原材料に投下して価値の高い商品・サービスを販売，提供することで資金を回収します。つまり，資金の提供者にとっては，投下した資金に対して，毎年，どのくらいの利益（配当金）を生む力（収益性）がある企業なのかを評価することができます。

株主の関心事は,「企業が株主にいくらの価値(経済的なリターン)をもたらしてくれるのか。」ということです。

最後に,「売上高」と「資本」の関係です。すでに説明したように,企業は,投下した資金を利用し,付加価値の高い商品・サービスを販売,提供することによって売上高を積み上げて発展します。1年間でこの繰り返しを多く行った企業は,当然に利益額も多くなります。つまり,「売上高」と「資本」の関係は,どのくらいの早さで,資金を何回も利用して利益を生み出しているのかを分析することができます。この指標は「資本回転率」と呼ばれます。

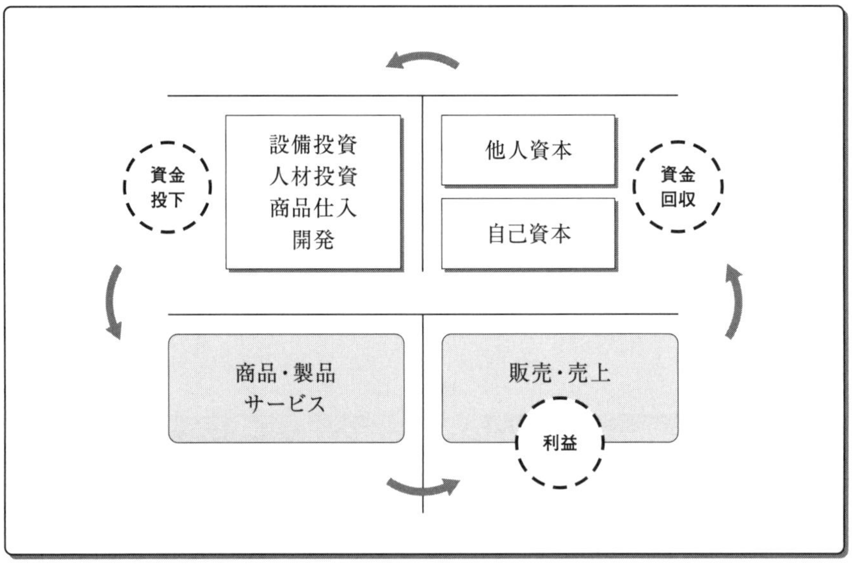

②売上高利益率

売上高に対して何パーセントの利益を上げているかを調べます。売上に対する利幅を見るとともに,費用の割合を見ることができます。当然,この売上高利益率は,高いほど望ましいです。

$$\text{売上高利益率(\%)} = \frac{\text{利 益}}{\text{売上高}} \times 100$$

売上高利益率は,分子の利益にどのような利益を用いるかによって,下記のように分けることができます。

- 売上高総利益率 = 売上総利益 ÷ 売上高 × 100
- 売上高営業利益率 = 営業利益 ÷ 売上高 × 100
- 売上高経常利益率 = 経常利益 ÷ 売上高 × 100
- 売上高当期純利益率 = 当期純利益 ÷ 売上高 × 100

売上高総利益率が高いということは,商品の品質の良さ,営業力の強さにより適正な価格を維持していることを意味します。一般的に,小売業では20～30％といわれています。

売上高営業利益率は,本業の収益性を見ることができます。販売・管理活動の効率を確認するために重要な数値です。

また，売上高経常利益率は企業の財務関係を含めた利益率ですので，借入金の支払利息が多額になれば，経常利益率は下がります。

売上高当期純利益率は，企業の最終的な業績（当期）を示す数値です。なお，土地などの売却により特別利益を計上している場合などは，業績と乖離することもあるので注意が必要です。

③総資本経常利益率

投資の判断は，いくらの元金でどれだけ利益が上がったかという視点で行われます。この視点が資本利益率と呼ばれるもので，企業に投資している資本に対して何パーセントの利益を獲得できたかを見る指標です。企業の総合的な収益性を判断する指標として重要であり，高いほど望ましいです。

$$資本利益率(\%) = \frac{利益}{資本} \times 100$$

すでに説明しましたように，分子の利益には，いろいろな利益があります。同様に，分母の資本にも，自己資本（株主資本），他人資本，総資本があります。

総資本経常利益率（Return on Assets）は，分母の資本に企業が保有しているすべての資本である総資本を利用し，分子の利益は経営活動の結果をあらわす経常利益を利用します。

企業が用いる総資本（総資産）を活用してどれだけの利益を生み出したかを示す指標で，企業の収益性を判断する時の基本となります。

$$総資本経常利益率(\%)\langle ROA\rangle = \frac{経常利益}{総資本} \times 100$$

※総資本 ＝ 総資産

↓

総資本経常利益率は，売上高経常利益率と総資本回転率に分けることができます。

$$総資本経常利益率(\%)\langle ROA\rangle = \frac{経常利益}{売上高} \times 100 \times \frac{売上高}{総資本}$$

$$= 売上高経常利益率(\%) \times 総資本回転率(回)$$

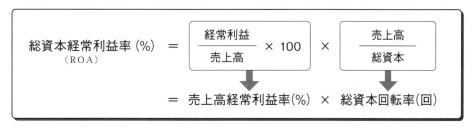

総資本回転率とは，企業に投下された資本が1年間で何回転したかを示すものです。少ない資本でどれだけ利益を上げたかを意味し，経営の効率を見ることができます。

総資本経常利益率を分解した要素をみれば，利幅（売上高経常利益率）を上げるか，回転率を上げるかによって利益率を改善できることがわかります。

④自己資本当期純利益率（株主資本当期純利益率）

企業に投資している資本に対して何パーセントの利益を獲得できたかを見る指標である資本利益率ですが，分子に株主への配当の財源である当期純利益，分母は株主の持分である自己資本（株主資本）とすることで，株主の立場からの収益力を分析することができます。

自己資本当期純利益率（Return on Equity：ROE）は，株主が株式購入により投資した財産である企業の自己資本の増加率を意味します。配当金額や株式の売却価額に影響する指標であり，株主が株式投資をする際にもっとも気にする比率です。

前ページの総資本経常利益率（ROA）は，長期的な視点で企業の総資産（または他人資本と自己資本含めた総資本）を活用してどのくらいの利益を稼ぐことができたかを示す利益率を見る指標であるのに対して，自己資本当期純利益率（ROE）は株主が直接に投資した自己資本（株主資本）に対する利益率を判断する指標であるといえます。

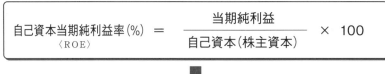

$$\underset{\langle \text{ROE} \rangle}{\text{自己資本当期純利益率(\%)}} = \frac{\text{当期純利益}}{\text{自己資本(株主資本)}} \times 100$$

この比率も高ければ高いほど収益性が良いことになりますが，売上高と総資本の要素を入れて分解すれば，「売上高当期純利益率」，「総資本回転率」，そして「財務レバレッジ」に分けることができます。

$$\underset{\langle \text{ROE} \rangle}{\text{自己資本当期純利益率(\%)}} = \frac{\text{当期純利益}}{\text{売上高}} \times 100 \times \frac{\text{売上高}}{\text{総資本}} \times \frac{\text{総資本}}{\text{自己資本}}$$

$$= \text{売上高当期純利益率(\%)} \times \text{総資本回転率(回)} \times \text{財務レバレッジ(倍)}$$

総資本回転率は，すでに説明したように少ない資本でどれだけ利益を上げたかを意味し，経営の効率を示しています。

財務レバレッジは，分子の総資本と分母の自己資本を比べることで，自己資本の何倍の総資本（総資産）を調達しているのかを示す指標であり，財務レバレッジが大きいほど，借入金などの負債による資金調達の割合が多いことを意味しています。つまり，株主の立場にすれば，自分が投資した何倍もの資金を企業が調達し，その総資本（総資産）を活用して利益を稼いでいることになります。161ページで説明する「自己資本比率」の逆数であり，このことからも総資本と自己資本の割合を示していることが理解できます。

では，なぜ，この割合が自己資本当期純利益率（ROE）を分解した要素にあるのでしょうか。負債により資金を調達すれば，当然にして金利にもとづいて利息の支払が発生します。支払利息よりも稼ぎ出した利益が多ければ，その差分はすべて当期純利益として自己資本の増加になり，ROEを押し上げます。つまり，負債をテコ（＝レバレッジ）のように利用して，少ない自己資本で大きな利益を得ることができるのです。

しかし，稼ぎ出した利益が少なくなれば，支払利息は当初に決まった金額を支払わなければならないため，株主の取り分から差し引かれることになります。

このように，自己資本当期純利益率（ROE）は，借入金の金利と利益率の関係により株主に対する影響が変わるだけではなく，たとえば，連続して同じ水準の利益を計上している企業が配当を見送ることでも分母の自己資本が増えて，結果的にROEは下がることになります。

企業の経営状況は，各指標が時系列でどのように変化しているのか，そして，各指標の関連性と会計以外の情報を総合的に分析することにより把握することが可能となります。

例題 1

次の資料にもとづいて，下記の経営指標を求めてみましょう。

【資　料】　さかな電子販売株式会社の第5期の決算資料

要約残高試算表：貸借対照表

単位：円

勘定科目	金額	勘定科目	金額
現金・預金合計	19,558,867	仕入債務合計	23,982,000
売上債権合計	33,218,238	他流動負債合計	5,359,947
有価証券合計	0	流動負債合計	29,341,947
棚卸資産合計	3,743,000	固定負債合計	4,780,000
他流動資産合計	313,500	負 債 合 計	34,121,947
流動資産合計	56,833,605	資本金合計	15,000,000
有形固定資産計	2,821,118	資本剰余金合計	0
無形固定資産計	0	当期純損益金額	2,859,516
投資その他の資産合計	570,000	繰越利益剰余金合計	11,102,776
固定資産合計	3,391,118	利益剰余金合計	11,102,776
繰延資産合計	0	純資産合計	26,102,776
資 産 合 計	60,224,723	負債・純資産合計	60,224,723

要約残高試算表：損益計算書

単位：円

勘定科目	金額
売上高合計	229,210,000
売上原価	152,037,000
売上総損益金額	77,173,000
販売管理費計	73,160,782
営業損益金額	4,012,218
営業外収益合計	27,510
営業外費用合計	261,812
経常損益金額	3,777,916
特別利益合計	0
特別損失合計	0
税引前当期純損益金額	3,777,916
法人税等	918,400
当期純損益金額	2,859,516

設　問

さかな電子販売株式会社の第5期の決算資料にもとづいて，
(1)売上高総利益率，(2)売上高営業利益率，(3)総資本経常利益率，(4)売上高経常利益率，
(5)総資本回転率，(6)自己資本当期純利益率を求めましょう。(小数点第3位 四捨五入)

(1)売上高総利益率　　%	(2)売上高営業利益率　　%
(3)総資本経常利益率　　%	(4)売上高経常利益率　　%
(5)総資本回転率　　回	(6)自己資本当期純利益率　　%

例題1　解　答・解　説

(1) 売上総利益 ÷ 売上高 × 100 ＝ ¥77,173,000 ÷ ¥229,210,000 × 100 ＝ 33.669… → 33.67％

(2) 営業利益 ÷ 売上高 × 100 ＝ ¥4,012,218 ÷ ¥229,210,000 × 100 ＝ 1.750… → 1.75％

(3) 総資本(総資産)は¥60,224,723，経常利益は¥3,777,916です。

$$総資本経常利益率(\%) = \frac{経常利益}{総資本} \times 100 = 6.273\cdots \rightarrow 6.27\%$$

※別解答：売上高経常利益率(％)1.648… × 総資本回転率(回)3.805… ＝ 6.270… → 6.27%

(4) 経常利益 ÷ 売上高 × 100 ＝ ¥3,777,916 ÷ ¥229,210,000 × 100 ＝ 1.648… → 1.65％

(5) 売上高 ÷ 総資本 ＝ ¥229,210,000 ÷ ¥60,224,723 ＝ 3.805… → 3.81回転

(6) 当期純利益 ÷ 自己資本 × 100 ＝ ¥2,859,516 ÷ ¥26,102,776 × 100 ＝ 10.954… → 10.95％

※別解答：$\frac{当期純利益}{売上高} \times \frac{売上高}{純資本} \times \frac{総資本}{自己資本}$

(4)安全性の分析

企業の安全性の分析とは，財務状態が健全かどうかを判断する指標です。資金の調達がどのようになっているか。調達した資金の運用状況，そして借入金の返済能力を見ることができます。

①流動比率

流動比率は，企業の安全性について短期の支払能力を見る尺度として利用します。 流動資産と流動負債の割合を比率で表していますので，高ければ高いほど1年以内の短期債務に対して支払能力が高いことを示しています。

貸借対照表

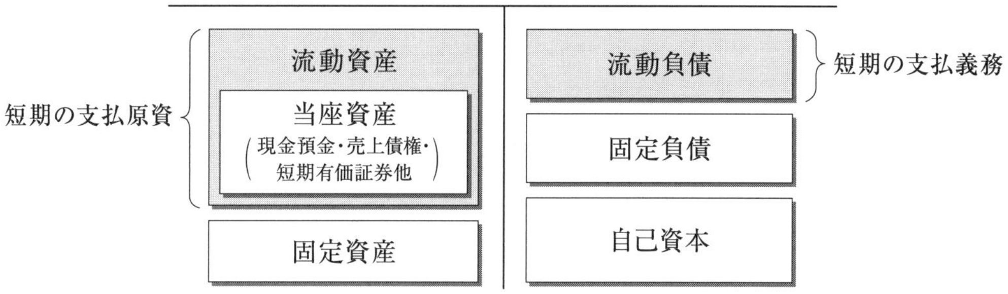

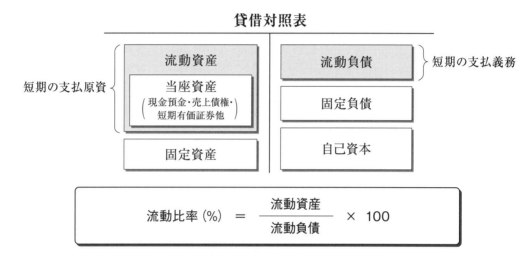

$$流動比率(\%) = \frac{流動資産}{流動負債} \times 100$$

たとえば，1年以内に現金にできる金額(流動資産)が100万円で，1年以内に返済しなければならない金額(流動負債)が50万円であれば，流動比率は200％です。

つまり，1年以内に支払わなければならない金額の2倍の資金が1年以内に用意できることを示しています。この指標が高いほど，短期的な債務支払能力があると判断されます。

流動資産には，棚卸資産などが含まれているので売れ残りを考えれば，比率は高いほど良いとされています。一般には150％以上あれば妥当な水準だと言われていますが，業種，業態によって適正な水準は異なります。

②当座比率

当座資産とは，流動資産のうち，現金預金，受取手形，売掛金，有価証券などのように比較的短期間で現金化できる資産のことです。流動資産に含まれる商品や製品，原材料などは，生産や販売を経て売掛金などの債権となり，回収してはじめて支払資金となります。

そこで，流動負債を返済する財源として短期的に支払資金になる当座資産と流動負債を対比させたのが当座比率です。当座比率は，100％以上を目指すことが望ましいと言われていますが，日本の企業の平均値はそれほど高くはなく，また，業種，業態によって適正な水準は異なります。

$$当座比率(\%) = \frac{当座資産}{流動負債} \times 100$$

③固定比率

機械や建物などの固定資産は，長期の経営活動によって資金を回収することを前提に投資しますので，短期的に返済を求められない資金を財源にすることが望ましいです。

固定比率は，固定資産と返済の必要がない自己資本を対比させた指標です。比率が100 ％以下ということは，自己資本の範囲内で固定資産に投資していることを示しており，理想的だと考えられます。しかし，企業の実態は，借入によって設備投資する場合も多く，次に説明する「固定長期適合率」という指標による分析も重要になります。

貸借対照表

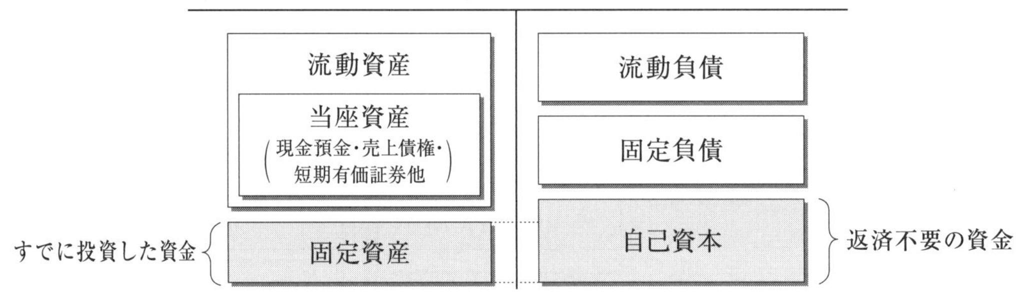

$$\text{固定比率（\%）} = \frac{\text{固定資産}}{\text{自己資本}} \times 100$$

④固定長期適合率

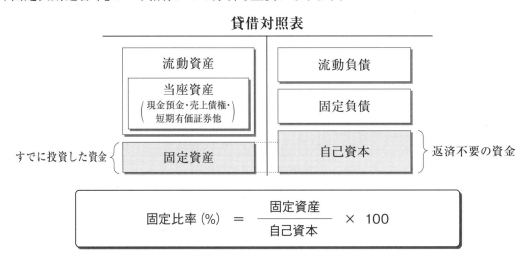

固定資産の投資のために調達される資金が，自己資本だけではなく借入金も必要だとすれば，すぐに返済が必要な資金ではなく，長期的に安定している長期借入金などを財源にすることが望ましいです。

固定長期適合率は，分子に「固定比率」と同じ固定資産，分母は返済義務のない自己資本と安定資金である固定負債の合計であり，この対比により固定資産への投資と資金返済のバランスを分析することができます。

固定長期適合率は，100％以下であることが望ましく，この時の流動比率は100％以上であることを意味します。固定長期適合率が100％を超えるということは，短期の借入金を財源にして設備投資を行っていることになります。

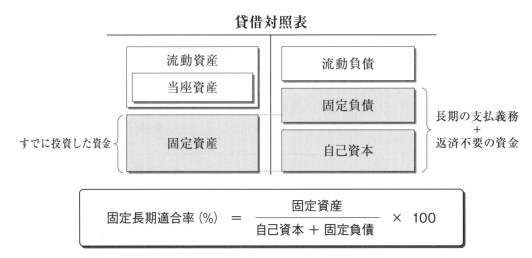

貸借対照表

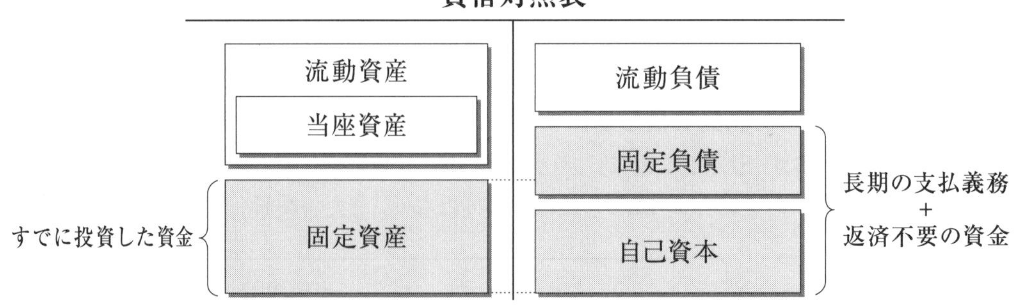

$$\text{固定長期適合率（\%）} = \frac{\text{固定資産}}{\text{自己資本} + \text{固定負債}} \times 100$$

⑤自己資本比率（株主資本比率）

自己資本比率とは，企業が調達した資金のうち，返済する必要のない自己資本の割合を示しています。企業の総資本は，借入金などの他人資本と株式の発行などによる自己資本です。自己資本の比率が高いほど安定している企業といえます。

一般的には，30％から35％以上が望ましいとされており，高いほど金利の負担も少なく資金の調達としては健全であることを意味します。

貸借対照表

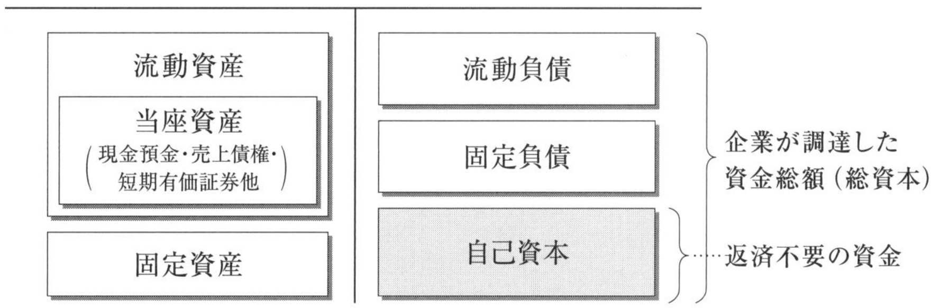

$$\text{自己資本比率（\%）} = \frac{\text{自己資本}}{\text{総資本}} \times 100$$

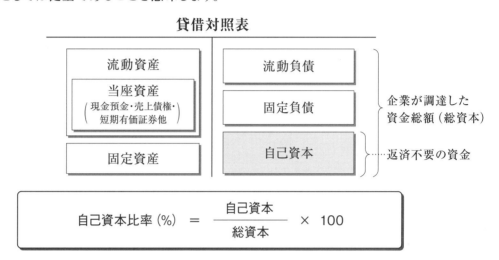

⑥インタレスト・カバレッジ・レシオ

日本企業の自己資本比率は，平均的に数値が低いというのが現実です。自己資本比率が低いということは，資金調達を借入金などの負債に頼っていることを意味します。確かに自己資本の割合が高いことは，不況時でも安定した企業経営を行うことができますが，自己資本比率が低いからといって業績が悪い企業であるとはいえません。借入金などにより積極的な設備投資を行えば，当然にして負債の割合は増えて自己資本の割合は下がります。つまり，固定長期適合率など，その他の指標を総合的に分析して判断することが大切です。

インタレスト・カバレッジ・レシオは，借入金などの資金調達によって発生する費用である支払利息と企業が稼ぎ出した利益を対比して，利息の支払や元本の返済と利益（営業利益）のバランスを分析する指標です。

この指標が1倍以下ということは，利益（営業利益）で利息を支払うことができないということであり，危険な状況です。一般的には，7倍以上が目安であるといわれますが，数値の問題ではなく，その時の経営状況を総合的に判断することが必要です。

例えば，低金利の状況で，企業にとって事業拡大のチャンスであれば，借入金の利子率より利益率が高くなり，借入によって収益力を伸ばすことができます。しかし，一転して金利の上昇や不況時には極めて危険な状況になります。（分母には社債利息も含まれます。）

$$\text{インタレスト・カバレッジ・レシオ（倍）} = \frac{\text{営業利益} + \text{受取利息・配当金}}{\text{支払利息}}$$

例題２

次の資料にもとづいて，下記の経営指標を求めてみましょう。

【資　料】　さかな電子販売株式会社の第５期の決算資料

要約残高試算表：貸借対照表

単位：円

勘定科目	金額	勘定科目	金額
現金･預金合計	19,558,867	仕入債務合計	23,982,000
売上債権合計	33,218,238	他流動負債合計	5,359,947
有価証券合計	0	流動負債合計	29,341,947
棚卸資産合計	3,743,000	固定負債合計	4,780,000
他流動資産合計	313,500	負 債 合 計	34,121,947
流動資産合計	56,833,605	資本金合計	15,000,000
有形固定資産計	2,821,118	資本剰余金合計	0
無形固定資産計	0	当期純損益金額	2,859,516
投資その他の資産合計	570,000	繰越利益剰余金合計	11,102,776
固定資産合計	3,391,118	利益剰余金合計	11,102,776
繰延資産合計	0	純資産合計	26,102,776
資 産 合 計	60,224,723	負債･純資産合計	60,224,723

設　問

さかな電子販売株式会社の第５期の決算資料にもとづいて，(1)流動比率，(2)固定比率，(3)自己資本比率を求めましょう。(小数点第３位 四捨五入)

(1)流動比率　　　　%	(2)当座比率　　　　%
(3)固定比率　　　　%	(4)自己資本比率　　　　%

例題２　解　答・解　説

(1) 流動比率 ＝ 流動資産¥56,833,605 ÷ 流動負債¥29,341,947 × 100 ＝ 193.694… → 193.69％
(2) 当座比率 ＝ 当座資産¥52,777,105 ÷ 流動負債¥29,341,947 × 100 ＝ 179.869… → 179.87％
(3) 固定比率 ＝ 固定資産¥3,391,118 ÷ 自己資本¥26,102,776 × 100 ＝ 12.991… → 12.99％
(4) 自己資本比率 ＝ 自己資本¥26,102,776 ÷ 総資本¥60,224,723 × 100 ＝ 43.342… → 43.34％

(5)成長性の分析

基準とする年度の財務データを分母に置き，比べる年度のデータを分子に置くことで，基準年度のデータを100とした場合にどのくらい増加したかを調べることができます。

基準とする年度と比べる年度の差額を分子にすれば，増加率を求めることができます。一般的に，経営規模の拡大を意味する売上高の増加率と同時に，経営内容の充実を意味する各利益の増加率を調べる必要があります。

①前年比売上高増加率（売上高伸び率，増収率）

前期の売上高に対する当期の売上高の増加率で，当期の売上高は前期の売上高に対してどれだけ伸びているかを示しています。

$$売上高増加率(\%) = \frac{当期の売上高 - 前期の売上高}{前期の売上高} \times 100$$

②前年比経常利益率（経常利益伸び率）

当期の経常利益が前期の経常利益に対してどれだけ伸びているかを示しており，前期の経常利益に対する当期の経常利益の増加率（成長率）を数値で表しています。

$$経常利益増加率(\%) = \frac{当期の経常利益 - 前期の経常利益}{前期の経常利益} \times 100$$

例題 3

157ページに示した「さかな電子販売株式会社」の第5期の決算資料に下記の資料を追加して，(1)売上高増加率　(2)経常利益増加率を調べてみましょう。(小数点第3位 四捨五入)

【資　料】　さかな電子販売株式会社の第4期の決算資料
第４期の売上高　180,000,000円
第４期の経常利益　3,250,000円

(1)売上高増加率	%	(2)経常利益増加率	%

例題3　解　答・解　説

(1) $売上高増加率 = \frac{当期の売上高 ¥229{,}210{,}000 - 前期の売上高 ¥180{,}000{,}000}{前期の売上高\ ¥180{,}000{,}000} \times 100 = 27.338\cdots \rightarrow 27.34\%$

(2) $経常利益増加率 = \frac{当期の経常利益 ¥3{,}777{,}916 - 前期の経常利益 ¥3{,}250{,}000}{前期の経常利益\ ¥3{,}250{,}000} \times 100 = 16.243\cdots \rightarrow 16.24\%$

(6) 生産性の分析

生産性の分析とは，経営資源（人・もの・金）を投入・運用し，どのくらい稼ぎ出したかを分析するものです。小売業は，商品を仕入れ，利益を乗せて販売します。消費者は，小売業の利便性があるからこそ，高くても購入します。つまり，小売業の価値がここにあります。

① 一人あたりの売上高と経常利益

従業員一人あたりの売上高や利益を調べることがあります。売上高や利益額を従業員数で割ることによって，一人あたりの稼ぎ高を金額で求めることができます。

$$一人あたり売上高 = \frac{売上高}{従業員数}$$

$$一人あたり経常利益 = \frac{経常利益}{従業員数}$$

例題 4

157ページに示した「さかな電子販売株式会社」の第5期の決算資料にもとづき，従業員が年間平均して10人であるとして，(1)一人あたり売上高 (2)一人あたり経常利益を調べてみましょう。（円位未満 四捨五入）

(1) 一人あたり売上高　　　円	(2) 一人あたり経常利益　　　円

例題 4　解答・解説

(1) $一人あたり売上高 = \frac{売上高\ ¥229{,}210{,}000}{従業員数\ 10人} = ¥22{,}921{,}000$

(2) $一人あたり経常利益 = \frac{経常利益\ ¥3{,}777{,}916}{従業員数\ 10人} = ¥377{,}791.6 \rightarrow ¥377{,}792$

②企業の付加価値

企業の付加価値とは，経営活動によって新しく生み出したものやサービスを金額で表したものです。たとえば，お弁当屋さんは，米，魚，肉，野菜，調味料を購入し，労働力と店舗などの設備を投入してお弁当を作ります。お弁当の売上高から米，魚など外部から購入した部分を差し引いた金額は，その企業が新しく稼ぎ出したもので，「付加価値」と呼ばれます。

つまり，「付加価値」は，売上高から外部より購入した部分（前給付費用）を除いた金額で，その内訳は労働力である人件費や店舗，事務所，工場の諸経費などの維持費，そして利益に分けることができます。

企業の生産性の分析とは，労働力と資本をどのくらい投入し，生産・販売を通してどれだけ稼ぎ出したかを投入金額と比較することで検討するものです。

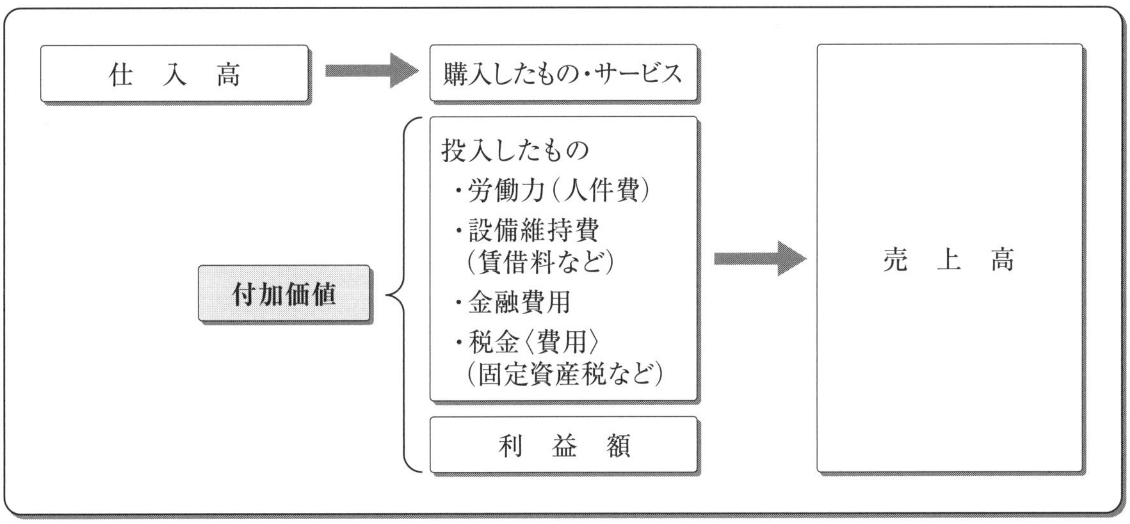

（注）付加価値の計算方法

付加価値の計算方法としては，売上高から購入したもの・サービス（前給付費用）の価値を差し引いて計算する控除法と企業が投入した人件費や設備維持費などを合算していく集計法（加算法）などがあります。

③労働生産性

投入した労働力と新しく稼ぎ出した付加価値とを比較して検討する指標に労働生産性があります。たとえば，お弁当屋さんは，自動化した生産ラインを持つ大きな企業や数人の調理人が作る小規模な企業など，さまざまな形態で運営されていますが，この指標により労働力の生産性を調べることができます。

生産性の分析では，分子に付加価値，そして分母には当期の従業員数の平均値で計算します。求められた指標によって，年間で従業員一人あたりどれだけの付加価値を上げているのかを分析します。

$$\underset{\text{〈付加価値労働生産性〉}}{\text{一人あたりの付加価値}} = \frac{\text{付加価値}}{\text{平均従業員数}}$$

労働生産性（一人あたりの付加価値）は，従業員一人ひとりがどれだけ稼ぎ出したかを表しています。この式を次のように分解することで，新たに展開することができます。

$$\text{労働生産性（一人あたりの付加価値）}〈\text{付加価値労働生産性}〉 = \frac{\text{売上高}}{\text{平均従業員数}} \times \frac{\text{付加価値}}{\text{売上高}}$$

$$= \text{一人あたりの売上高} \times \text{付加価値率}$$

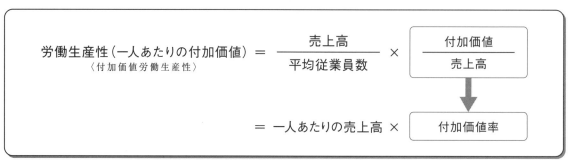

売上高に対する付加価値の割合を示した付加価値率とは，どれくらい付加価値の高い商品・サービスを提供しているかを表したものです。つまり，付加価値率が高いということは，安く仕入れて，または人材を投入して，価格の高い商品・サービスを提供していることを意味します。

一人あたりの売上高を高くするとともにその付加価値の割合を高めることで，労働生産性を高めることができます。

例題５

第２章で取り上げているさかな電子販売株式会社第５期の決算後会計データである「さかな電子販売株式会社解答（5期）」を復元して，付加価値労働生産性と売上高付加価値率を求めてみましょう。なお，付加価値は，人件費（法定福利費，福利厚生費を含む），地代家賃，賃借料，リース料，租税公課，減価償却費，支払利息，経常利益とします。（年間平均従業員数は10人とします）

(1) 付加価値労働生産性	(2) 売上高付加価値率
円	%
（円位未満 四捨五入）	（小数点第３位 四捨五入）

例題５　解　答・解　説

(1) 付加価値労働生産性	(2) 売上高付加価値率
5,527,918円	24.12 %

付加価値労働生産性 ＝ 付加価値合計額 ¥55,279,180 ÷ 10人 ＝ ¥5,527,918

売上高付加価値率 ＝ 付加価値合計額¥55,279,180 ÷ 売上高 ¥229,210,000 × 100 ＝ 24.117… → 24.12％

●人件費 ¥44,938,390
（役員報酬 ¥12,000,000 ＋ 給料手当 ¥21,600,000 ＋ 賞与 ¥6,100,000 ＋ 法定福利費 ¥4,612,790 ＋ 福利厚生費¥625,600）

●付加価値 ¥6,562,874
（地代家賃 ¥3,420,000 ＋ リース料 ¥1,250,450 ＋ 租税公課 ¥322,500 ＋ 減価償却費 ¥1,308,192 ＋ 支払利息 ¥261,732）

●経常利益 ¥3,777,916

170ページにある比率分析表を確認してみましょう。

(7) 他社との比較

企業間で，経営指標を比べる場合，企業の規模や業種に違いがあるため，単純に優位性を決めることはできません。企業が置かれている環境を考慮しながら財務情報を読み込んでいくことが必要です。また，その企業が属する業界の特徴や市場の環境などを読みとり，経営計画の策定に生かしていくことが重要です。

ここでは，さかな電子販売株式会社の第5期の決算資料の内容について，他社の経営指標と比べることにより理解を深めてみましょう。

指　標	さかな電子販売㈱	他社：A社
[収益性の指標]		
総資本経常利益率	6.27%	13.39%
売上高経常利益率	1.65%	3.56%
総資本売上回転率	3.81回	3.76回
[安全性の指標]		
流動比率	193.69%	208.73%
固定比率	12.99%	60.20%
自己資本比率	43.34%	40.22%
[成長性の指標]		
売上高増加率	27.34%	9.04%
経常利益増加率	16.24%	0.92%
[生産性の指標]		
一人あたり売上高	22,921,000円	8,778,150円
一人あたり経常利益	377,792円	312,500円

さかな電子販売㈱は，総資本売上回転率が3.81回で優秀な状態ですが，売上高経常利益率が1.65%で収益性に課題があります。投下している総資本が少ないために総資本経常利益率が6.27%で維持できています。業種にもよりますが，商品の利幅をどのように確保するか，同時に利益を生み出す諸経費と節減できる諸経費を分解したうえで，経費節減が求められます。

一般的に，総資本を圧縮する方法としては，売上債権の回収期間の短縮や商品在庫を圧縮する方法が考えられますが，両社とも総資本売上回転率が高く，効率の良い経営であることがわかります。

流動比率は，両社とも200パーセント前後で，短期の支払能力は充分です。また，自己資本比率はさかな電子販売㈱が43%以上，A社が40%以上あり，悪い水準ではありませんが，さらに高めたいところです。

企業の成長性としては，さかな電子販売㈱の売上高増加率が約27%に対して，A社は10%を下回っています。A社は，経常利益率の増加率も悪いことから経費の圧縮と成長戦略の検討が重要課題だといえます。

最後に，両社の一人あたりの経常利益は，さかな電子販売㈱が良い数値を残していますが，売上高規模から考えると諸経費の内容について検討する必要があります。さかな電子販売㈱の物流費（荷造運賃）など，諸経費を圧縮するとともに，利益率の高い商品・サービスの開発が急務です。

(8)弥生会計による比率分析

弥生会計では，入力されたデータにもとづいて，財務諸表項目を収益性，生産性，安全性，成長性の観点から分析することができます。さらに，繰越処理を行った前年度のデータや直接入力した同業他社のデータなどと比較することもできます。

ソフトの機能を活用することで，即時に，財務諸表データを有効に活用して経営状態を判断することができます。

●［比率分析］ウィンドウは，クイックナビゲータの［分析・予算］カテゴリの［比率分析］をクリックして表示される［比率分析］ウィンドウで行います。

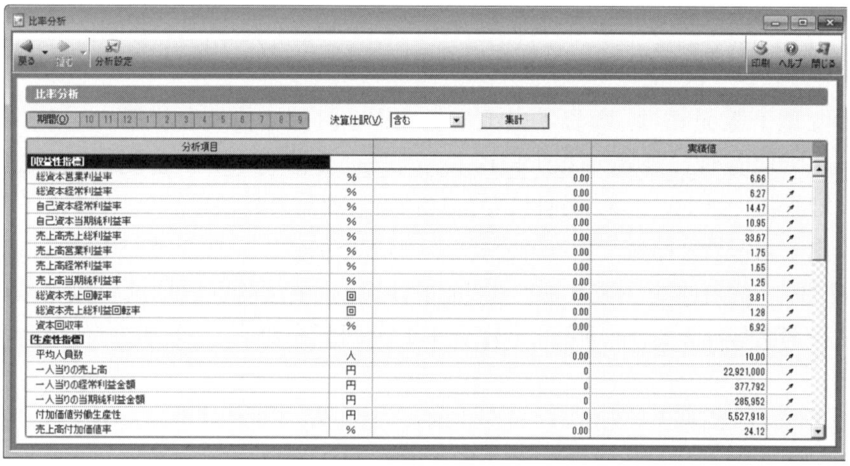

1. 表示された［比率分析］ウィンドウで，比率分析設定(P169参照)に従って値を集計し，比率分析を行います。

2. ［期間］で比率分析を行う月度を選択します。
   複数の月度(期間)を選択する場合は，開始月度から終了月度までドラッグします。
   集計に決算仕訳を含むかを［決算仕訳］で選択できます。

3. [集計]ボタンをクリックします。
実績値が集計されます。

●比率分析設定

弥生会計の「付加価値」の集計方法は，経常利益金額を基礎とした集計法で設定されています。営業利益を基礎とする集計法や控除法による設定はできません。また，経常利益金額，人件費は自動集計されます。そのため，経常利益金額，人件費以外の集計項目（勘定科目）は，[比率分析]ウィンドウの[比率分析設定]ダイアログで設定してください。

- ツールバーの[分析設定]ボタンをクリックし，[比率分析設定]ダイアログを表示させます。一般的な集計体系が初期設定されていますので，追加登録した勘定科目は[選択]ボタンをクリックして集計対象に加えます。

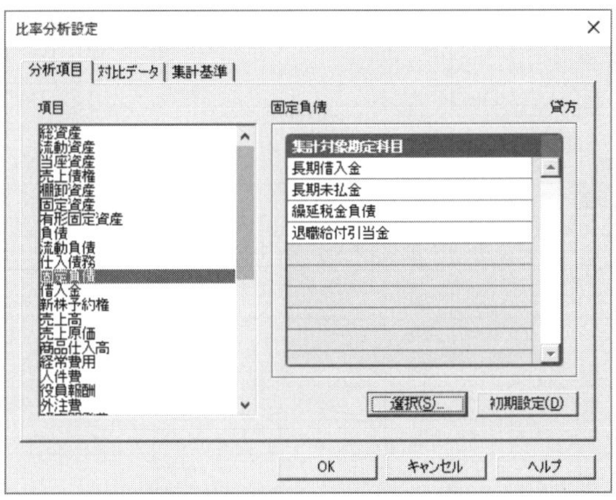

- [対比データ]タブでは，比率分析で実績値と対比するデータを選択します。対比する比率データを直接入力する場合は[手入力で比率データを作成する]を選択します。また，繰越処理を行った前年度の決算数値にもとづく比率データと対比する場合は[前年度データと対比する]を選択します。

- [集計基準]タブでは，貸借対照表科目の集計方法と人員数を設定します。集計方法には，指定期間中の各月末残高の平均値を用いるか，その期間終了時（最終月）の残高を用いるかを選択します。また，月度ごとに従業員数を入力することにより，一人あたりの売上高の計算など生産性分析が可能となります。

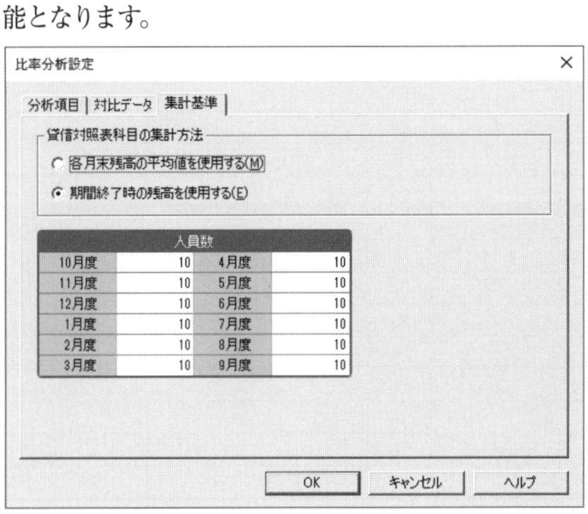

比率分析

自 令和×年10月 1日　至 令和○年 9月30日(決算仕訳を含む)

分　析　項　目			実績値
[収益性指標]			
総資本営業利益率	%	0.00	6.66
総資本経常利益率	%	0.00	6.27
自己資本経常利益率	%	0.00	14.47
自己資本当期純利益率	%	0.00	10.95
売上高売上総利益率	%	0.00	33.67
売上高営業利益率	%	0.00	1.75
売上高経常利益率	%	0.00	1.65
売上高当期純利益率	%	0.00	1.25
総資本売上回転率	回	0.00	3.81
総資本売上総利益回転率	回	0.00	1.28
資本回収率	%	0.00	6.92
[生産性指標]			
平均人員数	人	0.00	10.00
一人当りの売上高	円	0	22,921,000
一人当りの経常利益金額	円	0	377,792
一人当りの当期純利益金額	円	0	285,952
付加価値労働生産性	円	0	5,527,918
売上高付加価値率	%	0.00	24.12
労働分配率	%	0.00	81.29
一人当りの人件費	円	0	4,493,839
労働装備率	円	0	282,112
一人当りの加工高	円	0	22,933,300
加工高比率	%	0.00	100.00
売上高人件費率	%	0.00	19.61
[安全性指標]			
流動比率	%	0.00	193.69
当座比率	%	0.00	179.87
固定比率	%	0.00	12.99
固定長期適合率	%	0.00	10.98
自己資本比率	%	0.00	43.34
売上高金融費用比率	%	0.00	0.11
インタレスト・カバレッジ・レシオ	倍	0.00	15.43
棚卸資産回転日数	日	0.00	5.96
売上債権回転日数	日	0.00	52.90
仕入債務回転日数	日	0.00	57.53
営業循環日数	日	0.00	58.86
売上債権回転率	回	0.00	6.90
棚卸資産回転率	回	0.00	61.24
固定資産回転率	回	0.00	67.59
売上債権対仕入債務比率	%	0.00	138.51
借入金利子率	%	0.00	5.48
[成長性指標]			
売上高伸び率	%		
売上総利益伸び率	%		
営業利益伸び率	%		
経常利益伸び率	%		
当期純利益伸び率	%		
売上高研究費率	%		
総資本増加率	%		
自己資本増加率	%		

第5章 収益（損益）構造分析と短期利益計画

第5章では，4章に続いて利益計画を策定するために必要な知識として収益構造の分析を学びます。短期利益計画を策定するには，費用と売上高（販売量）と利益との関係を理解し，利益が生まれる仕組み（＝収益構造）を分析・把握することが必要不可欠です。公式ではなく，内容を理解することが大切です。

第5章 収益(損益)構造分析と短期利益計画

18. 収益構造の分析(売上高・費用・利益の関係)

(1)損益分岐点分析

短期の利益計画を立てるにあたり，前章では自社の現状分析(経営分析)の手法を学びました。次に，自社の収益構造を把握し，1つの意思決定がコストや利益にどう影響するかを学習しましょう。

損益分岐点分析は，原価(Cost)と営業量(Volume)，そして利益(Profit)が，どのように影響するかを分析する手法です。損益分岐点(Break-Even Point)とは，損益がゼロとなる点，すなわち収益(売上高などの営業量)と原価が等しくなり，利益がゼロとなる販売量(売上高)の水準を意味します。

企業の販売量や売上高である営業量(Volume)が変化した場合，それに応じて原価(Cost)がどのように変化するかを原価態様：コスト・ビヘイビア(Cost Behavior)といいます。このコスト・ビヘイビアを把握することで，自社の損益構造を理解し，短期の利益計画を立てることができます。

利 益	＝	**収益(売上高などの営業量)**	－	**原 価**
P：Profit		V：Volume		C：Cost

このように，損益分岐点分析とは，原価・営業量・利益の相互関係を分析し，企業のコスト・ビヘイビアを把握することにより企業の将来の利益計画・経営計画の策定に役立てようとするものです。

①変動費と固定費

原価は，営業量(売上高など)との関連で変動費と固定費に分解することができます。変動費(Variable Cost：VC)は，営業量(売上高など)の増減に比例して増減します。営業量の増減にかかわらず一定額が発生する原価を固定費(Fixed Cost：FC)といいます。

変動費は，営業量に比例して増減する原価なので，横軸に販売量や売上高などの営業量，縦軸に原価をとると，右上がりの直線のグラフとして表すことができます。固定費は，営業量の変動に関係なく一定額が発生するので，発生金額のポイントで平行な直線となります。

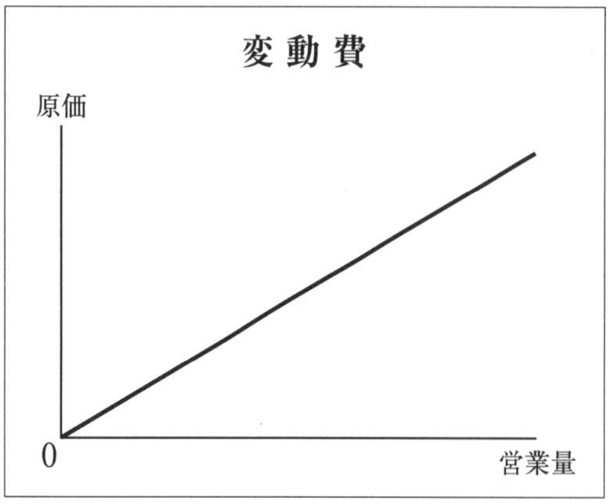

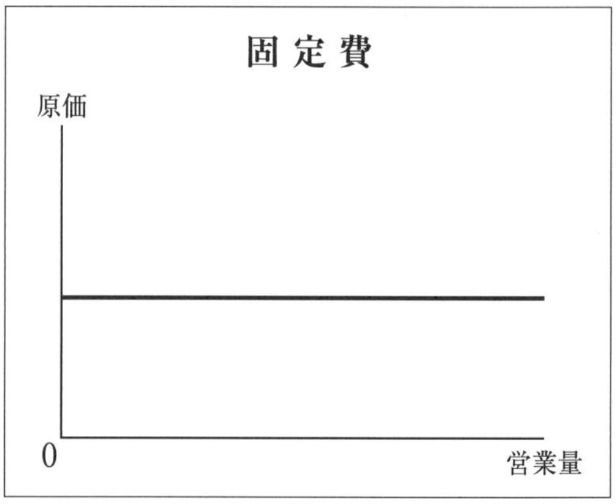

横軸に平行に引いた固定費の直線と右上がりの変動費の直線をあわせることで，総費用（総原価）を表す図を描くことができます。

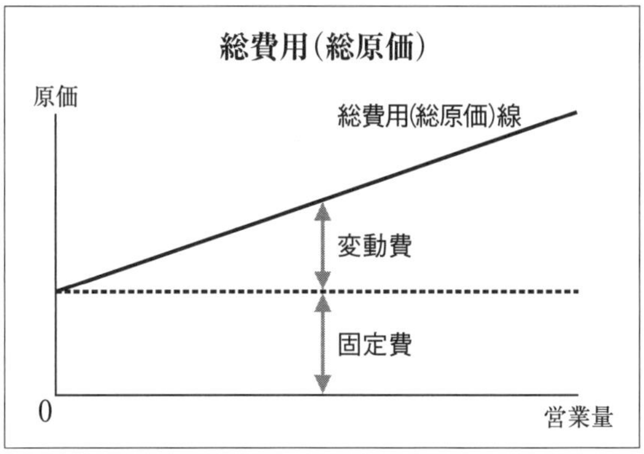

②変動費と固定費の分解

短期の利益計画を立てるにあたり，企業の販売量や売上高（Volume）が変化した場合，それに応じて原価（Cost），利益（Profit）がどのように影響するかを把握する必要があります。そのためには，原価の発生する様子（原価態様）を理解しなければなりません。

原価の発生する様子は，営業量の増減に比例して増減する変動費や一定額発生する固定費のほかに，変動費部分と固定費部分の両方の性質を持つ準変動費や営業量の増減に対して階段的に変化する準固定費があります。

短期の利益計画や利益予測を行うために収益構造分析を活用するには，総費用（総原価）をできるだけ原価の発生の態様にあわせて変動費と固定費に分解することが大切になります。

費用（原価）を変動費と固定費に分解する方法には，大きく分けて2つあり，過去の実績値にもとづく予測法と過去の実績値を使用しない技術的予測法（IE法:インダストリアル・エンジニアリング）があります。

ここでは，過去の実績値にもとづく予測法である費目別精査法，高低点法，スキャッター・チャート法，回帰分析法（最小自乗法）について簡単に説明します。

【費目別精査法】

費目別精査法とは，実際に発生した個々の費目（原価）を勘定科目別に個々に検討して変動費と固定費に分解する方法です。仕入原価や主要材料費は生産量に比例するので変動費，減価償却費は販売量や生産量に関係ないのですべて固定費というように仕分けします。

勘定科目による変動費と固定費の分解について，一般的な例を示せば次の通りです。

変　動　費	仕入原価・配送配達費・販売促進費 広告宣伝費の販売促進分は，変動費に分類する場合があります。
固　定　費	役員報酬・給与・福利厚生費・減価償却費・地代家賃 修繕費・消耗品費・通信費・租税公課 電力料・ガス代・水道料の基本料金は固定費に分類する場合があります。

※中小企業庁の『中小企業実態基本調査』なども参考にしてみましょう。

発生する費用(原価)には，変動費と固定費が混在している費目があります。たとえば，電話料・電力料・ガス代・水道料などは，基本料金の部分を固定費部分に，そして，使用した度数料部分を変動費部分に分けることが可能な場合もあります。

また，人件費(間接労務費)などは，時給制の部分や割増賃金を変動費として，月給制(固定賃金)の部分は固定費として分解することが可能な場合は，勘定科目ごとに変動費と固定費の比率を設定することで分析の精度を高めることができます。

しかし，変動費部分と固定費部分の金額を分けることができない場合や不明な費目については，高低点法やスキャッター・チャート法，回帰分析法(最小自乗法)を使用します。

【高低点法】

高低点法とは，過去の実績値のうち，もっとも営業量(生産量)が多い時の数値ともっとも少ない時の数値を使用して，その2点を結ぶ費用(原価)直線を引くこと(1次関数のグラフ)により変動費率を算定し，その変動費率をもとに固定費を求めます。1次関数でいう傾きが変動費率，切片が固定費になります。なお，使用する実績値は，正常な営業量(生産量)の範囲内を代表する数値として選定する必要があります。

【スキャッター・チャート法】

スキャッター・チャート法とは，過去の実績数値をグラフ(座標軸上)にプロットし，それらの点の真中を通る直線を目分量で引くという方法で，1次関数のグラフを求めるように変動費率と固定費を求めます。なお，すべての実績数値を利用して費用(原価)直線を調べることができる一方で，目分量で直線を決定するため客観性が保証できないという欠点があります。

【回帰分析法(最小自乗法)】

最小自乗法(回帰分析法)とは，スキャッター・チャート法と同様に過去の実績数値をグラフ(座標軸上)にプロットした散布図を利用しますが，目分量で費用(原価)直線を引くのではなく，費用(原価)の推移を1つの独立変数(たとえば直接作業時間)の変化に対応する従属変数(たとえば間接労務費)と考え，その変化に関係づけられる平均線，つまり回帰線を求めて変動費率と固定費率を求める方法です。この平均線(ここでは費用(原価)直線)を求める計算方法が統計学で利用されている最小自乗法(最小二乗法)という計算方法です。

最小自乗法は，誤差をともなう測定値について，その誤差の二乗の和を最小にすることで，もっとも確からしい関係式を求める方法です。従来は，計算に手間がかかるといわれていましたが，Excelなどのビジネスソフトに設定されている「その他の関数－統計関数」のうち「SLOPE関数」と「INTERCEPT関数」によって簡単に計算できるようになりました。

「SLOPE関数」により回帰直線の傾きを求め，「INTERCEPT関数」により回帰直線の切片の値として固定費を算出します。「SLOPE関数」では，従属変数の値を含む数値配列またはセル範囲を[既知のy]に指定し，独立変数の値を含む数値配列またはセル範囲を[既知のx]に指定します。「INTERCEPT関数」では，従属範囲を数値やセル参照で[既知のy]に指定し，独立範囲を数値やセル参照で[既知のx]に指定します。

上記の例では，たとえば直接作業時間の数値配列を独立変数として[既知のx]に設定し，間接労務費の各金額を従属変数として[既知のy]に指定することで，間接労務費の発生額を変動費と固定費に分解することが可能になります。

③損益分岐点図表と貢献利益図表

変動費と固定費をまとめて総費用（総原価）を表した図表に，売上高線を書き込むことによって，損益分岐点図表を作成することができます。

＜事例＞　販売価格：1個 3,000円　　変動費：1個 1,800円
　　　　　販売数量：　5,500個　　固定費：4,200,000円

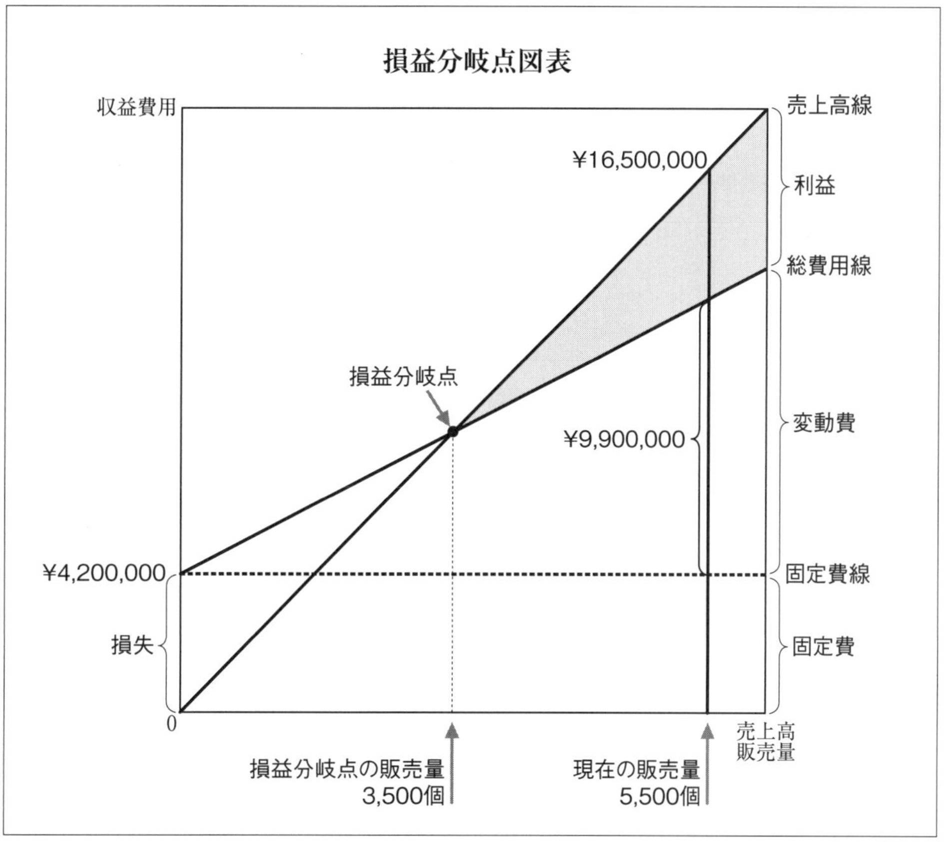

損益分岐点図表は，次のように作成します。

1．横軸に売上高を取ります。または，販売量を取ることもできます。
2．縦軸に総費用として固定費と変動費，収益として売上高を取ります。
3．固定費の金額¥4,200,000を平行線として書き入れます。
4．固定費の上に変動費線を乗せて書き入れます。これは，総費用線（総原価線）を表します。
　総費用¥14,100,000 = 1個あたりの変動費¥1,800/個 × 販売数量5,500個 + ¥4,200,000
5．原点から右上の頂点に向かって売上高線を書き入れます。
　売上高¥16,500,000 = 販売価格¥3,000 × 販売数量5,500個
6．売上高線と総費用線（総原価線）との交点が損益分岐点です。この点から垂直に横軸と交わる点が損益分岐点販売量（損益分岐点売上高）となります。

この損益分岐点図表において，売上高が損益分岐点の売上高と同じであれば，売上高と総費用（総原価）が同額で利益はゼロです。利益は，売上高（収益）から総費用（総原価）を差し引いたものですので，損益分岐点から右側，つまり，損益分岐点売上高を超えると利益が生じます。

反対に，損益分岐点の左側は，売上高で総費用を回収できませんので損失が発生します。

④貢献利益図表

一般に，固定費に変動費を乗せて総費用線を表し，売上高線を書き入れる損益分岐点図表(175ページ参照)は，原価(Cost)と営業量(Volume)，そして利益(Profit)がどのような関係かを示す図表です。短期の利益計画にとって重要な情報である貢献利益を直接的に明示していないという欠点があります。

そこで，下記の図は，変動費線を先に書き，その上に平行線として固定費線をのせて書いた図表です。

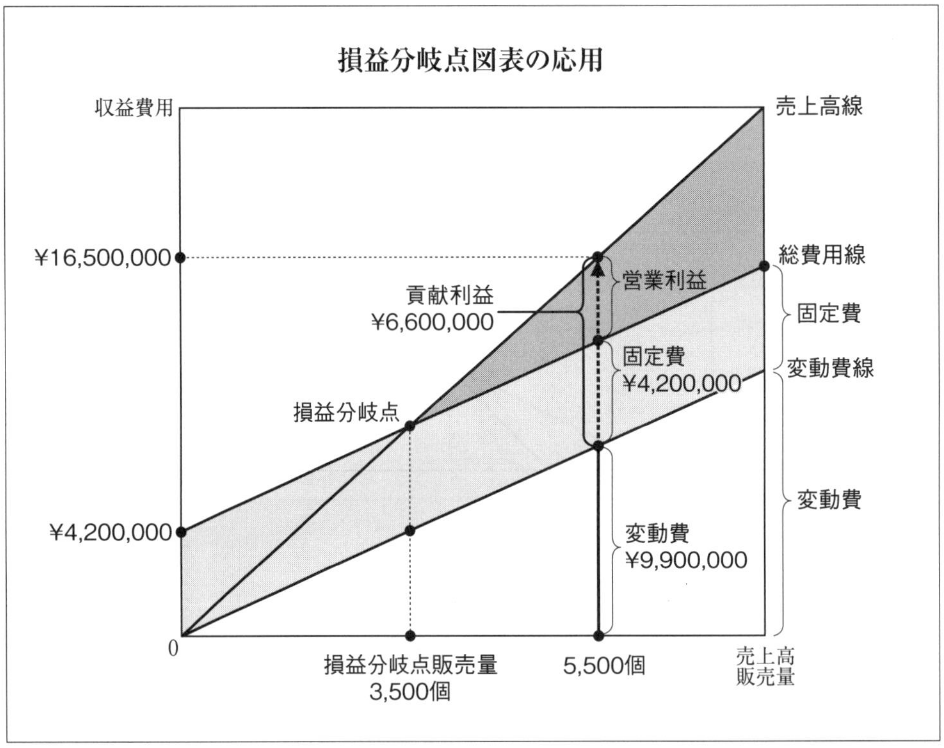

損益分岐点は，売上高線と総費用線の交点です。売上高の変化に応じて，貢献利益がどのように変化するかを見ることができます。

つまり，売上高から変動費を差し引いて貢献利益を算定し，貢献利益で固定費を回収することができるポイント(固定費＝貢献利益)が損益分岐点です。売上高が大きくなれば，貢献利益から固定費を差し引いた額だけ営業利益が発生することがよく理解できます。

さらに，貢献利益の金額を読み取りやすいようにした次ページの図表が，貢献利益図表と呼ばれるものです。貢献利益図表は，売上高線，すなわち売上高の金額を変動費と貢献利益に分解します。売上高線から下に変動費をとり，横軸までの残りを貢献利益とします。これによって，貢献利益線が原点から右上に直線で表すことができます。(貢献利益図表 その1)

次に，横軸と平行線に固定費線を書き入れることによって，固定費線と貢献利益線とが交わり(固定費＝貢献利益)，損益分岐点が明らかになります。損益分岐点より右側の領域では，営業利益が固定費を超える部分として示され，売上高に比例して増加する様子が読みとれます。(貢献利益図表 その2)

●売上高の金額を変動費と貢献利益に分解します。

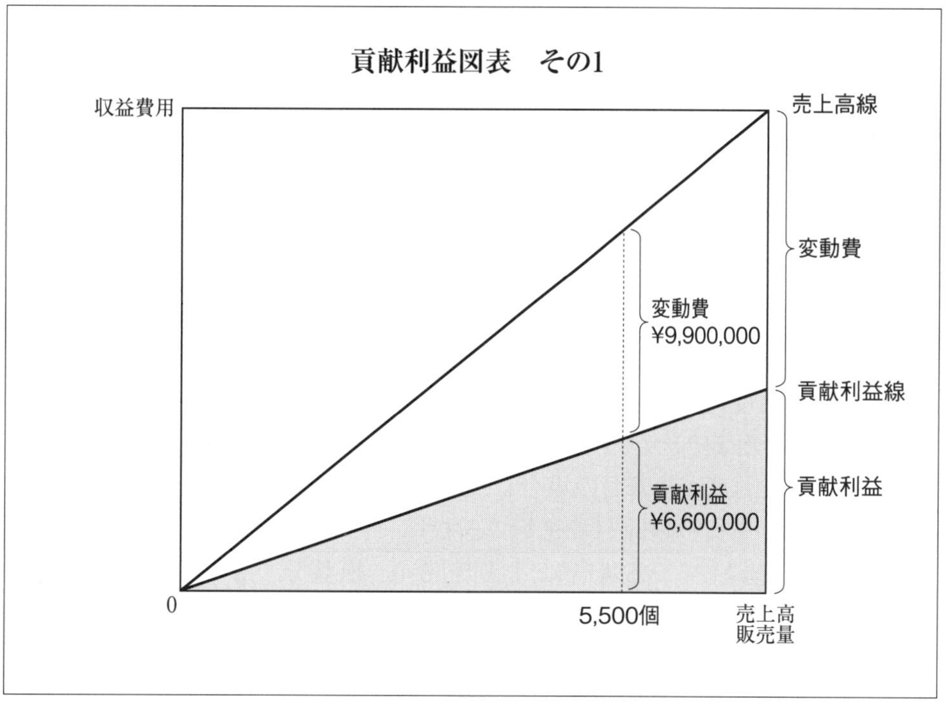

●横軸と平行線に固定費線を書き入れます。

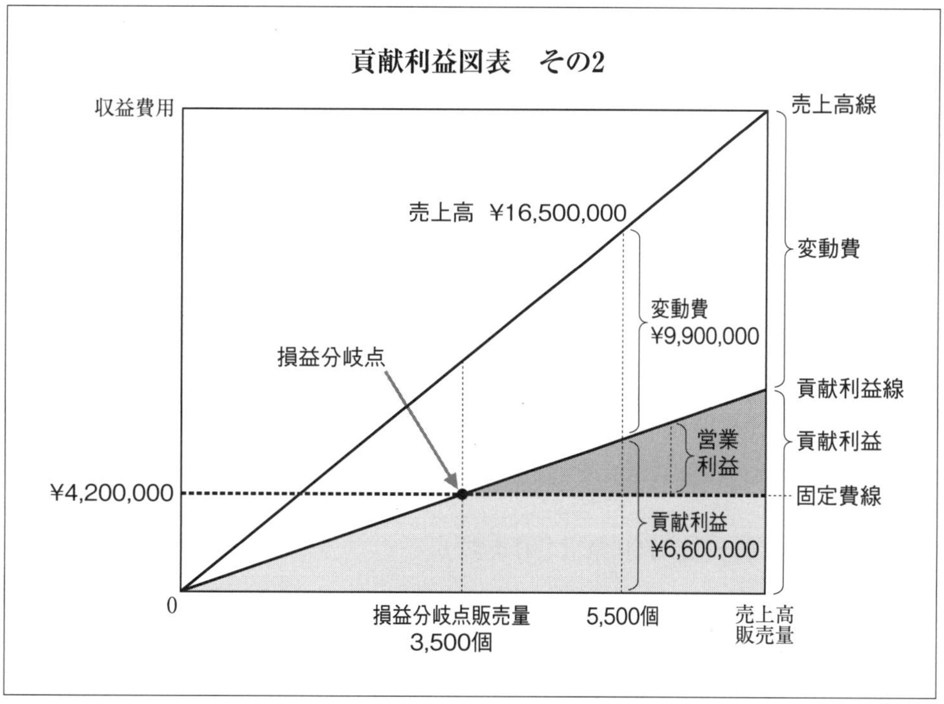

●損益分岐点から右側の領域で，営業利益が発生している様子が読みとれます。

(2) 弥生会計による損益分岐点分析

弥生会計では，損益分岐点分析は，集計結果から損益分岐点売上や損益分岐点の位置を計算し，同時に損益分岐点図表をグラフで表示することができます。また，集計した実績値をもとに，さまざまなケースを試算することもできます。

①弥生会計による損益分岐点分析の手順

1. クイックナビゲータの［分析・予算］カテゴリの［損益分岐点分析］をクリックします。
   ［損益分岐点分析］ウィンドウが表示されます。
2. ［期間］で，損益分岐点分析を行う月度を選択します。
   複数の月度（期間）を選択する場合は，開始月度から終了月度までドラッグします。
   選択した月度が決算月の場合は，集計に決算仕訳を含むかを［決算仕訳］で選択できます。
   部門を登録している場合は，［部門］から，損益分岐点分析を行う部門を選択します。
3. ［集計］ボタンをクリックします。
4. 集計結果が表示されます。
5. ツールバーの［グラフ］ボタンをクリックします。
   ［損益分岐点分析－グラフ］ウィンドウが表示されます。

＜例＞

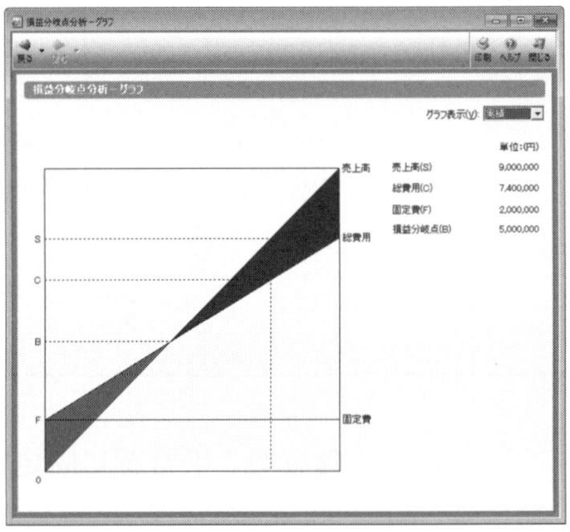

弥生会計では，損益分岐点分析の集計対象とする勘定科目や費用を集計する場合の固定費，変動費の比率を設定することができます。損益分岐点分析を行う前に，損益分岐点分析の設定を［固定費比率設定］ダイアログで行います。

1. クイックナビゲータの［分析・予算］カテゴリの［損益分岐点分析］をクリックします。
   ［損益分岐点分析］ウィンドウが表示されます。
2. ツールバーの［分析設定］ボタンをクリックします。
   ［固定費比率設定］ダイアログが表示されます。
3. 各勘定科目の集計区分を［区分］欄で確認してみましょう。

売　上	売上高に集計されます。
費　用	「費用」を選択した場合は，固定費，変動費の比率を設定します。 ［固定費］と［変動費］の比率に従って，固定費，変動費に集計されます。 **固定費比率(%)**：固定費に配分する比率を百分率で入力します。 **変動費比率(%)**：固定費の値から，残りの比率が自動的に変動費となります。
区分なし	集計対象に含まれません。

勘定科目と補助科目の固定費と変動費の比率は，どちらか一方を100%として初期設定されています。実情に合わせて固定費の比率を（%）で入力すれば残りの比率が自動的に変動費の比率として設定されます。

また，補助科目の設定では，［設定タイプ］で「個別に設定」を選択してそれぞれ比率を設定することもできます。初期値では「勘定科目の設定に従う」が選択されています。

(3) 損益分岐点分析の公式

企業の収益構造と損益分岐点を理解するためには，外部へ報告するための財務会計ではなく，企業内で利用するために管理会計の視点から分解してみる必要があります。つまり，短期利益計画のために，収益（売上高などの営業量の水準）と諸費用，利益の相互関係が，よりわかりやすい損益計算書を作成します。

損益分岐点の公式は，これらの相互関係を一定の式に表したものです。

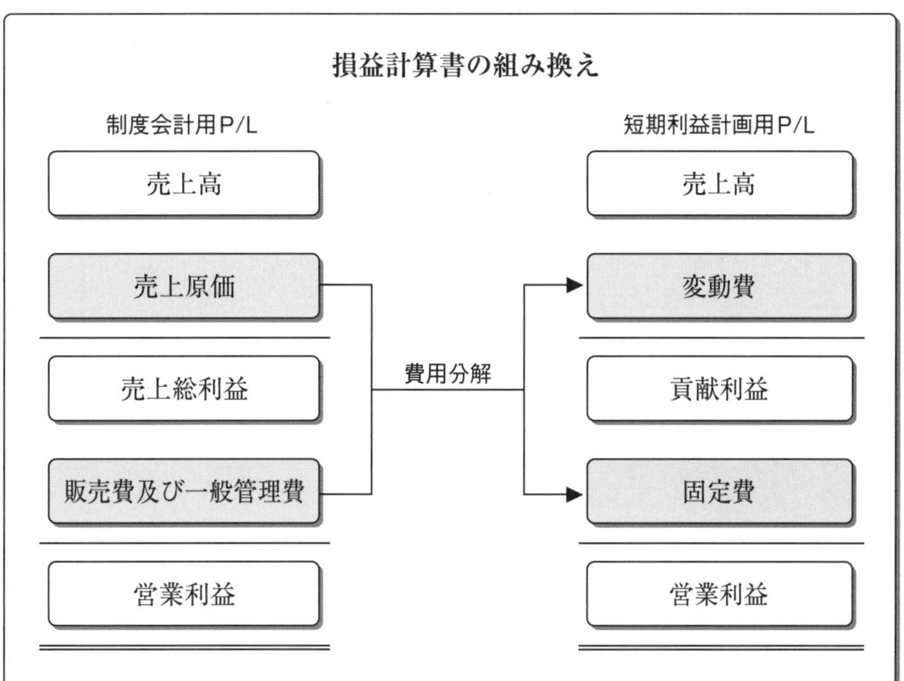

短期利益計画を策定するための損益計算書では，売上高から変動費を差し引いて貢献利益を算定します。次に，この貢献利益から固定費を差し引いて営業利益を計算します。

当期の売上高に対応した仕入に関する原価（売上原価）と販売費及び一般管理費のうちの変動費を売上高から差し引きます。差し引くことで算定された貢献利益は，期間費用として発生した固定費を回収するための財源を意味しています。

つまり，貢献利益は，固定費を回収するのにどれだけ貢献したかを表す利益であると同時に，売上高から変動費を差し引いて手元に残る利益であり，販売量と比例的に増加する性質があります。

（注）貢献利益は，「限界利益」という場合があります。

- 売 上 高 － 変動費 ＝ 貢献利益
- 貢献利益 － 固定費 ＝ 営業利益

↓

- 売 上 高 － 変動費 － 固定費 ＝ 営業利益

営業利益 ￥0の場合，損益分岐点の売上高を意味します。

貢献利益の算定までは，単位あたりで考えることにより，販売量との相互関係を理解しやすくします。これに対して，固定費の特徴は，販売量に関係なく全社的，期間的に発生することです。

単位あたりの考え方は，次の通りです。

- 1個あたりの販売価格 × 販売量 ──→ 企業全体の売上高
- 1個あたりの変 動 費 × 販売量 ──→ 企業全体の変動費
- 1個あたりの貢献利益 × 販売量 ──→ 企業全体の貢献利益
- 固定費は，全社的・期間的に発生 ──→ 企業全体の固定費

短期利益計画用の損益計算書

1個あたりの販売価格				
－)1個あたりの変 動 費				
1個あたりの貢献利益	×	販売量	＝	企業全体の貢献利益
				－) 企業全体の固 定 費
				営 業 利 益

①損益分岐点の販売量と売上高

収益（販売価格や営業量）と諸費用の変化は，営業利益にどのように影響するのでしょうか。その相互関係を理解することによって，利益計画を立てることができます。

たとえば，販売価格の変化は，営業量に関係なく収益構造を変化させ，貢献利益を経て営業利益に影響します。単位あたりの変動費の変化も同様です。固定費の変化は，貢献利益に影響することはなく，最終的な営業利益を変化させます。また，販売量の変化は，単位あたりの貢献利益と全社的な固定費に影響することはありません。つまり，販売量の変化は，基本的な収益構造を変化させるのではなく，直接，営業利益に影響します。

例題 1

次の資料にもとづいて，損益分岐点の販売量と売上高を求めてみましょう。

【資　料】

販売価格：1個 3,000円
変 動 費：1個 1,800円
固 定 費：4,200,000円

【考え方】

営業利益がゼロになる販売数量を求めてみましょう。

1個の販売価格	¥3,000	×	販売数量 ?
−)1個の変動費	¥1,800	×	販売数量 ?
1個の貢献利益	¥1,200	×	販売数量 ?
−)固定費			¥4,200,000
営業利益			¥　0

例題 1　解答・解説

（貢献利益 ¥1,200 × 販売数量 ?）− 固定費 ¥4,200,000 ＝ 営業利益 ¥ 0
（貢献利益 ¥1,200 × 販売数量 ?）＝ 固定費 ¥4,200,000

$$\text{販売数量 ?} = \frac{\text{固定費 ¥4,200,000}}{\text{1個の貢献利益 ¥1,200}} = \text{3,500 個}$$

- 損益分岐点の販売数量は，3,500 個です。
- 損益分岐点の売上高は，販売価格 × 販売数量ですので
  販売価格 ¥3,000 × 販売数量 3,500個 ＝ ¥10,500,000 と計算されます。

この考え方を損益分岐点分析の公式に表すと下記の通りになります。

損益分岐点における販売数量を求める計算公式

$$損益分岐点販売数量 = \frac{固定費}{単位あたり販売価格 - 単位あたり変動費}$$

$$= \frac{固定費}{単位あたり貢献利益}$$

②目標利益達成の販売量と売上高

目標とする営業利益を達成するためには，どのくらい販売しなければならないのかを考えてみましょう。

例 題 2

次の資料にもとづいて，目標利益を達成できる販売数量と売上高を求めてみましょう。

【資　料】　販売価格：1個3,000円　　固 定 費：4,200,000円
　　　　　　変 動 費：1個1,800円　　目標利益：3,000,000円

【考え方】　目標営業利益が3,000,000円になる販売数量を求めてみましょう。

1個の販売価格	¥3,000	×	販売数量 ?
−)1個の変 動 費	¥1,800	×	販売数量 ?
1個の貢献利益	¥1,200	×	販売数量 ?
−)固　定　費			¥4,200,000
営　業　利　益			¥3,000,000

例題2　解　答・解　説

(貢献利益 ¥1,200 × 販売数量 ?) − 固 定 費 ¥4,200,000 = 営業利益 ¥3,000,000
(貢献利益 ¥1,200 × 販売数量 ?) = 営業利益 ¥3,000,000 + 固 定 費 ¥4,200,000

$$販売数量\ ? = \frac{営業利益\ ¥3,000,000 + 固定費\ ¥4,200,000}{1個の貢献利益\ ¥1,200}$$

$$= 6,000\ 個$$

- 目標利益を達成できる販売数量は，6,000 個です。
- 目標利益を達成できる売上高は，販売価格 × 販売数量ですので
  販売価格 ¥3,000 × 販売数量 6,000個 = ¥18,000,000 と計算されます。

この考え方を損益分岐点分析の公式に表すと下記の通りになります。

目標営業利益を達成する販売量を求める計算公式

$$\text{目標営業利益を達成する販売数量} = \frac{\text{固定費} + \text{目標営業利益}}{\text{単位あたり販売価格} - \text{単位あたり変動費}}$$

$$= \frac{\text{固定費} + \text{目標営業利益}}{\text{単位あたり貢献利益}}$$

③現状の損益分岐点と安全余裕率（安全率）

現在の売上高が，損益分岐点の売上高よりどの程度上回っているかを示す指標に安全余裕率があります。安全余裕率は，安全率とも呼ばれ，数値が高いほど，現在の売上高が減少しても赤字になりにくいことを意味しています。

計算は，現在の売上高から損益分岐点売上高を差し引き，これを現在の売上高で割ることによって求められます。

$$\text{安全余裕率（\%）} = \frac{\text{現在の売上高} - \text{損益分岐点売上高}}{\text{現在の売上高}} \times 100$$

一方，現在の売上高のうち，損益分岐点の売上高が，どの程度に位置しているかを示す指標を損益分岐点比率といいます。

つまり，現在の売上高に対する損益分岐点売上高の割合を示し，低いほど望ましいといえます。安全余裕率と損益分岐点比率とは，まったく逆の関係にあります。
（損益分岐点比率＋安全余裕率＝100％）

$$\text{損益分岐点比率（\%）} = \frac{\text{損益分岐点売上高}}{\text{現在の売上高}} \times 100$$

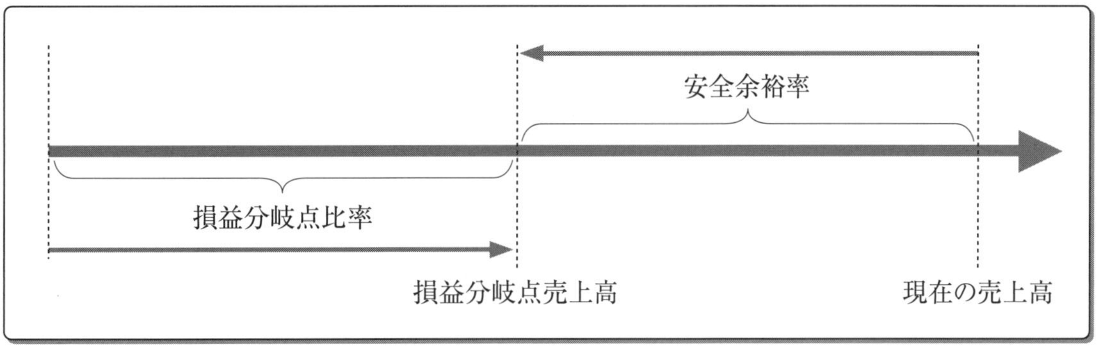

例題3

次の資料にもとづいて，安全余裕率と損益分岐点比率を求めてみましょう。

【資　料】

販売価格：1個 3,000円
変　動　費：1個 1,800円
固　定　費：4,200,000円
販売数量：　　5,500個

【考え方】

販売数量 5,500個の営業利益を求めてみましょう。

1個の販売価格	¥3,000	×	販売数量 5,500個
−)1個の変動費	¥1,800	×	販売数量 5,500個
1個の貢献利益	¥1,200	×	販売数量 5,500個
−)固定費			¥4,200,000
営業利益			¥2,400,000

例題3　解答・解説

$$\text{損益分岐点の販売数量} = \frac{\text{固定費 ¥4,200,000}}{\text{1個の貢献利益 ¥1,200}}$$

$$= 3{,}500\ \text{個}$$

損益分岐点の売上高は，¥10,500,000 と計算されます。
現在の売上高は，¥3,000 × 販売数量 5,500 個 ＝ ¥16,500,000

● 安全余裕率(%) ＝ 36.36…%

$$\frac{\text{現在の売上高 ¥16,500,000} - \text{損益分岐点売上高 ¥10,500,000}}{\text{現在の売上高 ¥16,500,000}} \times 100$$

● 損益分岐点比率(%) ＝ 63.63…%

$$\frac{\text{損益分岐点売上高 ¥10,500,000}}{\text{現在の売上高 ¥16,500,000}} \times 100$$

● 安全余裕率(%)が 36.36…%であるということは，現在の売上高 ¥16,500,000の約36.36%が減少しても損失は発生しないことを意味しています。

例題4

弥生会計の機能を利用して秋ノ宮産業株式会社第4期の損益分岐点分析を行いましょう。なお，各勘定科目の変動費と固定費の比率は，再設定すること。この問題は，「秋ノ宮産業株式会社問題(4期)」の学習用データを復元して使用します。〈P276参照〉

【資　料】

- 売上原価項目と支払手数料については，変動費100％とする。
- 荷造運賃については，固定費60％，変動費40％とする。
- 旅費交通費については，固定費40％，変動費60％とする。
- その他の営業費用(販売管理費)については，固定費100％とする。
- 営業外収益，営業外費用，特別損益を構成する各項目は，分析に用いないこととする。

設　問

(1)決算を含む第4期全体の損益分岐点売上高	円
(2)第1四半期(4～6月)累計の貢献利益	円
(3)安全余裕率からみて，第4期(当期)8月と11月はどちらの業績が良いか	月

例題4　解　答・解　説

(1)損益分岐点売上高	217,266,729円
(2)第1四半期累計の貢献利益	19,356,620円
(3)第4期(当期)における業績の良い月	11月

1. クイックナビゲータの［分析・予算］カテゴリの［損益分岐点分析］をクリックします。
2. 表示された［損益分岐点分析］ウィンドウのツールバーにある［分析設定］ボタンをクリックします。
3. ［固定費比率設定］ダイアログが表示されますので，問題文の指示に従って固定費と変動費を設定します。なお，分析に用いない勘定科目は「区分なし」に設定して集計対象に含めないようにします。
4. 第1四半期累計の貢献利益は，［損益分岐点分析］ウィンドウで［期間］4～6月度までをドラッグして限界利益の金額を確認します。
(限界利益は貢献利益と同じ)
また，安全余裕率は，［期間］の8月度と11月度を選択して確認します。8月度が0.2469で11月度が0.3612なので，業績が良いのは11月度です。

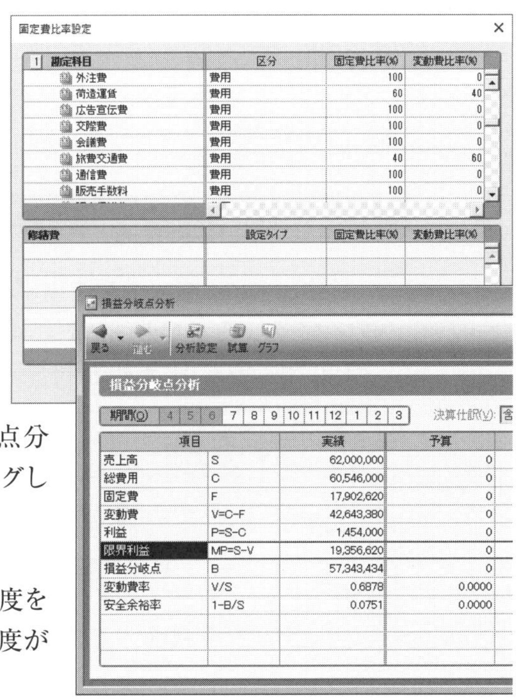

19. 収益構造の分析と短期利益計画

(1) 短期利益計画

企業は，どのような外部環境においても利益をあげることができる体制を求められています。「目標の利益額をどのくらいに設定するのか」を考える場合，必要な売上高を設定しなければなりません。そのためには，どのような投資や費用が必要なのかを検討することになります。

つまり，目標とする利益水準を達成するために，売上高と費用の相関関係を分析し，自社の収益（損益）構造を見直しながら実現可能な戦略を策定します。

このように，利益計画を策定するために，収益（損益）構造のシミュレーションや変動費と固定費の最適バランスを検討することが求められます。

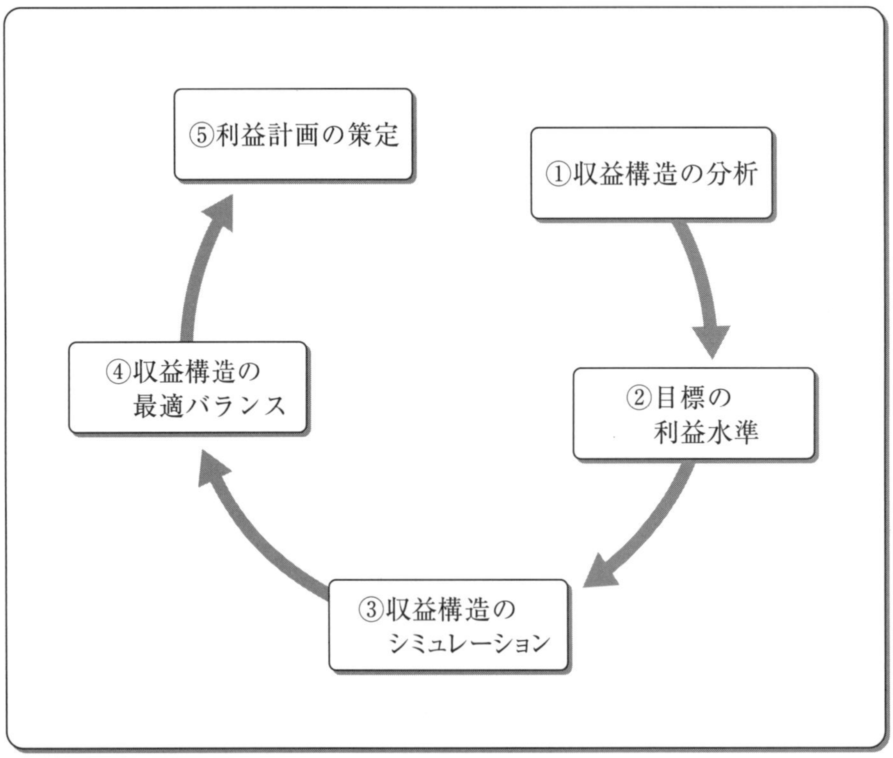

(2) 収益構造の分析

目標とする利益水準を達成するために，損益分岐点分析を利用して変動費と固定費の適切なバランスを考える必要があります。目標利益を達成するためのデータ計算式を確認しましょう。

180ページに示した短期利益計画用の損益計算書の考え方は，次の通りです。

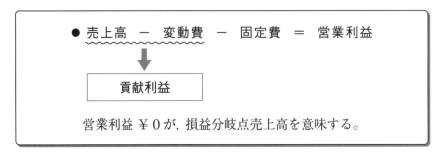

● 売上高 − 変動費 − 固定費 ＝ 営業利益

（売上高 − 変動費 → 貢献利益）

営業利益 ￥0が，損益分岐点売上高を意味する。

目標利益を達成させるためには，貢献利益と固定費を加えた財源が必要です。

- 貢献利益 － 固定費 ＝ 目標営業利益
- 貢献利益 ＝ 目標営業利益 ＋ 固定費

180ページでは，この目標営業利益を達成させる貢献利益を確保するために，どのくらいの販売数量が必要か，という視点で考え，1単位あたりの貢献利益のデータから目標営業利益を達成する販売数量を算定しました。

ここでは，目標営業利益を達成させる貢献利益は，売上高に対してどのくらいの割合（比率）が必要か，という視点で考えてみましょう。

- 貢献利益 ＝ 目標営業利益 ＋ 固定費

↑

- 売上高 × 貢献利益率 ＝ 目標営業利益 ＋ 固定費

- $\text{売上高} = \dfrac{\text{目標営業利益} + \text{固定費}}{\text{貢献利益率}}$

※ 貢献利益率とは，売上高に対する貢献利益の割合

$\text{貢献利益率} = \dfrac{\text{貢献利益}}{\text{売上高}}$

（売上高 － 変動費 ＝ 貢献利益）と計算されるので，貢献利益率は（1 － 変動費率）です。
つまり，（貢献利益率 ＋ 変動費率 ＝ 1）と計算されます。

目標とする営業利益率を達成させる売上高を求める考え方

- 貢献利益 ＝ 目標営業利益 ＋ 固定費
- 貢献利益 － 目標営業利益 ＝ 固定費

↑　↑

- 売上高 × 貢献利益率 － 売上高 × 目標営業利益率 ＝ 固定費
- 売上高 ×（貢献利益率 － 目標営業利益率）＝ 固定費
- $\text{売上高} = \dfrac{\text{固定費}}{(\text{貢献利益率} - \text{目標営業利益率})}$

※ 目標営業利益率とは，売上高に対する目標営業利益の割合

$\text{目標営業利益率} = \dfrac{\text{目標営業利益}}{\text{売上高}}$

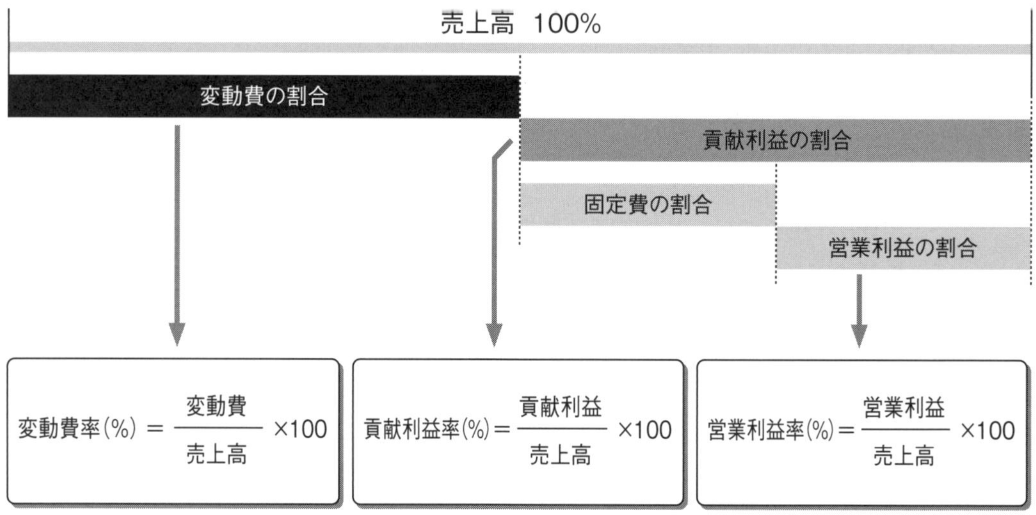

たとえば，貢献利益率が40％の収益構造であるとき，営業利益率15％を達成しようとすれば，貢献利益率から15％の利益率を先に確保するので，目標利益率を達成すべき固定費の割合（売上高に対する）は25％になります。

つまり，企業が想定している営業利益率15％を達成するためには，売上高に対する固定費の金額が25％になるような売上規模が必要となります。

例 題 5

次の資料にもとづいて，利益率20％を達成できる売上高と販売数量を求めてみましょう。

【資　料】

販売価格：1個 3,000円　　変 動 費：1個 1,800円　　固 定 費：4,200,000円

【考え方】

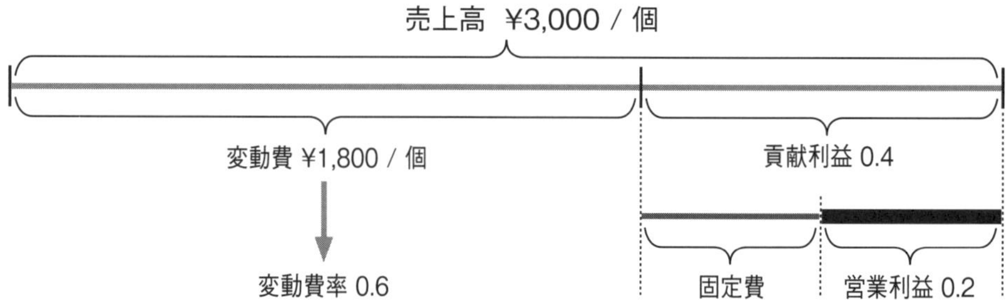

貢献利益 0.4 － 営業利益 0.2 ＝ 0.2

（営業利益率20％を達成できる固定費の割合が20％になる売上高を確保する必要があります。）

固定費￥4,200,000 ÷ 0.2 ＝ 目標利益率20％を達成できる損益分岐点の売上高

例題5	解 答・解 説

●目標利益率20％を達成できる売上高：固定費¥4,200,000 ÷ 0.2 ＝ ¥21,000,000

●目標利益率20％を達成できる販売数量：¥21,000,000 ÷ ¥3,000 ＝ 7,000個

固定費の投資額とプロジェクトの収益構造を分析・把握するとともに，市場規模と競争力（当社の占有シェア）を検討すれば，利益規模を推定することができます。つまり，経営資源を投下する意義があるか否か，市場規模の将来性も含めて1つの経営意思決定の資料になります。

(3) 利益計画の策定

①利益計画の策定に必要な要素

利益計画は，経営者をはじめとして全社員が「あるべき姿」へ向かうために，今，何をしなければならないかを相互に確認するものです。次年度の具体的な売上目標，利益目標，販売計画などを検討しながら実行計画を策定し，年度予算，月次予算へとブレイクダウンさせていきます。最後に，計画利益を考えるにあたり，4つの要素について確認しておきましょう。

下記の図に示した通り，売上高を変動させるのは，販売価格と販売数量です。販売数量は変動費の総額にも影響するのは当然です。変動費がどのくらいの割合で発生する収益構造なのか，という分析テーマは，売上高のうちどの程度の割合で貢献利益（売上高－変動費）を生み出すことができる商品，またはサービスを提供しているのか，と同じ意味です。

次に，この商品・サービスを提供するために，一定額発生する固定費の規模は適切なのかを検討しなければなりません。固定費のうち，最大の要素は固定的な人件費と設備・施設維持費です。これらの費用はコミッテッド・コスト（Committed cost）と呼ばれ（197ページ参照），長期にわたって費用の発生が継続されることに注意しなければなりません。次年度の利益計画を策定していくために，経営数値を活用して経営意思決定に役立てることが大切です。

利益計画の策定に必要な4つの要素

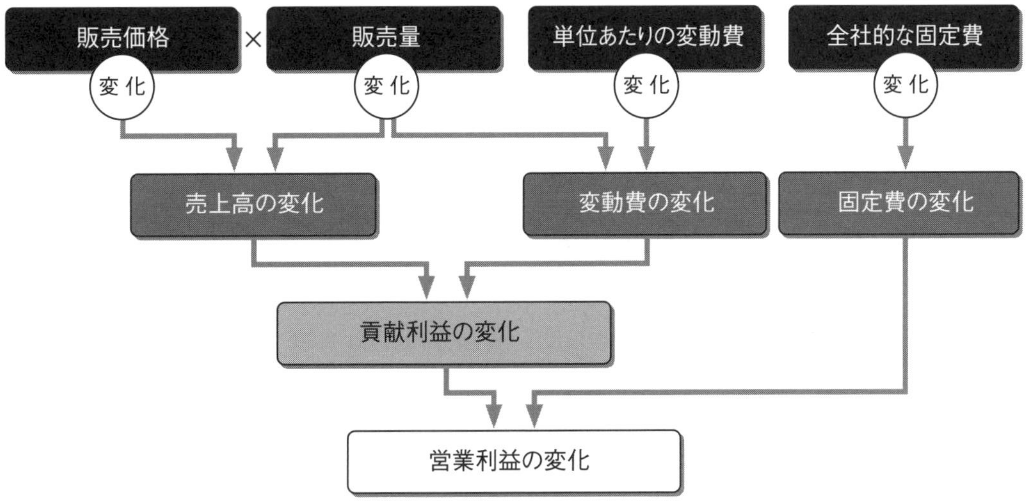

②弥生会計による損益分岐点のシミュレーション

弥生会計では，損益分岐点分析画面で実績データの分析結果から目標売上高または目標利益を設定し，売上高，変動費，固定費，利益の金額をシミュレーション（試算）することができます。

1. クイックナビゲータの［分析・予算］カテゴリの［損益分岐点分析］をクリックします。
   ［損益分岐点分析］ウィンドウが表示されます。
2. 期間を指定し，［集計］ボタンをクリックします。
3. ツールバーの［試算］ボタンをクリックします。
   ［試算］ダイアログが表示されます。
4. 各項目に数値を入力します。（下図を参照）
5. ［OK］ボタンをクリックします。
   ［試算］ダイアログが閉じ，シミュレーションの結果が表示されます。

<イメージ画像>

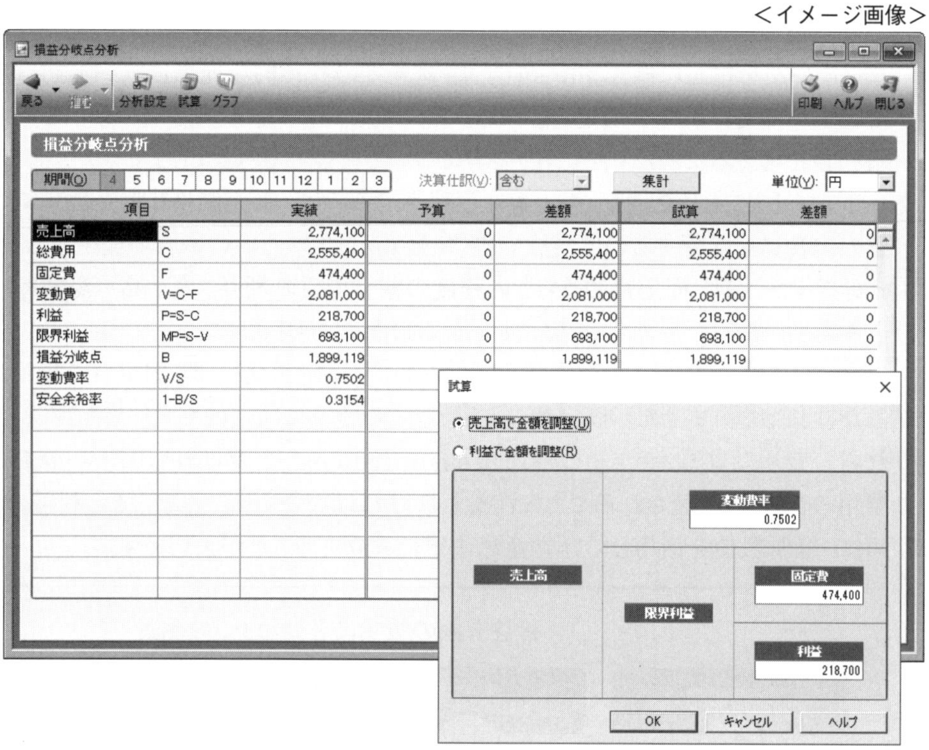

「売上高で金額を調整する場合」と「利益で金額を調整する場合」の2つの方法を選ぶことができます。どちらかを選択し，各項目に値を入力します。

売 上 高：実績から集計された売上高を使用せず，売上高を設定して損益分岐点分析をシミュレーションする場合に，売上高を設定します。

変動費率：変動費率を変化させて損益分岐点分析のシミュレーションを行う場合に比率を変更します。

固 定 費：固定費を変化させて損益分岐点分析のシミュレーションを行う場合に固定費を変更します。

利　　益：実績から集計された利益を使用せず，利益を設定して損益分岐点分析をシミュレーションする場合に利益を設定します。

第6章 短期利益計画と予算管理（進んだ学習）

第6章では，短期利益計画を策定するにあたり，予算の編成と予管理について基本的な知識を学びます。後半では，製造業における製造間接費予算と差異分析にもチャレンジしてください。この章で月次決算の資料をもとに利益計画策定プロセスの基本を習得しましょう。

第6章 短期利益計画と予算管理（進んだ学習）

20. 予算編成と体系化

(1) 経営計画のステップ

企業の経営計画は，3つのステップで考えることができます。「当社は，将来，どのような企業でありたいか」という方向性をやや長い期間（5年以上）を対象に設定するものが長期経営計画です。この長期経営計画を実現するために，3年～5年の期間で新規の事業計画，設備の投資，経営の革新，人材の育成などに関する中期経営計画を策定します。

事業計画の基本となるこの中期経営計画を実現するためには，社内の各担当者（各部門）が推進していく業務活動を策定しなければなりません。これが短期利益計画であり，年度ごとの具体的な実行計画（アクション・プラン）として説明することができます。

①長期(中期)経営計画

「将来，どのような企業でありたいか」という「企業の姿」，「企業の方向性」を策定するには，経営環境と企業力の分析なしに進めることはできません。経営環境の分析とは，当社を取り巻く業界環境の変化，競合他社の動き，消費者ニーズの変化などの情報収集とその分析が代表的なものです。

一方，企業力の分析は，自社の企業力を客観的に評価することからスタートします。他社と比べて劣っている技術力は何か，企画開発力はどうか。さらに，人的資源，組織風土の活性化と管理手法の実効性などの情報を収集，評価し，経営上の強み，弱みを整理して，改善を検討しなければなりません。

長期・中期の経営計画は，「将来の企業のあるべき姿」に向けて現状を分析し，「何をすべきか」を明らかにしなければなりません。「人・もの・金・情報」という経営資源をどのような方向に集中させ，または配分するか，同じ業界の他社である企業に対していかに競争優位を築くかの基本計画なのです。

経営ビジョンと企業の進むべき方向性のもとに策定された経営戦略は，社員に対してモチベーションを高め，判断の指針を示すことになり，活性化された組織風土を形成する第一歩となるほか，組織目標を各セクション（部門・担当者）へ具体的に落とし込む潤滑油の役割を担っています。

経営環境が次々に変化して行くことや企業の規模を考えた場合，長期と中期の経営計画の位置づけには重なる部分も多くなっていると考えられます。いずれにしても，経営計画は，企業経営の基本となるべきもので，経営ビジョン，マーケティング，新規の事業と市場の開発（設備投資），財務の健全化，組織と人事における具体的な目標が含まれている必要があります。当然にして，予想されるリスクとその回避についても示されるべきでしょう。

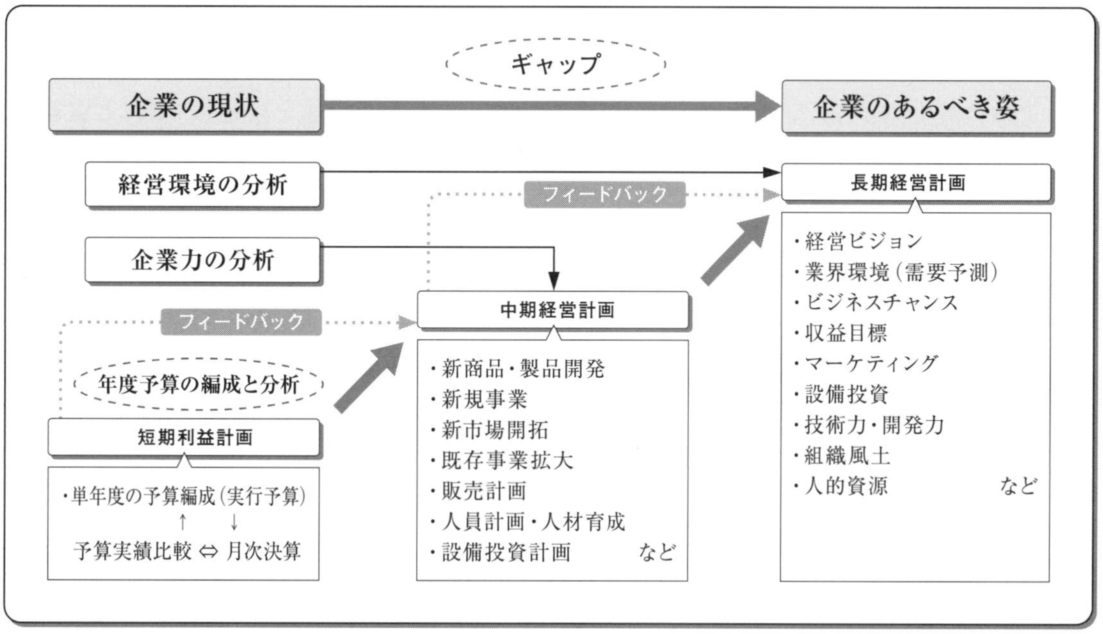

②短期利益計画と予算管理の位置づけ

中長期の経営計画を実行するためには，どの担当者（部門）が，どのような方法で，いつまでに，何を達成するのか，そして，各セクション（部門・担当者）は，どのように協力していくのか，という実行レベルにまで具体化した計画表が必要になります。つまり，3年後の「あるべき姿」へ向けた初年度の実行計画（アクションプラン）が業務活動計画であり，短期利益計画といえるものです。

実際に業務活動を動かすためには，具体的な数値として「予算化」する必要があります。単年度の「予算化」を通して進行状況を把握し，業績を評価して改善策を立てます。このプロセスは，予算管理と呼ばれ，企業活動を全体的に調和させ，中期経営計画の目標達成を推進させます。

単年度の予算編成は，中長期経営計画策定の一環として連携されなければ，その実効性は確保されません。予算を編成（計画）し，実行（実績数値の収集）して評価・分析するサイクルが重要であり，月次単位，年次単位，そして数年単位でフィードバックされることで，予算管理は企業経営（目標利益達成）の総合的な管理手法の1つとして位置づけられています。

(2) 予算編成と予算統制

予算化のスタートは，中長期の経営計画（戦略）です。予算は，この戦略を達成するための業務活動計画を数値に置き換えた実行計画でなければなりません。

利益計画を実現化していくための予算化には，企業内のセクション（部門・担当者）ごとの諸活動を組織全体としての最適化をはかり，企業目標を達成させるという目的があります。そのためにも，予算編成から統制を経て実行計画の進み具合を管理し，業績評価，改善計画の策定へとつながるプロセスを理解する必要があります。

単に，前年度の予算規模を基準にして，これに調整を加えるというような前年度に依存した予算設定は避けなければなりません。また，中長期の経営計画で示された数値目標を各期間に割りあてただけでは何の意味もないのです。

①予算の機能

「予算管理」というと，経費などの支出額を制限する方法というイメージがあります。また，売上高や諸費用について過去のデータから予定額を設定し，これと実績値を比較することで諸活動をコントロールするための技法として説明される場合もあります。しかし，本来の企業予算には，統制だけではなく，前述したように総合的な利益管理手法としての役割があります。

予算には，3つの基本的な機能があると説明されます。それは，①計画機能　②調整機能　③統制機能です。

予算の計画機能とは，たとえば，中長期の経営目標から策定され予算方針がトップダウン計画として通達され，目標達成のために審議，数値化される過程です。

次に，予算の調整機能とは，予算方針にもとづいて個別予算を具体化する過程で，各セクション(各部門)が「達成することができる」という合意にもとづいたボトムアップ計画(積み上げ計画)とすり合わせをする過程です。この過程で，各セクション(各部門)での調整や個別予算と全社的な予算とのすり合わせ，また，調整を通しての動機づけが生まれます。

最後に，予算の統制機能とは，編成された予算を執行責任者へ通達し，予算と実績の差異を分析して目標達成のために改善策を策定する過程です。また，経費予算や設備投資予算のように支出をともなう予算については，その範囲内で実施されているかを管理する過程も含まれています。

②予算管理プロセス

予算管理は，予算編成と予算統制の2つのプロセスに分けると理解しやすいです。予算編成とは，予算の計画機能，調整機能を含む内容で，トップダウン計画として中長期の経営目標から策定され予算方針が通達され，達成可能な個別予算を策定するプロセスです。最終的な予算の策定のために，経営トップ(上位)との階層的な調整，またはセクション間(部門間)の横の調整を経て，だれが何をしなければならないのか，横のセクションはどのような役割を担っているかを共有し，目標達成に向けた動機づけに役立ちます。

予算統制とは，予算の統制機能を意味します。予算と実績の比較分析プロセスと予算の執行管理プロセスがあります。予算と実績の比較分析とは，月次，または四半期，半期で実績値を集計し，予算との差異原因を分析して，実行計画の進み具合，改善案を策定して実行していくプロセスを意味します。また，執行管理プロセスは，実際の支出を管理する役割があります。

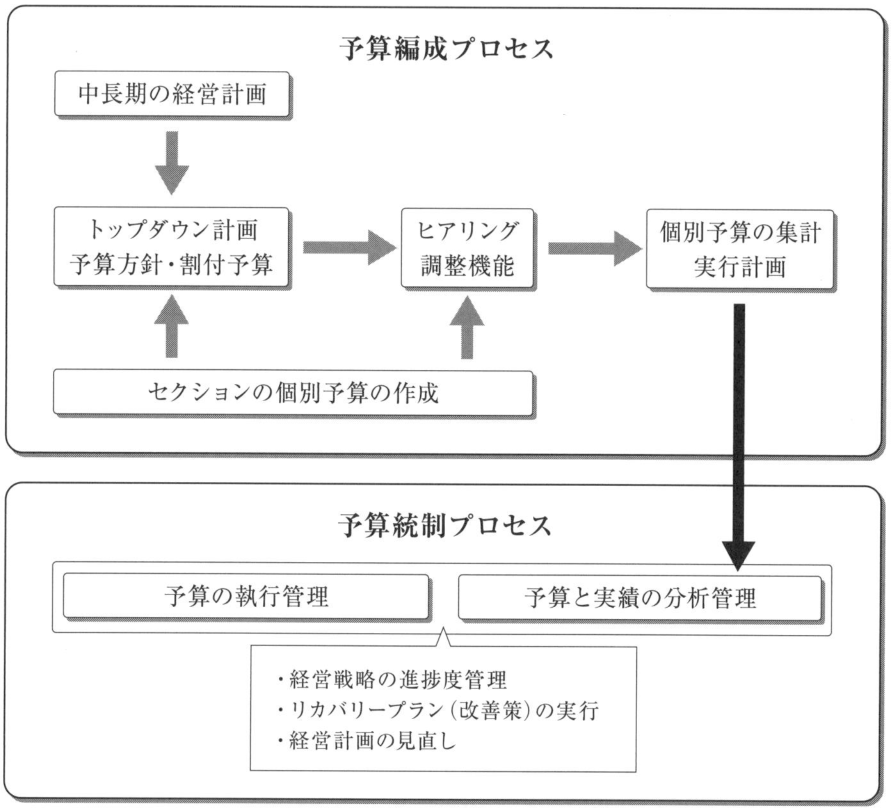

(3) 予算の体系

予算がその機能を効果的，合理的に実施されるには，予算の体系化が重要です。企業の規模や組織構造によって異なりますが，一般的に，経営活動を対象とする経常予算と設備投資，新製品の開発等の資本予算に分けて説明されます。

また，経常予算は，収益・費用・利益にかかわる損益予算と資金繰りにかかわる資金予算に分けて考えます。時には，損益予算，資金予算，そして資本予算の3つの区分に分けて体系化することもあります。いずれにしても，予算の編成を通して，売上計画，製造予算，販売戦略，投資計画，業務活動などが具体化されるとともに，総合予算として取りまとめられていきます。

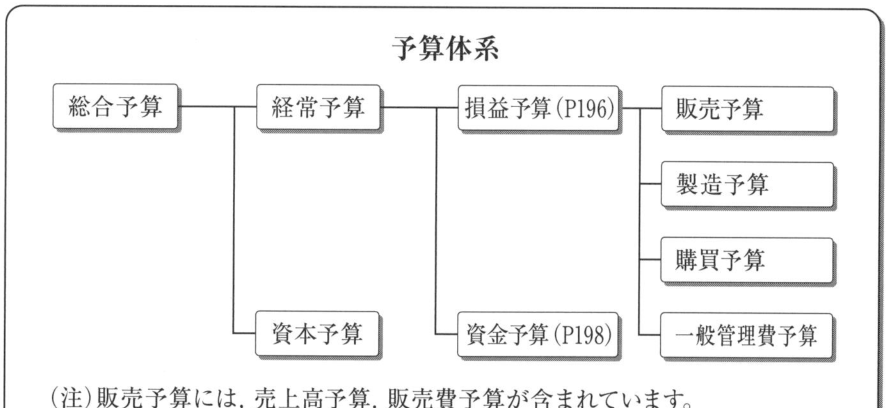

（注）販売予算には，売上高予算，販売費予算が含まれています。

21. 損益予算

(1) 損益予算

損益予算は，一般的に販売予算，製造予算，購買予算，販売費及び一般管理費予算などに分けて説明されます。販売予算は，売上高予算と販売費予算を含んで策定されることが多く，一般管理費予算を販売予算に含める場合もあります。また，損益予算に売上高予算を独立させた場合は，販売費予算も独立させます。販売費予算や一般管理費予算とは別に人件費予算をたてる場合もあります。

①販売予算

販売予算は，売上高に関する予算計画です。売上高予算は，総合予算編成の中核をなすもので，目標売上高をどのように実現するのか，という実行計画案を販売戦略とともに策定する必要があります。

販売実行計画案は，売上高予算の作成段階で同時，並行的に策定され，その検討課題は，どの商品をどの販売領域で，どのような組み合わせ（優先順位）で販売するのか，ということです。顧客別の過去販売実績と次期の予測，自社の販売力と販売チャネルの選択，生産またはサービス提供能力，付加価値力と価格設定などの基礎的事項を多角的に検討しながら予算編成していくことが重要です。

売上高予算の策定方法としては，管理者が販売価格と数量を見積もり決定するトップダウン計画と各営業担当者に見積もらせ，積み上げていく方法があります。どちらにも長所，短所がありますが，どちらの場合でも各営業担当者にとって押しつけられた数値になってしまっては，予算編成の意義が薄れてしまいます。

損益予算体系

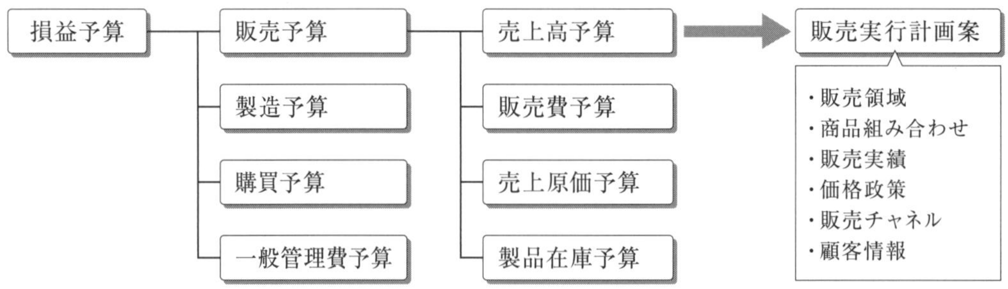

（注）販売予算には，売上高予算，販売費予算が含まれています。

(2) 営業費予算(販売費予算)

売上高予算が確定すると次に販売費予算の編成になります。販売実行計画(販売戦略)にともなって発生する販売費については，この段階で検討することになります。販売費の予算編成については，管理・統制の視点からどのように分類するかが重要です。

①販売費の管理

販売費は，プロジェクト別，商品群別，販売領域別などの販売個別費を集計することによって，貢献利益の管理，その収益性や採算性を見きわめることができます。会計ソフトをはじめとするＩＴ技術が，このような情報収集を効率的に，かつ，タイムリーに入手することを可能にしました。

一方，販売費を期間費用として位置づけた場合，共通費の配賦という曖昧な間接費を負担することになり，プロジェクト別の管理や業績評価はその精度を落とす結果となります。さらに，期間予算は，前年度実績からの比較になりがちで，予算の増減に合理的な根拠が薄くなることからモチベーションを下げることにもなりかねません。

②コミッテッド・コストとマネジド・コスト

販売部門の設備，施設費のほか販売活動，管理活動にかかわる人件費や設備・施設費は，コミッテッド・コスト(Committed cost)と呼ばれ，長期にわたって費用の発生が維持されることになります。中長期の経営計画に含まれるものであり，昇給率，社会保険料負担，退職準備などの予算化が必要になります。

販売促進費や広告費は，固定費のうちマネジド・コストと呼ばれ，効果として期待される売上高予算との関係を合理的に導き出すことが困難な費用です。予算化では，顧客の反応や競争状態を参考にして必要な予算額を設定しますが，売上高予算や前年度利益額の一定比率などによって利益責任者が判断するのが一般的です。

また，荷造費や発送運賃などの販売履行費は，売上高に対して比例的に発生する性質があり，コストセンター(部門・課)を設定して活動量や販売数量から必要な金額を予算化することができます。

短期的な費用予算の編成にとっては，費用の発生を精査し，できるだけ個別費固定費を抽出したうえで，さらにコミッテッド・コストとマネジド・コストに区別して短期的な変更が可能か否かを分析することが大切になります。

(3) 資金予算

損益計算書で算定された利益は，同額の現金を保証するものではありません。なぜならば，損益計算書は，計算期間を区切って，発生した収益と費用を対応させることにより利益を計算するからです。つまり，売上として収益を計上しても，代金の回収が後日になる場合があります。費用も同様に支出額と費用の金額が一致しません。資金予算の課題は，支払期日に必要な資金が維持されているように計画することにあります。

①資金予算の機能

収益＝収入，費用＝支出とならないことから，損益予算を中心にして編成した総合予算とは別に，現金の収支バランスを考慮した資金予算管理が必要となります。損益予算と違って，次月に挽回するなどということはできません。資金に不足が生じた場合は，ただちに借入計画を立案・実施しなければ，債務の不払いとして企業の信用を失うことになるのです。つまり，慎重な予算化が求められています。

資金予算は，損益予算をはじめとして，その他の予算に含まれる資金支出の必要額と流入額を月次計画としてまとめます。企業内でやり繰りできる資金量と外部から調達しなければならない資金量を明確にすることからスタートします。資金を必要以上に所有していることも財務収益（運用益）を逃すことになるので，余裕資金があれば有利な投資先で運用することが求められます。

つまり，財務の流動性を維持しながら資金効率を向上させ，運転資本の適正化と財務費用（支払利息）の削減が重要な機能の1つとしてあげることができます。

②資金予算の種類

資金予算は，短期的な財務予算として位置づけることができます。長期的な財務予算は，すなわち資本予算を意味します。

資金予算は，現金収支予算，信用予算，運転資本予算，財務費予算などに分けて説明されることが多いです。

現金収支予算（信用予算）とは，売掛債権と買掛債務などの短期的な収入・支出のずれを含めて調整することが求められます。

運転資本予算とは，流動資産から流動負債を差し引いて求められる運転資本を管理するもので，現金収支予算より少し長い期間で資金の流動性を管理します。

財務費予算とは，借入金等の計画にあたって支払利息の財務コストの予算計画です。

このように資金予算は，売上高予算，販売費予算，一般管理費予算，そして資本予算から現金の収支を正確に取り出し，正味の運転資本を適正に維持することによって総合予算を実現可能にさせるものです。資金は，人間の血液と同じで，一時的でも止めるわけにはいかないものなのです。

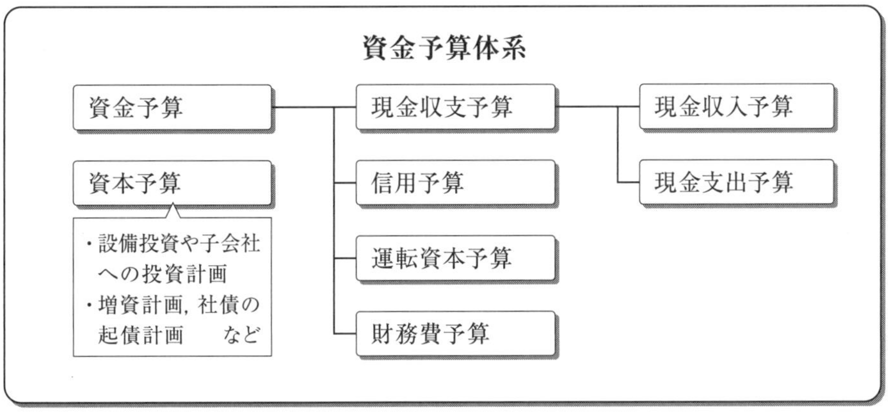

資金予算体系

予算管理のプロセスを考察してきましたが，大切なことは予算編成を通して各セクションの責任者と何をいつまでに，どこまで達成するかを話し合い，各階層の管理者とともに共有することです。予算編成に全社員がかかわり，「将来の企業のあるべき姿」について夢を語り合えるような組織風土の醸成が何よりも重要だといえるでしょう。「やらされ感」「押しつけられ感」ではなく，みずから設定した予算が各担当者にとって達成可能な目標であると認識され，達成するための方法（戦略）を充分に理解し，そのうえで業績の評価と改善が行われてこそ，予算が企業経営の総合的な管理手法として機能することを忘れてはなりません。

(4) 資本予算

資本予算は，一般に増資や長期の借入金などの長期資金調達予算と設備投資や子会社などへの投資のように長期的な資本支出予算が考えられます。当然に中長期の資本計画は，年度ごとの資金へ影響するわけですから，常に長期の計画と短期の計画が連携して予算が編成されなければなりません。

長期的な支出，すなわち設備等への投資についても，企業全体の財務流動性や資本の効率的な運用という視点で慎重な意思決定が求められます。長期に利用可能な資金をどのような投資に支出していくのか，企業の将来性を決定していくことになります。

投資の効率については，設備投資であれ，プロジェクト投資であれ，投資の有効性，利益率において検討される必要があります。単年度における資金管理にも影響が大きいです。設備投資の効率性という論点は，今日，財務予算という視点で設備投資のテーマを考察する際にますます重要になってきました。

22. 利益予測

(1) 短期的な利益予測と費用予測

ここで説明する利益予測とは，中期経営計画にもとづいて年度の実行計画を立案する際に，具体的な目標売上高や売上原価，そして，その他の費用・損失等をそれぞれ検討しながら短期的な利益を算定することを意味します。

算定された予測利益から納税額を計算することで，資金繰りに有用な情報も得ることができます。なお，短期的な利益予測を行うためには，売上高と売上原価の対応や売上原価の内訳などをしっかり学習するとともに期間損益計算の仕組みを理解する必要があります。

もちろん，中期経営計画の策定にあたっては，第4章の財務構造分析や第5章の収益（損益）構造分析によって企業の実態をつかみ，経営目標を実現するための総合的な戦略に落とし込んでいくことが大切です。その具体的な計画立案には，販売形態の見直し，価格政策，利益を最大にさせる最適な製品・商品の組み合わせなどの検討，そして部門予算等の編成など，さまざまな実施計画の検討，策定が不可欠です。

①売上高の予測

売上高を予測する場合には，景気動向，季節変動，新製品の発表，各種のイベントやキャンペーンの実施，顧客ニーズ，競合他社の動向など，多数の要素を検討しなければなりません。これらの要素を複合的に判断して売上高を積み上げていきます。

②売上原価の予測

売上原価を予測する場合には，仕入単価の変動や仕入高（購入数量）と期末（月末）在庫額の関係などの要素を検討しなければなりません。

また，期間損益計算における売上原価の算定方法をふまえ，前期末（前月末）と当期末（当月末）の棚卸高や仕入高の関係を把握する必要があります。仕入単価は，仕入先，仕入ルート，購入数量，決済方法など，さまざまな要因によって変動します。売上高と同様に，市場環境，景気動向，季節変動，競合他社の動向などにも影響されます。

購入数量に対して販売数量が少なければ，売上原価を圧縮させて利益を計上することになりますが，期末在庫額が増加して資金繰りが厳しくなります。つまり，当期に仕入れた商品代金の支払額は，当期の売上原価になる金額と棚卸商品として次期に繰り越す金額の合計額であることに注意が必要です。

このように，売上原価は販売数量によって左右されることになるので，売上原価の予測は売上高の予測と一緒に考える必要があるといえます。

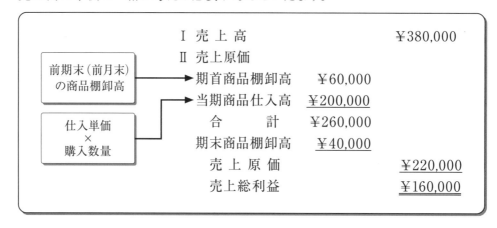

	Ⅰ 売上高		¥380,000
	Ⅱ 売上原価		
前期末（前月末）の商品棚卸高 →	期首商品棚卸高	¥60,000	
仕入単価 × 購入数量 →	当期商品仕入高	¥200,000	
	合計	¥260,000	
	期末商品棚卸高	¥40,000	
	売上原価		¥220,000
	売上総利益		¥160,000

③その他の費用・損失の予測

売上原価以外の費用や損失の予測にあたっては，その費用・損失が1年を通じて毎月経常的に発生するものなのか，一定の時期にのみ発生するものなのか，それとも臨時的に発生するものなのかをあらかじめ知っておく必要があります。

また，1年を通じて毎月経常的に発生するものの中にも，何らかの要素によって金額が変動するものと固定的に発生するものとを分けて考える必要があります。

●1年を通じて経常的に発生する費用

役員報酬，給料手当，法定福利費（労働保険料を除く），福利厚生費，荷造運賃，発送費，広告宣伝費，交際費，旅費交通費，通信費，消耗品費，水道光熱費，支払手数料，リース料，保険料（年払いを除く），月割減価償却費，地代家賃，租税公課，雑費などです。

これらの費用・損失のうち，歩合給による給料手当や荷造運賃発送費などは売上高に比例して変動します。一方，役員報酬，法定福利費，リース料，保険料，月割減価償却費，地代家賃などは固定的に一定額が発生します。

また，一般には旅費交通費，通信費，消耗品費，水道光熱費，支払手数料などの発生額は月ごとにあまり大きな変動がありません。

●一定の時期のみに発生する費用

賞与，労働保険料，年払いの保険料などがあります。

たとえば，賞与は6月と12月に発生します。

労働保険料は7月に発生します。

これらの費用は発生する時期が特定されていますから，その時期を把握することが必要です。

●臨時的に発生する費用

修繕費，固定資産売却損，固定資産除却損などは臨時的に発生します。修繕計画や設備投資計画などが策定されていれば，利益予測の段階でこれらを考慮に入れます。

費用項目の中には，変動費と固定費の両方の性質を持つ費目があります。利益予測を行うにあたり，このような費用を変動費部分と固定費部分に分解する必要があります。特に，売上高や販売量に応じて比例的に変化する要素を洗い出しておくことが大切で，詳しくは第5章の固変分解についての説明を確認してください。

(2) 利益予測のための最適製品の組み合わせ

通常，企業は複数の商品，製品を製造・販売していますが，企業が所有している経営資源には限りがあり，さまざまな制約が存在します。また，市場からの供給や需要にもそれぞれの制約があります。そこで，利益予測の段階で考えなければならないことは，制約条件のもとで商品，製品をどのような組み合わせで（製造）販売すれば，もっとも利益が大きくなるのか，ということです。

たとえば，労働時間・機械の稼働時間に制約があったり，材料の調達量に制約があったりします。このような制約のなかで利益が最高になる商品・製品の組み合わせを考える必要があるのです。

このような問題を解決するための方法として，線形計画法（LP）や整数計画法（IP）といった手法があります。従来，これらの方法を用いるには専門的な知識と複雑な計算が必要でしたが，Excelなどの表計算ソフトの関数機能を用いることによって誰でも簡単にこれらの手法を利用することができます。

一定の制約条件を満たして目的関数の解を求める線形計画法により，営業利益（貢献利益）を最大にする販売量をExcelで求めるとすれば，「ソルバー」機能を利用して制約条件を「ソルバーのパラメータ」画面で定義したうえでソルバーの解を求め，商品，製品組み合わせの問題を解決することができます。

仮に，3つの制約条件として，①各材料の最大調達量に関する制約式，②全製品の最大作業時間に関する制約式，③各製品の最大販売量に関する制約式を定義します。また，ソルバーの解が整数であるという制約として〔セル番地＝整数〕という制約式を制約条件に追加し，「制約のない変数を非負数にする」にチェックを入れます。

以上の定義が整ったら解決方法として「シンプレックスLP」を選択して「解決」をクリックすれば，営業利益（貢献利益）を最大にする販売量を求めることができます。

例題 1

次の各文章において，【　　】に入るべき数字・字句，または【　　】内の「ア」と「イ」のうち正しいものの記号を（1）～（5）の解答欄に記入しなさい。なお，金額以外の数字による解答については，求める表示形式上の小数第2位を四捨五入し，小数第1位まで記入すること。

（1）宇都宮物販㈱の第5期会計年度の期末商品棚卸高実績は80,000円であった。第6期の予算編成にあたり，商品仕入高予定額を400,000円，期末商品棚卸高予定額を60,000円，売上高総利益率を40％と見積もった時の売上高予算は【　　　】円である。

（2）山形物販㈱の第5期の実績は，期首商品棚卸高が300,000 円，仕入高が1,500,000 円，期末商品棚卸高が400,000 円，売上高が2,000,000 円であった。この実績から第5期の売上原価率は【　　　】％で，売上総利益率は【　　　】％であることが判明した。

（3）秋ノ宮商店の売上総利益は，予算・実績とも，飲食部門と商品部門の部門別に管理されている。第6期会計年度の売上高予算は，飲食部門が1,800,000円，商品部門が2,000,000円であった。予算上の売上原価率は両部門とも60％と見積もられている。この条件で，両部門を合わせた全社売上総利益予算は【　　　】円である。

（4）上記（3）の秋ノ宮商店の第6期決算の結果，全社売上総利益の予算達成率は120％であり，好調な業績を示した。同会計年度の売上高予算差異は，飲食部門が30,000円の有利差異，商品部門が20,000円の不利差異であった。また，同会計年度の実績の売上原価率が飲食部門では51％であったことから商品部門の実績の売上総利益は【　　　】円と計算できる。

（5）上記（4）の秋ノ宮商店の第6期決算において，売上総利益率がより高い部門は，【 ア. 飲食部門　イ. 商品部門 】で，その実績の売上総利益率は【　　　】％であった。

解答欄

(1)	(2)		(3)	(4)	(5)	
	売上原価率	売上総利益率				
円	%	%	円	円		%

例題 1　解　答・解　説

(1)	(2)		(3)	(4)	(5)	
	売上原価率	売上総利益率				
700,000円	70 %	30 %	1,520,000円	927,300円	ア	49 %

(1)第6期の予算は，次の通りです。

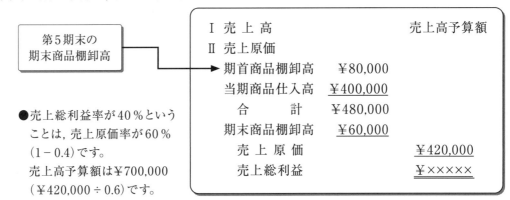

第5期末の期末商品棚卸高 →

Ⅰ	売上高		売上高予算額
Ⅱ	売上原価		
	期首商品棚卸高	¥80,000	
	当期商品仕入高	¥400,000	
	合　　計	¥480,000	
	期末商品棚卸高	¥60,000	
	売上原価		¥420,000
	売上総利益		¥×××××

●売上総利益率が40％ということは，売上原価率が60％(1－0.4)です。
売上高予算額は¥700,000(¥420,000÷0.6)です。

(3)～(6)における第6期の部門別予算と実績を整理すれば，次の通りです。

【予算額】	飲食部門	商品部門	全社実績額
売上高予算額	¥1,800,000	¥2,000,000	
売上原価(0.6)	¥1,080,000	¥1,200,000	
売上総利益	¥　720,000	¥　800,000	¥1,520,000

×120％

【実績額】	飲食部門	商品部門	全社実績額
予算実績差額	¥　30,000(有利)	▲¥　20,000(不利)	
売上高実績額	¥1,830,000	¥1,980,000	
売上原価	¥　933,300(0.51)	¥	
売上総利益	¥　896,700	¥　①	¥1,824,000

・商品部門の売上総利益①は，¥1,824,000－¥896,700＝¥927,300と算定されます。
・商品部門の売上総利益率は，¥927,300÷¥1,980,000＝0.46833･･･ → 46.8％
・飲食部門の売上総利益率は，1－0.51＝0.49→49％(または¥896,700÷¥1,830,000)

23. 月次予算管理

(1) 月次決算書の作成と経営管理

月次決算は，すでに説明したように法律で強制されるものではなく，企業が経営管理のために行うものです。また，月次決算をどのように利用するかは，企業の状況に応じて判断すべきものですが，実績を集計するだけでなく，年間の利益計画から導かれた月次計画と比較・分析し，翌月の意思決定に役立たせることが，今後ますます重要になります。

その意味でも，企業のさらなる発展には，会計ソフトによる自動集計などのＩＴ技術を利用し，明日へつながる経営管理と迅速な意思決定が不可欠となっています。

月次決算書を経営管理に利用するためには，速やかに作成することが重要です。今月のデータ集計が，翌月の月末近くに作成されていたのでは，経営資料として充分に活用されているとはいえません。会計ソフトでは，データの入力から試算表の作成まで瞬時に表示させることが可能です。各月で比較することができるように月次の決算整理事項が必要になります。

①月末の棚卸

第一の目的は，月次の売上原価を求めることです。毎月の月末在庫量を調べることにより，在庫の管理にも役立ちます。帳簿による記録から求める方法と実地に棚卸をする方法があります。在庫管理を徹底する意味でも，帳簿の記録と実施の棚卸を同時に行い，保管費や適正な在庫量の把握だけでなく，減耗，陳腐化，不良品にともなう損失の確認が大切です。

②経費の月割り

各月の会計データを比較するために，月ごとに支払が発生しない経費について注意する必要があります。たとえば，減価償却費や退職給付の繰入額は，本来年次の本決算で行うものですが，見積額を月次で計上することで正確な比較ができるようになります。また，固定資産税や賞与などのように，年数回発生する費用は，支払った月に全額費用として処理すると比較することができなくなりますので，月割りにして平均化する必要があります。

実績の集計だけでは，経営管理に利用するには不十分です。すでに説明したように，利益計画を実行するためには，年度予算，そして具体的な月次予算を作成することが大切です。月次予算は，業務管理に利用することができるのです。

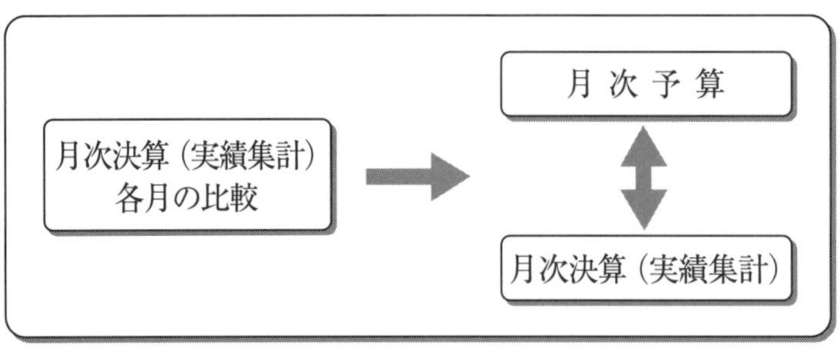

(2) 月次決算書の分析

経営管理のために重要な次のステップが，月次で立てられた損益予算と実績の対比です。年次の目標数値を月次に落とし込み，実績値と対比して翌月の対策を打つことが，月次ベースでの予算・実績の差異分析です。この繰り返しにより年度の目標を達成することができるのです。

経営管理には，年度初めに組み立てた利益計画を状況の変化に応じて変化させていくことが求められています。つまり，予算を確実に実行していく組織を作り，予算による業績評価をしっかり行って組織をコントロールしていくことが重要です。そのために，戦略的（管理会計的）な月次予算と月次決算が必要なのです。

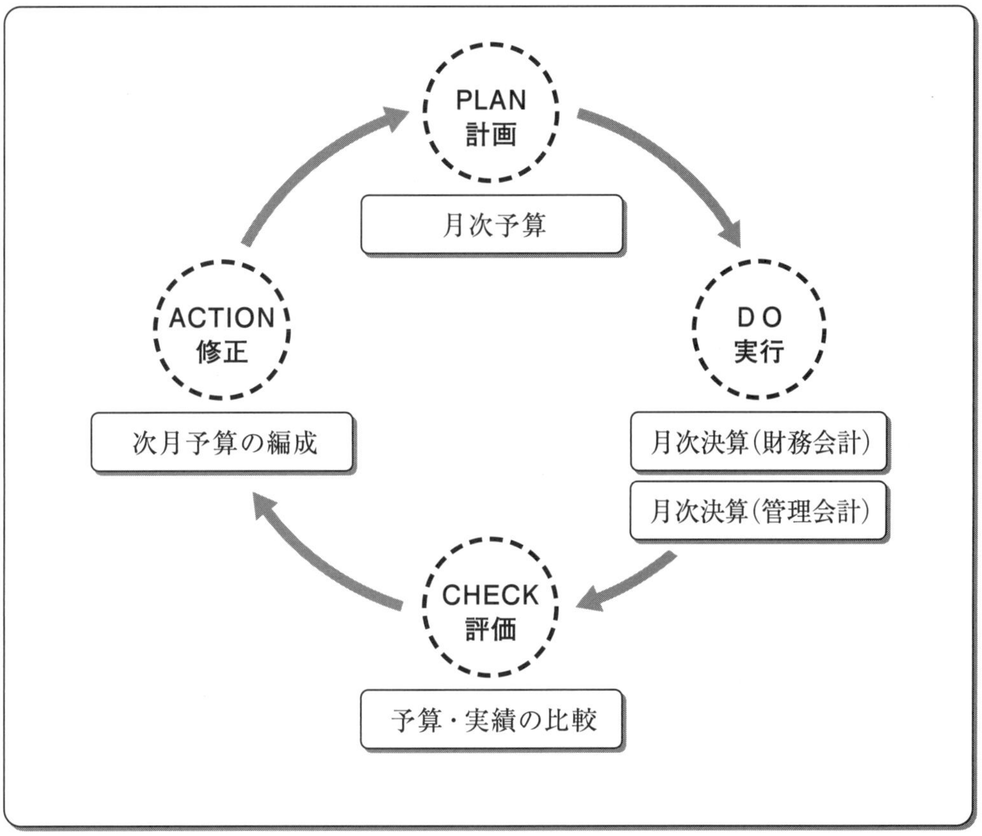

月次決算は，当然翌月の資金計画のベースになります。月次の資金繰り表を常に見直しながら，翌月の資金計画をチェックする必要があります。（第7章で学習します）

このように，月次予算は，実績数値の集計，予算・実績比較を通して行う予算管理，部門別またはプロジェクト別の業務管理，そして，資金計画に役立たせることができてこそ，有用な会計情報となり得るのです。

(3) 月次損益予算の編成と予算実績差異分析

月次予算の編成と管理（予算損益計算書・予算貸借対照表）は，次の手順で行います。予算と実績の差異分析は，プロジェクトの規模，または企業の実情によって，四半期，半期といった期間で行われる場合があります。当然，意思決定に必要かつ有用な数値データの集計・分析に必要な時間・コストについて，その費用対効果を検討することは大切ですが，できる限り月次ベースで計画を見直すことが期初における目標利益を達成させる近道です。

また，見直し（ローリング）にあたっては，財務会計における分析アプローチだけではなく，収益構造を意識した管理会計の視点によるアプローチが重要です。

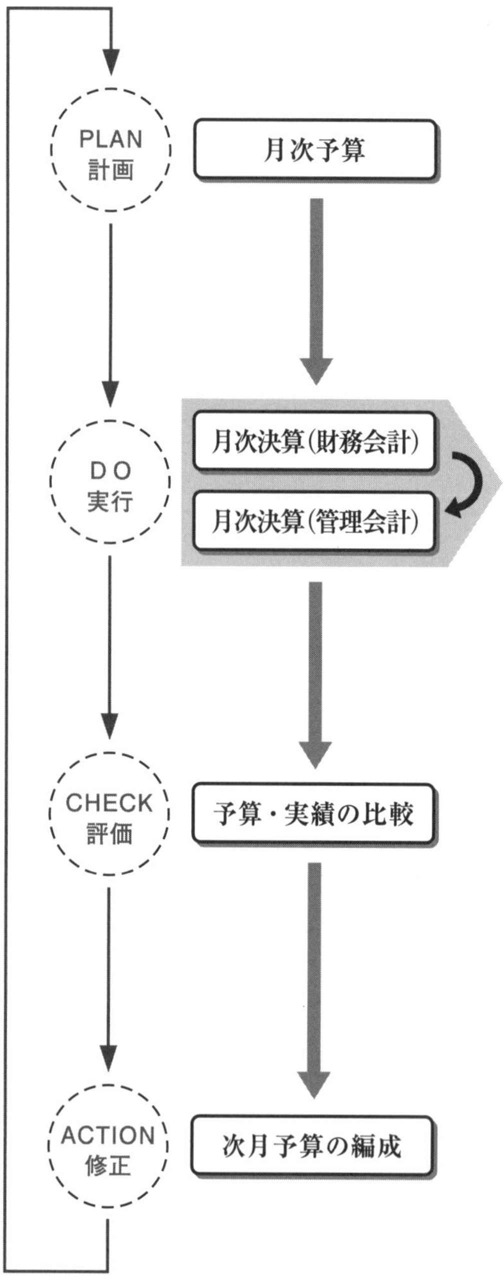

月次の予算編成においては，損益予算（財務会計）を基本としながらも，意思決定に利用できるデータ作成（管理会計用）を意識することが大切です。

予算・実績損益計算書において，変動費と固定費を次のように分解して考えてみましょう。

●売上原価………**変動費**

●人件費
●減価償却費
●その他の経費
●支払利息
　} **固定費**

●売上原価（変動費）＝売上高－売上総利益

$$売上原価率 = \frac{売上原価（変動費）}{売上高} \times 100$$

原価率，つまり変動費率は，売上高に対して比例的に発生する費用の割合です。利益を生み出す仕組みを意味する貢献利益率は，売上高「1」から変動費率を差し引いて求めることができます。

戦略的な見直し（ローリング）を行い，計画利益を達成していない場合は，その原因を調べ，できるだけ早くに代替案（リカバリープラン）を立てます。

また，費用予算に着目し，実行計画通りの活動が行われているか，チェックします。

(4) 管理会計の視点によるアプローチ

企業経営では，これまでのような売上高を過度に重視した経営から重点を移し，利益重視の事業計画を立案していくことが求められています。利益予測においては，費用を変動費と固定費に分類するとともに，部門や階層ごとに現場で管理可能な場合と経営者層の意思決定による場合に分けて分析することが大切です。

また，変動費は，販売量や操業度に比例して発生する費用ですので，一定の予算額で管理するという考え方は適さない場合があります。一方，固定費は，販売量や操業度水準にもとづいて固定的に発生する場合が多く，想定している販売規模や基準となる操業度における予算額にもとづいて管理するという予算統制の方法が採用されます。

具体的な予算数値の設定には，正常な範囲における販売量や操業度などの変化に応じて予算額を柔軟に変化させる変動予算法という方法があります。

変動予算法は，販売量や操業度の変動に応じて許容される予算額を設定して，現場における管理可能な費目の低減を強化するとともに，固定費の予算額の検討を通して想定した販売量や操業度水準の適正性を見直す場合に役立ちます。

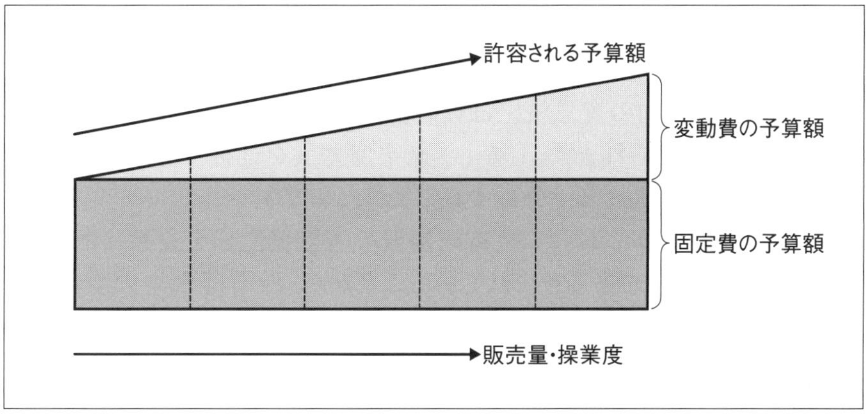

(5) 製造業における製造間接費予算と差異分析

ここでは，製造業における製造間接費の予算管理について説明します。製造直接費は，製造原価の発生が製品の生産と結びついているため，個別に管理することが容易です。これに対して，製造間接費は，そもそも製品の製造原価に紐づけできない共通費の性質があり，さらに製造間接費の中には多くの固定費が含まれているのが一般的です。

そこで，製造計画にもとづく操業度を事前に予定し，この予定した操業度水準における固定製造間接費（製造間接費のうちの固定費部分）の予算額を設定します。次に，正常な範囲における操業度に比例して発生する変動費の予算額を加算します。これで，それぞれの操業度水準の変化に応じた製造間接費の予算（許容）額が設定されます。

製品の製造作業が終わり次第，製造間接費の実際発生額と実際の操業度における予算（許容）額を突き合わせ，予算と実績の差額として「予算差異」を算定します。

製造間接費の実際発生額が予算（許容）額より少なく抑えられた場合は，予算差異は有利差異となり，実際発生額が予算（許容）額を超えて発生した場合は不利差異となります。費用・原価項目ですので，「予算額－実際発生額」でプラスは有利差異，マイナスは不利差異となります。

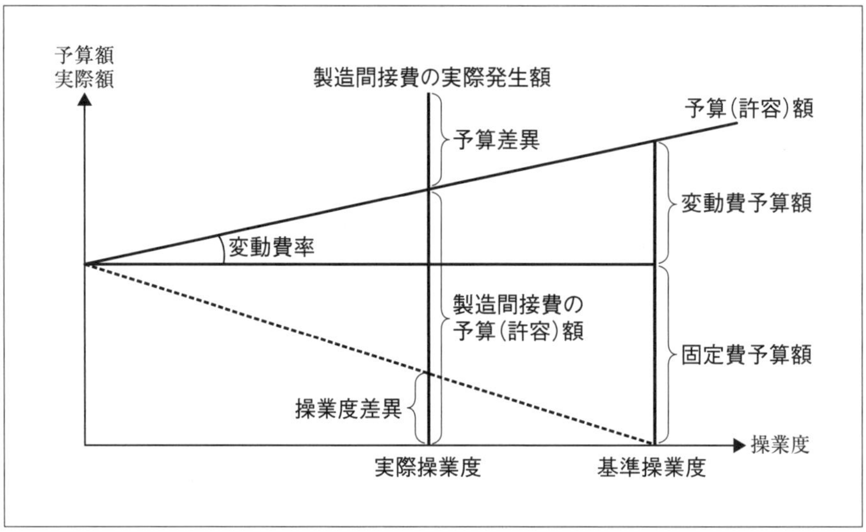

●変動費率 × 実際操業度 + 固定予算額 = 製造間接費の予算(許容)額
●製造間接費予算(許容)額 − 製造間接費実際額 = 予算差異 (+)有利差異,(−)不利差異

事前に予定した操業度水準に達成しない状態が続く場合は,生産能力を利用しなかったために発生した損失として「操業度差異」を把握する必要があります。利益予測の観点からは,生産計画にともなう生産能力の意思決定は経営者層が行うことが一般的であり,現場においては管理不能な要素だと考えられます。しかし,操業度差異を分析する際には,生産能力を効率的に利用したか否かまで踏み込んで分析することが大切です。

さらに,製品原価の計算において製造間接費の実際発生額を製品に配賦する場合は,製造間接費の中に固定費部分が多く含まれていることから,操業度水準の変動が製品の単位原価を激変させることになります。より正確な製品の製造原価はどのようにしたら計算できるのか,については,より進んだ学習として「正常配賦」という考え方や「標準原価計算」を学ぶ必要があります。

例題 2

次の各文章において,【　　】に入るべき数字・字句,または【　　】内の「ア」と「イ」のうち正しいものの記号を(1)~(12) の解答欄に記入しなさい。なお,金額以外の数字による解答については,求める表示形式上の小数第2位を四捨五入し,小数第1位まで記入すること。

(1) 予算の【 ア. 統制　イ. 調整 】機能とは,編成された予算を執行責任者へ通達し,予算と実績の差異分析を通じて目標達成に向けて改善策を講じる機能をいう。

(2) 製造業において,基準操業度にもとづいて製造間接費予算を算定している場合,製造間接費の実際発生額と実際操業度上の予算額との差額を【 ア. 予算差異　イ. 操業度差異 】という。

(3) 製造業Z社の製造間接費予算は900,000円である。この予算期間において有利な予算差異50,000円が発生した。Z社のこの予算期間の製造間接費実際発生額は【　　　】円である。

(4) 美川工業㈱は製造間接費の月次予算を変動予算方式で策定している。11月度の基準操業度にもとづく予測変動費率が作業時間1時間あたり1,500円，実際操業度が850時間，同期間の固定費予算が2,000,000円であった時，11月度の製造間接費予算は【　　　】円である。

(5) 上記(4)の美川工業㈱の11月度の製造間接費実際額は3,300,000円であった。この場合，製造間接費の予算差異は【 ア. 有利差異　イ. 不利差異 】である。

解答欄

(1)	(2)	(3)	(4)	(5)
		円	円	

例題 2　解 答 ・ 解 説

(1)	(2)	(3)	(4)	(5)
ア	ア	850,000円	3,275,000円	イ

(3) 予算差異¥50,000は有利差異なので，予算(許容)額¥900,000－実際額＝(＋)¥50,000と考えれば，製造間接費実際発生額は¥850,000と求めることかできます。

(4)と(5)を図解で説明すれば，次の通りです。

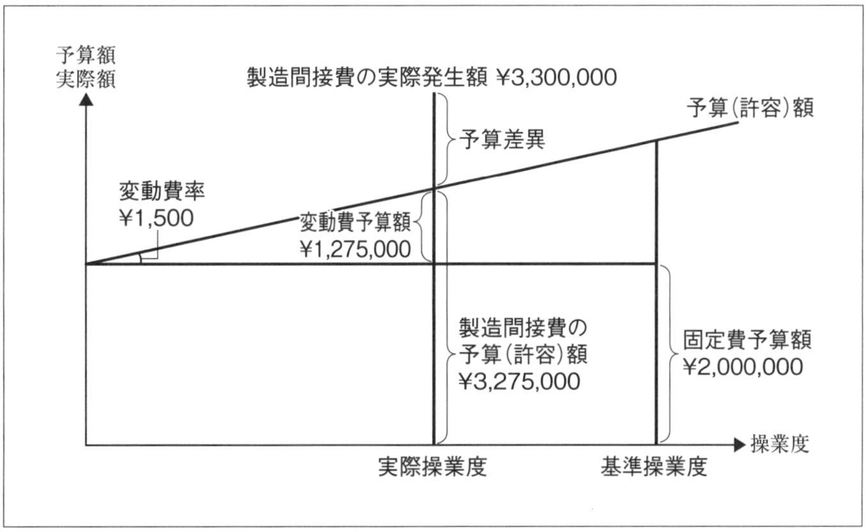

●製造間接費の予算(許容)額＝
変動費率¥1,500 × 実際操業度850時間 ＋ 固定予算額¥2,000,000＝¥3,275,000

●予算差異 ＝ 製造間接費予算(許容)額¥3,275,000 － 製造間接費実際額¥3,300,000
＝(－)¥25,000 不利差異

(6) 月次予算の見直し

月次の決算書をもとに戦略的な分析を行い，翌月の戦略立案に役立たせます。

例 題 3

株式会社 レジャーナの短期の利益計画にもとづいて，5月の損益予算と月次決算（実績）とを比較検討してみましょう。なお，差異は，実績額から予算額を差し引いて求めています。

5月の予算実績・比較財務諸表と次ページの5月の損益予算編成時の資料を参考にして設問に答えましょう。

5月の予算実績比較・損益計算書

（単位：円）

勘定科目	予算額	実績額	差異
売上高	15,236,000	11,948,052	−3,287,948
売上原価			
期首商品棚卸高	3,432,775	3,432,775	0
当期商品仕入高	7,668,225	5,218,761	−2,449,464
合計	11,101,000	8,651,536	−2,449,464
期末商品棚卸高	3,000,000	3,013,475	13,475
売上原価	8,101,000	5,638,061	−2,462,939
売上総利益	7,135,000	6,309,991	−825,009
販売費一般管理費			
人件費	1,659,695	1,870,801	211,106
減価償却費	43,179	43,179	0
その他の経費	1,427,659	958,029	−469,630
販売費一般管理費計	3,130,533	2,872,009	−258,524
営業利益	4,004,467	3,437,982	−566,485
営業外費用			
支払利息	4,113	3,801	−312
経常利益	4,000,354	3,434,181	−566,173
当月純利益	4,000,354	3,434,181	−566,173

5月の予算実績比較・貸借対照表

（単位：円）

勘定科目	予算額	実績額	差異
現金預金	10,185,391	9,095,044	−1,090,347
売掛金	13,557,712	10,802,136	−2,755,576
商品	3,000,000	3,013,475	13,475
他流動資産	0	95,511	95,511
車両	2,350,000	2,350,000	0
備品	850,000	850,000	0
減価償却累計額	−1,662,027	−1,662,027	0
差入保証金	2,000,000	2,000,000	0
資産合計	30,281,076	26,544,139	−3,736,937
買掛金	9,335,100	6,885,636	−2,449,464
未払金	1,006,900	285,600	−721,300
預り金	284,481	284,481	0
長期借入金	1,395,360	1,395,360	0
資本金	10,000,000	10,000,000	0
剰余金	8,259,235	7,693,062	−566,173
負債・純資産合計	30,281,076	26,544,139	−3,736,937

【付記事項】 ● 人件費は，役員報酬，給料手当，雑給，法定福利費の合計です。
● その他の経費は，人件費，減価償却費以外に発生した経費です。
● 未払金は，法人税，消費税の未払額を含んでいます。

【資　料】 ● 5月の目標利益4,000,000円
● 目標売上高　15,236,000円
● 売上原価率，つまり変動費率は，4月と同じ53.17％という条件で策定。
● 貢献利益率は，100％－変動費率 ＝ 100％－53.17％＝46.83％という条件で策定。
● 固定費は，人件費＋減価償却＋その他の経費＋支払利息とします。
● 5月に予定されている費用発生
・プロモーションを行うため，4月より広告宣伝費を400,000円増加。
・その他の諸経費は，4月の約15％にあたる135,000円を増額した金額です。

● 5月の損益に関する資料

勘定科目	5月の予算額	5月の実績額
売上高:	15,236,000円	11,948,052円
一般売上高（75％）	（11,427,000円）	（8,671,424円）
ショップ売上高（25％）	（3,809,000円）	（3,276,628円）

変動費（売上原価）:　8,101,000円
（15,236,000円 × 53.17％ ＝ 8,100,981円 ／ 千円未満を切り上げる）

固定費	
人件費:	1,659,695円
減価償却費:	43,179円
その他の経費:	1,427,659円
支払利息:	4,113円

・5月売上原価予定高：¥8,101,000
・4月末商品在庫：¥3,432,775
・5月末商品在庫予定高：¥3,000,000
・5月仕入予定高：¥7,668,225（¥8,101,000＋¥3,000,000－¥3,432,775）

● 売掛金回収は，20日締め翌月10日と20日の回収であり，5月の回収予定額は3月21日から3月末と4月の20日までの掛売上代金です。
● 買掛金支払は，20日締め翌月20日と25日の支払であり，5月の支払予定額は3月21日から3月末と4月の20日までの掛仕入代金です。
● 3月21日から月末まで，掛販売，掛仕入の取引は，発生していなかったようです。
● 5月末の在庫は，3,000,000円程度を予定しています。
● 長期借入金の5月分返済額は，125,143円の予定です。

設　問 売上高予算と実績を比較検討してみましょう。

例題3　**解答・解説**

設問　売上高予算と実績を比較検討してみましょう。

● 5月の損益に関する資料

勘定科目	5月の予算額	5月の実績額	差異の金額
売上高:	15,236,000円	11,948,052円	－3,287,948円
一般売上高(75%)	(11,427,000円)	(8,671,424円)	－2,755,576円
ショップ売上高(25%)	(3,809,000円)	(3,276,628円)	－532,372円
変動費(売上原価):	8,101,000円	5,638,061円	－2,462,939円
固定費			
人件費:	1,659,695円	1,870,801円	211,106円
減価償却費:	43,179円	43,179円	0円
その他の経費:	1,427,659円	958,029円	－469,630円
支払利息:	4,113円	3,801円	－312円

売上高については，目標予算額が未達成です。約300万円程度の売上が達成できなかった原因を至急に分析する必要があります。対応する変動費(売上原価)の割合は，予算の53.17%を下回り，47.19%で，結果として利益率がアップしました。卸売りを前提とした一般売上高が下がった分，やや利益率の回復があったのか否か，調査の必要があります。できれば，今後とも，変動費率45%，利益率(貢献利益率55%)程度を目標に設定することが望ましいといえます。

● 予算と実績の比較検討

損益予算を月次で設定し，月末には月次決算によって実績値をまとめ，予算と実績の差異額からその原因を明らかにするとともに前向きな責任分析を行うことが大切です。

予算の達成度における管理は，アクションプランの進捗度管理だけでなく，業績評価を経て改善措置へ取り組むことが大切であり，予算の実現へ向けて意欲を高めるものでなければ意味がありません。

売上総利益率(貢献利益率)や経常利益率(当期純利益率)は，予算額より良い数値が算定されています。しかし，この結果が策定した戦略から導き出されているのか，偶然的な結果なのか，または，アクションプランが実行されていないために費用発生が先送りになり一時的に利益が増額しているのかを検証する必要があります。

固定費は，企業体，またはプロジェクトの維持に不可欠な費用です。売上高の規模(価格と市場規模)と利益を生み出す仕組み(貢献利益の割合)を見直し，固定費への投資額を充分に検討する必要があります。固定費への投資は，収益を生み出す源であり，戦略的な固定費の投資を控えれば，利益が減少する恐れがあるのです。だからこそ，経営数値にもとづいた適切な資源配分の意思決定が求められます。

(7)弥生会計による予算管理

弥生会計では，損益計算書の科目ごとに月別の予算を設定すると，入力した日々の仕訳データから集計した実績値と比較する「予算実績対比表」を作成することができます。また，部門を登録している場合，部門ごとに予算を設定することができます。

①利益と現金

● 損益計算書の科目ごとに月別の予算を設定します。

1．クイックナビゲータの［分析・予算］カテゴリの［予算設定］をクリックして，［予算設定］ウィンドウを表示させます。

2．勘定科目ごとに予算金額を入力します。入力方法には，次の2つがあります。

＜月度別に予算金額を入力する方法＞

予算を設定する勘定科目の月度の欄をクリックし，予算金額を直接入力します。

＜年間の予算金額を一括で入力する方法＞

予算を設定する勘定科目を選択し，ツールバーの［簡易設定］ボタンをクリックします。表示される［予算簡易設定］ダイアログで，勘定科目別に予算金額を一括で設定できます。

年間の予算合計金額から各月の予算金額を算出する場合は，［年間合計］を選択し，年間の予算金額を入力します。入力した金額を12で割った金額が，各月の予算金額に入力されます。また，1か月の予算金額を設定し，その額を各月の予算金額にすることや上半期，下半期ごとの予算金額から各月の予算金額を算出することもできます。

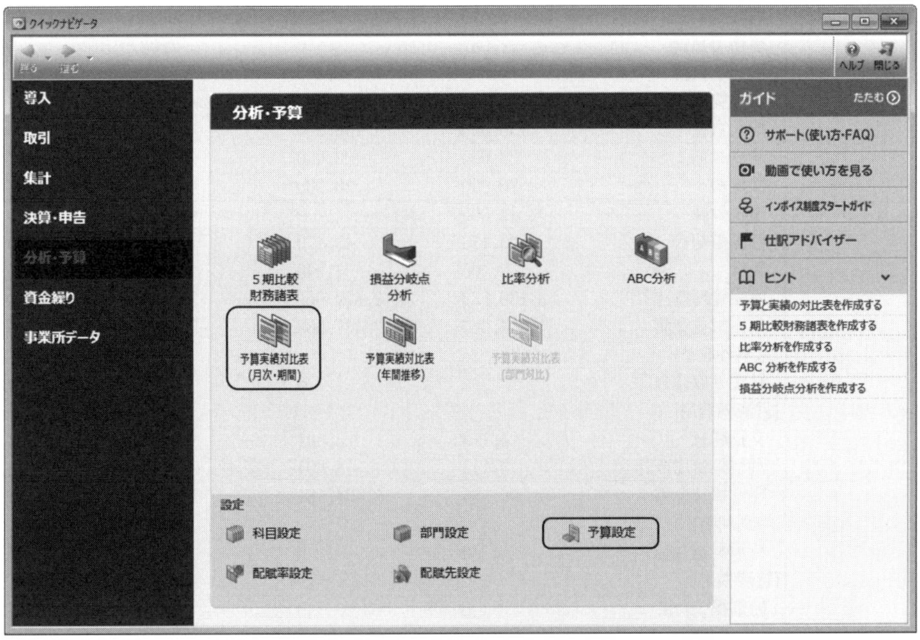

下記の計算表は，弥生会計の予算管理による「予算実績対比表」です。詳細な分析に役立ちます。

＜例＞

※イメージ画像

予算実績対比表(月次・期間)

20××年　5月度

勘定科目	予算金額	実績金額	差異金額	達成率(%)
[売上高]				
一般売上高	11,427,000	8,671,424	-2,755,576	75.885
ショップ売上高	3,809,000	3,276,628	-532,372	86.023
売上高合計	15,236,000	11,948,052	-3,287,948	78.420
[売上原価]				
期首商品棚卸高	3,432,775	3,432,775	0	100.000
期首商品棚卸高	3,432,775	3,432,775	0	100.000
仕入高	7,668,225	5,218,761	-2,449,464	68.057
当期商品仕入高	7,668,225	5,218,761	-2,449,464	68.057
合計	11,101,000	8,651,536	-2,449,464	77.935
期末商品棚卸高	3,000,000	3,013,475	13,475	100.449
期末商品棚卸高	3,000,000	3,013,475	13,475	100.449
売上原価	8,101,000	5,638,061	-2,462,939	69.597
売上総損益金額	7,135,000	6,309,991	-825,009	88.437
[販売管理費]				
役員報酬	500,000	500,000	0	100.000
給料手当	918,000	902,000	-16,000	98.257
雑給	48,000	48,000	0	100.000
法定福利費	193,695	420,801	227,106	217.249
福利厚生費	3,990	0	-3,990	0.000
荷造運賃	245,300	224,700	-20,600	91.602
広告宣伝費	715,000	367,500	-347,500	51.399
交際費	19,425	18,375	-1,050	94.595
旅費交通費	76,930	55,555	-21,375	72.215
通信費	61,080	73,179	12,099	119.808
販売手数料	45,000	0	-45,000	0.000
消耗品費	3,570	2,625	-945	73.529
事務用品費	7,087	0	-7,087	0.000
支払手数料	4,305	4,305	0	100.000
車両費	51,417	29,400	-22,017	57.180
地代家賃	136,500	136,500	0	100.000
リース料	22,050	22,050	0	100.000
保険料	20,900	20,900	0	100.000
租税公課	12,000	0	-12,000	0.000
減価償却費	43,179	43,179	0	100.000
雑費	3,105	2,940	-165	94.686
販売管理費計	3,130,533	2,872,009	-258,524	91.742
営業損益金額	4,004,467	3,437,982	-566,485	85.854
[営業外収益]				
営業外収益合計	0	0	0	0.000
[営業外費用]				
支払利息	4,113	3,801	-312	92.414
営業外費用合計	4,113	3,801	-312	92.414
経常損益金額	4,000,354	3,434,181	-566,173	85.847
[特別利益]				
特別利益合計	0	0	0	0.000
[特別損失]				
特別損失合計	0	0	0	0.000
[当期純損益]				
税引前当期純損益金額	4,000,354	3,434,181	-566,173	85.847

※ 期末商品棚卸高は，5月の月次決算ベースで比較するため，5月の月次決算仕訳で5月末棚卸商品と4月末棚卸商品を振り替える仕訳ではなく，期首商品棚卸高に4月末の商品棚卸高を計上しています。

第7章 資金の管理

第7章では,資金計算について学びます。損益計算と資金計算の違いを理解し,2区分式や3区分式の資金繰り表が作成できるように練習します。予算貸借対照表と予算損益計算書から見積もり資金繰り表の作成やキャッシュ・フロー計算書もあわせて理解しましょう。

第7章 資金の管理

24. 資金計算

(1) 資金の計算と損益の計算

「企業経営は，現金にはじまって，現金に終わる」という言葉があります。企業活動とは，株主，他の企業そして銀行（投資会社）などから一定の資金を集め，「人」，「もの」，「サービス」へ投資し，購入・生産・販売の過程で，より価値のある商品・サービスを提供し，投資した以上のお金を回収しようとする一連の取り組みです。投資した以上の資金を回収し（利益を生み出し），株主などに配当や利子を支払い，借り入れた資金を返済し，従業員に給与や賞与を支払います。つまり，現金が循環することで経営活動が成り立っていくわけです。資金計算（資金会計）は，この現金（貨幣）の流れを記録・集計・計算して，現金の流れを止めないようにすることが，大きな役目となります。また，現金の流れを分析することで，企業経営の状態を把握することが可能になります。

①利益と現金

企業は，損益計算の結果，利益を出していても「倒産」することがあります。逆に，赤字が続いているからといって「倒産」するとは限りません。「倒産」は，支払債務を期日に支払うことができない場合に起こるわけです。

簡単な例で，貨幣の流れと利益の計算を考察してみます。

株式の発行により，資金を1,000万円調達しました。現金900万円で商品を仕入れ，このうち3分の2にあたる600万円を1,000万円で掛販売しました。資金の計算と利益の計算をしてみましょう。

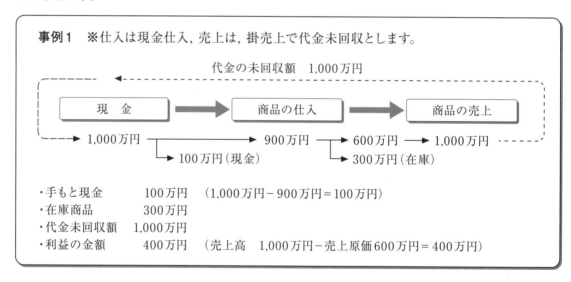

事例1　※仕入は現金仕入，売上は，掛売上で代金未回収とします。

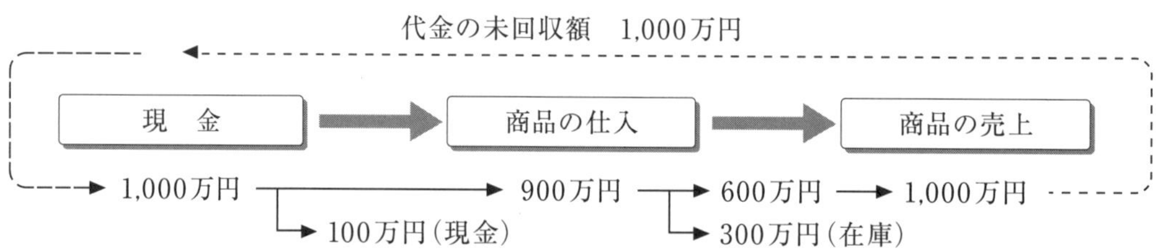

・手もと現金　　100万円　（1,000万円－900万円＝100万円）
・在庫商品　　300万円
・代金未回収額　1,000万円
・利益の金額　　400万円　（売上高　1,000万円－売上原価600万円＝400万円）

損益の計算では，400万円の利益を計上できましたが，手もと現金は100万円しかありません。当初の投資した現金1,000万円は，手もと現金100万円，在庫商品300万円，売上債権1,000万円の合計1,400万円に変化しています。

次に，仕入商品のうち3分の2にあたる600万円を700万円で掛販売する場合を考えてみましょう。ただし，仕入取引は掛仕入です。

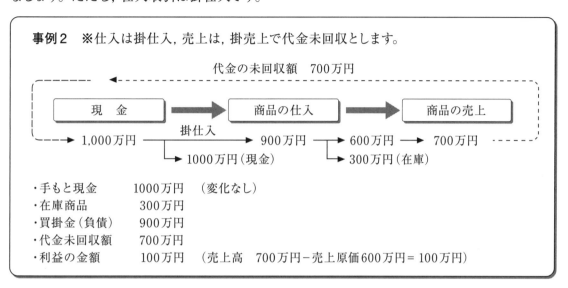

事例2　※仕入は掛仕入，売上は，掛売上で代金未回収とします。

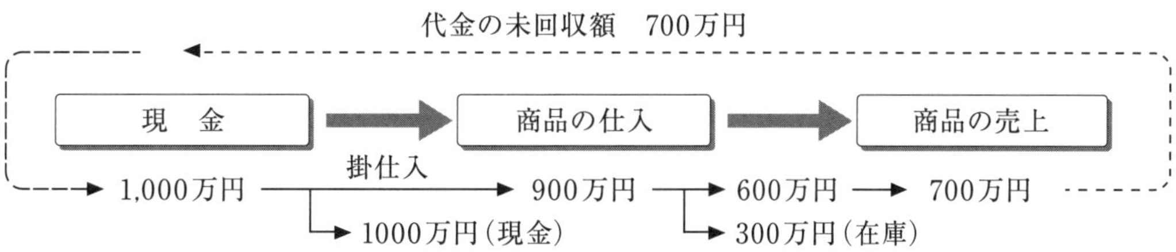

・手もと現金　　1000万円　（変化なし）
・在庫商品　　　300万円
・買掛金（負債）　900万円
・代金未回収額　700万円
・利益の金額　　100万円　（売上高　700万円－売上原価600万円＝100万円）

損益の計算では，100万円の利益ですが，手もと現金は1,000万円あります。当初の投資した現金1,000万円は，手もと現金1,000万円，在庫商品300万円，売上債権700万円，負債（債務）900万円で，差引の合計1,100万円に変化しています。

買掛金の900万円を短期の借入金と読み替えれば，当面の資金は事例1より多いことになります。つまり，事例2は，利益額が事例1より少ないですが，事例1より利用できる資金が多いことになるのです。このように信用取引による資金の未回収額（売上債権）や資金の未支払額（仕入債務）が発生することにより，損益の計算と現金収支の残高は一致しません。

事例2では，買掛金を支払うまでに資金として利用することができます。商品の仕入や給与の支払準備にあてることもできます。事例1では，販売代金を回収するまで手もと現金は100万ですので，資金の借り入れを考えなければなりません。資金の流れを管理することは，企業経営にとって利益を生み出すことと同時にもっとも重要な課題です。

②損益計算と資金計算

さらに，制度会計としての損益計算と資金計算の違いについて，簡単な例を利用して説明しましょう。

〈例〉

資本金300万円を元入れして，会社を設立しました。最初の1ヶ月の経営活動は，下記の通りです。本日4/29，月末の損益計算の準備を行っています。

月末（4/30）の経営成績は，いくらの利益か，それとも損失になるか，考えてみましょう。

4/1～25商品の現金仕入高	@¥15,000	120個
4/4～29商品の掛売上高（回収翌月）	@¥28,000	80個
4/1～29販売経費（現金支払）	¥280,000	
4/4パソコン等備品購入（現金支払）	¥350,000	
4/25ショップの家賃（現金支払）	¥220,000	
4/30 人件費（2人分・現金支払・予定）	¥400,000	

4月30日に，2人分の人件費¥400,000を支払う資金が足りない結果となりました。資金計算では，期首の300万円がマイナスの5万円になっています。資金の調達ができなければ，企業の継続は危ぶまれます。

月次資金計算（予定）

● 月初の資金残高	¥3,000,000
● 資金の減少	
→商品の現金仕入高@¥15,000×120個	¥1,800,000
→販売経費（現金支払）	¥280,000
→パソコン等備品購入（現金支払）	¥350,000
→ショップの家賃（現金支払）	¥220,000
4/29現在の資金残高	¥350,000
→4/30 人件費（2人分・現金支払・予定）	¥400,000
	¥－50,000

一方，制度会計の計算方法により月末の月次決算の準備を行えば，下記のように140,000円の利益を計上することができます。

月次損益計算（予定）

● 売上高　@¥ 28,000×80個	¥2,240,000
● 売上原価　@¥15,000 ×80個	¥1,200,000
→月初商品　なし	
→当期仕入高　@¥15,000×120個	
→月末商品　@¥15,000×40個	
● 売上総利益（粗利益）	¥1,040,000
● 販売費及び一般管理費	¥900,000
→販売経費　¥280,000	
→支払家賃　¥220,000	
→給料手当　¥400,000（予定）	
● 営業利益	¥140,000

なお，この月次決算書では，パソコン等の備品に対する減価償却費が計上されていません。減価償却費は，固定資産を購入した場合，その固定資産を利用して将来の収益をあげることから，購入代金を購入した会計期間に全額費用として計上するのではなく，一度，固定資産として計上したのち，減価償却という手続きにより毎期の費用へ配分しようとする考えがあります。つまり，購入代金の全額の支出があったとしても，期間の損益計算の比較性を重視するため各会計期間へ費用を按分するのです。減価償却費の金額は，費用であっても資金の支出をともなわないことから非資金費用と呼ばれます。

企業は，短期の経営計画にもとづいて利益計画（年度予算）を立てます。しかし，損益予算は，収入・支出のタイミングと一致していません。そこで，編成された損益予算に関して現金の収支バランスをもう一度考えることが必要になります。現金の収入と支出の時期を明らかにして，現金の収支バランスを確認します。これが資金計画（資金繰り）で検討する内容です。

この意味で，年度の利益計画（広義）では，損益計画と資金計画の2つが両輪としてバランスすることが大切です。資金に不足があれば借入の計画を立て，余裕があれば資金運用の計画を立案しなければなりません。

資金計画において，計画的な資金管理を行うための資金予算を「資金繰り表」の作成を通して見ていきましょう。

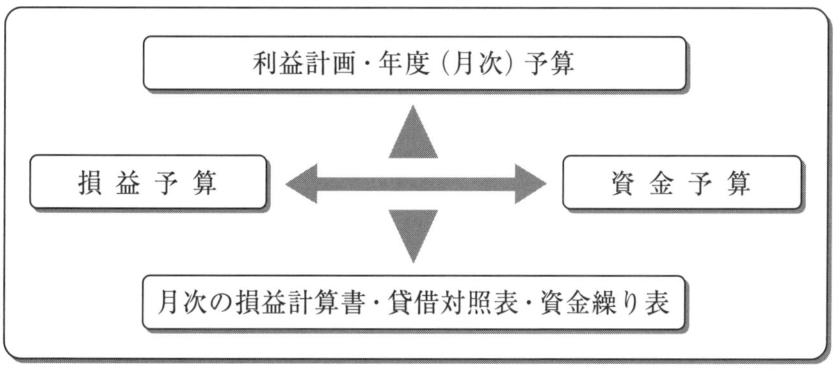

(2) 資金繰り表の作成

資金繰り表とは，一定期間のすべての現金収入と現金支出を分類・集計してまとめられている表です。資金の動きがわかりやすく表示されているので資金の過不足の調整や次月に繰り越す資金（月末の資金残高）の状況が把握できます。

また，資金繰り表には，過去における資金繰りの結果をまとめた実績表と将来における資金繰りを計画した予定表（見積もり表）があります。資金管理という視点では，将来の資金計画が重要になります。

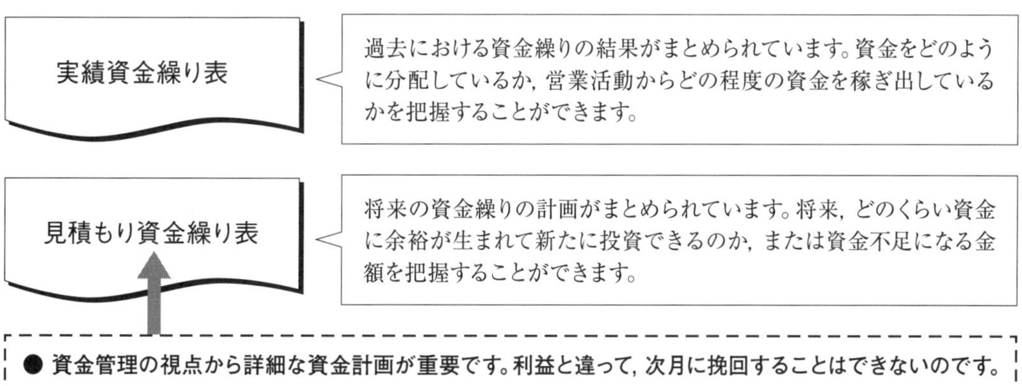

①資金繰り表の形式と収支の項目

資金繰り表とは，前月から繰り越された資金（月初の資金残高）に収入を加え，支出を差し引いて次月に繰り越す資金（月末の資金残高）を計算する表です。資金の動きがわかりやすく表示されています。

資金の範囲は，「現金」と自由に引き出して支払にあてることができる「預貯金」として考えましょう。

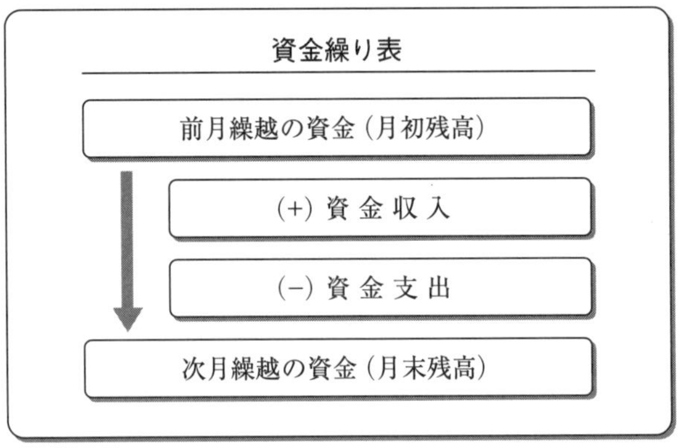

現金の収入と支出には，どのような科目があるのでしょうか。月初（期首）の貸借対照表項目（ストック）と月末（期末）の貸借対照表項目（ストック）を基準にして考える方法やフローである損益計算書の項目を基準にして考えることもできます。

いずれにしても，「主たる営業にかかわって発生する現金の収支」と「それ以外の財務的な収支」，「投資的な収支により発生する現金収支」の項目があります。

主たる営業にかかわって発生する収支項目には，現金売上と現金仕入，売掛金の回収，買掛金の支払，原材料の購入，賃金・給料の支給，交通費や消耗品費の経費項目の支払，営業外項目の受払，税金の納付などがあげられます。また，財務的や投資的な収支項目としては，借入金の借り入れと返済や有価証券の購入と売却，固定資産の購入と売却などがあげられます。

②2区分形式の資金繰り表

資金繰り表は，現金の収入と支出をわかりやすく表示することが目的ですので，その管理目的に応じた表示形式のものが使用されます。2区分形式とは，営業に関わる収支とそれ以外の収支に大きく分けて表示する形式の資金繰り表です。

この資金繰りでは，資金の増減項目を営業に関わる経常収支項目とその他の収支項目に分けます。「経常収支」の区分には，企業の営業活動で経常的に発生する資金の増減項目を表示します。また，「その他の収支」の区分では，経常収支以外の資金の増減項目である財務関係や投資にかかわる資金の増減項目を表示します。

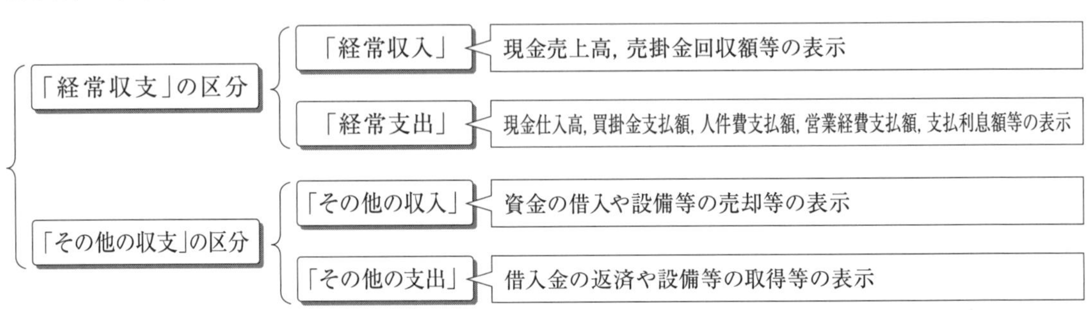

実績資金繰り表

（単位：円）

資金繰り項目			金額
前月現預金残高			5,000,000
経常収支	経常収入	現金売上	0
		売掛金回収	8,858,000
		手形回収	0
		受取利息	0
		その他の経常収入	0
		計	8,858,000
	経常支出	現金仕入	0
		買掛金支払	8,799,000
		支払手形決済	0
		人件費	290,000
		営業経費	855,860
		支払利息	4,000
		その他の経常支出	0
		計	9,948,860
	経常収支差額		− 1,090,860
その他の収支	その他の収入	借入金収入	300,000
		設備等売却収入	0
		その他	0
		計	300,000
	その他の支出	借入金返済	0
		設備等取得支出	2,500,000
		その他	0
		計	2,500,000
	その他の収支差額		− 2,200,000
当月収支差額			− 3,290,860
次月繰越現預金残高			1,709,140

前月の繰越金

経常収入の合計額

「経常収入」−「経常支出」の金額

「その他の収入」の金額

「経常収支差額」+「その他の収支差額」

次月への繰越金

経常収入の合計額は¥8,858,000，経常支出の合計額は¥9,948,860であったため，経常収支で資金不足になっています。¥300,000の借入金収入があるものの，¥2,500,000の設備等取得支出があり，当月収支差額として¥3,000,000以上の資金不足になっています。次月に経常収入の見込みが立っていれば問題ありませんが，この状態における設備取得が適切であったか否か，検討する必要があります。

③3区分形式の資金繰り表

3区分形式の資金繰り表は,「その他の収支」の区分を「設備等収支」と「財務収支」に分けて表示します。

つまり,資金が増加する原因と減少する原因を企業の経営活動から大きく3つに分けます。売上高,仕入高,掛けなどの営業にかかわる債権債務などの営業活動から経常的に発生する「経常収支」,設備や有価証券などの取得・売却などの投資活動にかかる「投資等(設備等)収支」,そして,借入金や資金調達などの財務活動にかかる「財務収支」に分けて表示します。

- 「経常収支」の区分
  - 「経常収入」
  - 「経常支出」
- 「その他の収支」の区分
  - 「設備等収支」
    - 「設備等売却収入」
    - 「設備等購入支出」
  - 「財務収支」
    - 「財務収入」
    - 「財務支出」

＋資金収入

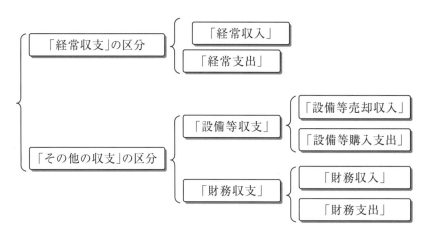

経常収入	営業活動から常に得られる収入： 現金売上,売掛金回収,受取利息などの営業外収益 等
設備等売却収入	固定資産や有価証券の売却,貸付金の回収などから得られる収入： 固定資産の売却,有価証券の売却,貸付金の回収 等
財務収入	借入金の借入や株式の発行などから得られる収入： 借入金の借り入れ,増資による払込,社債の発行による資金調達 等

－資金支出

経常支出	営業活動で常に支払われる仕入代金や経費支払などの支出： 現金仕入,買掛金支払,手形決済,給料などの経費支払 等
設備等購入支出	固定資産や有価証券の購入,貸付金の貸し付けなどの支出： 固定資産の購入,有価証券の購入 等
財務支出	借入金の返済や社債の償還などの支出： 借入金の返済,社債の償還 等

4月の資金繰り表

（単位：円）

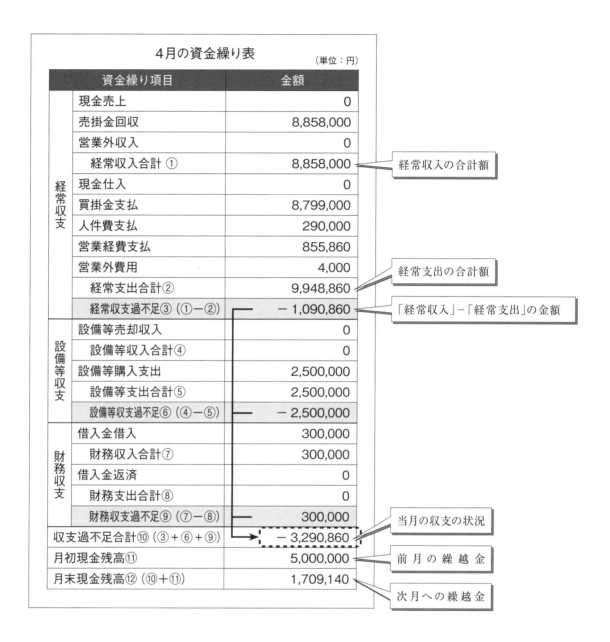

資金繰り項目		金額	
経常収支	現金売上	0	
	売掛金回収	8,858,000	
	営業外収入	0	
	経常収入合計 ①	8,858,000	経常収入の合計額
	現金仕入	0	
	買掛金支払	8,799,000	
	人件費支払	290,000	
	営業経費支払	855,860	
	営業外費用	4,000	
	経常支出合計②	9,948,860	経常支出の合計額
	経常収支過不足③（①－②）	－1,090,860	「経常収入」－「経常支出」の金額
設備等収支	設備等売却収入	0	
	設備等収入合計④	0	
	設備等購入支出	2,500,000	
	設備等支出合計⑤	2,500,000	
	設備等収支過不足⑥（④－⑤）	－2,500,000	
財務収支	借入金借入	300,000	
	財務収入合計⑦	300,000	
	借入金返済	0	
	財務支出合計⑧	0	
	財務収支過不足⑨（⑦－⑧）	300,000	
収支過不足合計⑩（③＋⑥＋⑨）		－3,290,860	当月の収支の状況
月初現金残高⑪		5,000,000	前月の繰越金
月末現金残高⑫（⑩＋⑪）		1,709,140	次月への繰越金

財務収支に関する区分を独立させることで，資金過不足への対応を明確に表示することができるようになります。たとえば，この例題のように経常活動で支出超過である場合，財務収支の面で資金をどのように調達するかが検討されることになります。

つまり，3区分形式の資金繰り表では，設備等収支過不足と財務収支過不足を明示することによって，2区分形式に比べ，経営活動の状況がより明らかとなります。

④資金繰り表の作成

実際に資金繰り表を作成するにあたって，貸借対照表及び損益計算書から収支項目を整理し，資金繰り表の作成準備をします。取引の内訳を整理することから始めてみましょう。
資金繰り表の形式は，2区分形式を作成してから3区分形式を作成します。

下記の4月末の財務諸表にもとづいて，実績資金繰り表を作成するために収支項目を整理してみましょう。なお，当社は，4月1日に¥5,000,000の資金を元手に設立したと仮定します。

【資料】

4月の貸借対照表　(単位：円)

資産	現金預金	2,581,000	負債	買掛金	2,500,000
	売掛金	6,400,000		短期借入金	500,000
	商品	1,450,000		負債合計	3,000,000
	車両	1,500,000	純資産	資本金	5,000,000
	備品	500,000		剰余金	4,393,500
	減価償却累計額	▲37,500		純資産合計	9,393,500
資産合計		12,393,500	負債・純資産合計		12,393,500

4月の損益計算書　(単位：円)

売上高		15,100,000
売上原価		
期首商品棚卸高	0	
当期商品仕入高	11,000,000	
期末商品棚卸高	1,450,000	9,550,000
売上総利益		5,550,000
販売費及び一般管理費		
人件費	370,000	
減価償却費	37,500	
その他の経費	745,000	1,152,500
営業利益		4,397,500
営業外費用		
支払利息		4,000
経常利益		4,393,500
当期純利益		4,393,500

※ 減価償却費は37,500円です。
※ 仕入高，売上高は，すべて掛取引とします。
※ 経費，固定資産，掛代金の支払は，すべて現金預金とします。
※ 4月の月末商品棚卸高は1,450,000円です。

取引の内訳

掛売上	15,100,000 円	売掛金の回収	8,700,000 円
掛仕入	11,000,000 円	買掛金の支払	8,500,000 円
人件費の支払	370,000 円	車両・備品の購入	2,000,000 円
営業経費の支払	745,000 円	借入金の借入	500,000 円
利息の支払	4,000 円		

- 掛売上高¥15,100,000のうち，掛代金の回収により現金¥8,700,000の増加。
- 掛仕入高¥11,000,000のうち，掛代金の支払により現金¥8,500,000の減少。
- 人件費，営業経費，利息の支払によって，現金¥1,119,000の減少。
- 車両・備品の購入により現金¥2,000,000の減少。
- 借入金の借り入れにより現金¥500,000の増加。

4月の資金の収入・支出に関連する事項について

現金売上高	0 円		
現金仕入高	0 円		
売掛金回収額	8,700,000 円	経常収支	(経常収入)
買掛金支払額	8,500,000 円		(経常支出)
人件費支払額	370,000 円		(経常支出)
その他の経費支払額	745,000 円		(経常支出)
営業外費用支払額	4,000 円		(経常支出)
車両・備品購入額	2,000,000 円	その他の収支	(設備等購入支出)
借入金借入額	500,000 円		(財務収入)
4月初現金残高	5,000,000 円		
4月末現金残高	2,581,000 円		

● 2区分形式の資金繰り表を作成してみましょう。

2区分形式の資金繰り表における金額

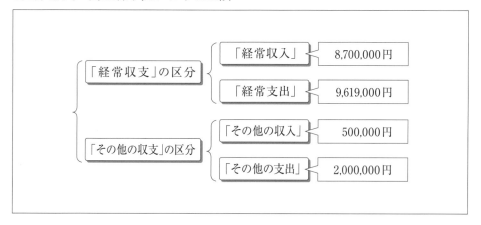

- 「経常収支」の区分
  - 「経常収入」 8,700,000円
  - 「経常支出」 9,619,000円
- 「その他の収支」の区分
  - 「その他の収入」 500,000円
  - 「その他の支出」 2,000,000円

【2区分形式による実績資金繰り表】

実績資金繰り表

（単位：円）

資金繰り項目			金額
前月現預金残高			5,000,000
経常収支	経常収入	現金売上	0
		売掛金回収	8,700,000
		手形回収	0
		受取利息	0
		その他の経常収入	0
		計	8,700,000
	経常支出	現金仕入	0
		買掛金支払	8,500,000
		支払手形決済	0
		人件費	370,000
		営業経費	745,000
		支払利息	4,000
		その他の経常支出	0
		計	9,619,000
	経常収支差額		− 919,000
その他の収支	その他の収入	借入金収入	500,000
		設備等売却収入	0
		その他の収入	0
		計	500,000
	その他の支出	借入金返済	0
		設備等取得支出	2,000,000
		その他の支出	0
		計	2,000,000
	その他の収支差額		− 1,500,000
当月収支差額			− 2,419,000
次月繰越現預金残高			2,581,000

●「営業活動」,「投資活動」, 及び「財務活動」に分けた3区分形式の資金繰り表を作成しましょう。

3区分形式の資金繰り表における金額

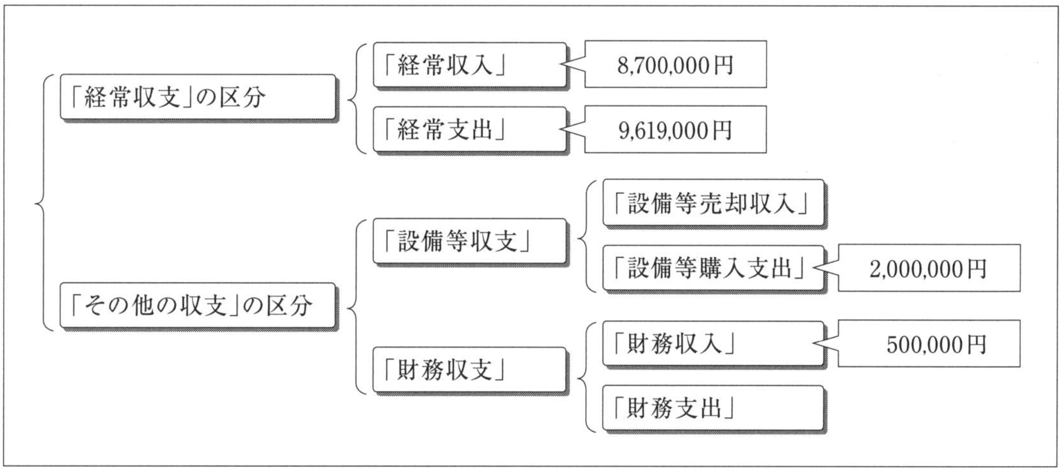

【3区分形式による実績資金繰り表】

4月の資金繰り表

(単位：円)

資金繰り項目		金額
経常収支	現金売上	0
	売掛金回収	8,700,000
	営業外収入	0
	経常収入合計 ①	8,700,000
	現金仕入	0
	買掛金支払	8,500,000
	人件費支払	370,000
	営業経費支払	745,000
	営業外費用	4,000
	経常支出合計②	9,619,000
	経常収支過不足③ (①－②)	－919,000
設備等収支	設備等売却収入	0
	設備等収入合計④	0
	設備等購入支出	2,000,000
	設備等支出合計⑤	2,000,000
	設備等収支過不足⑥ (④－⑤)	－2,000,000
財務収支	借入金借入	500,000
	財務収入合計⑦	500,000
	借入金返済	0
	財務支出合計⑧	0
	財務収支過不足⑨ (⑦－⑧)	500,000
収支過不足合計⑩ (③＋⑥＋⑨)		－2,419,000
月初現金残高⑪		5,000,000
月末現金残高⑫ (⑩＋⑪)		2,581,000

例題1

5月末の貸借対照表と損益計算書は，下記の通り集計されました。4月，5月の実績資金繰り表を作成してみましょう。ただし，「経常収支の区分」と「その他の収支」による2区分形式の資金繰り表とします。なお，売上と仕入は掛取引，その他はすべて現金預金で決済しています。

【資　料】

5月の実績貸借対照表

（単位：円）

勘定科目	前月繰越	当月借方	当月貸方	当月残高
現金・預金	2,581,000	16,740,000	15,049,000	4,272,000
売掛金	6,400,000	19,880,000	16,340,000	9,940,000
商品	1,450,000	1,980,000	1,450,000	1,980,000
車両	1,500,000			1,500,000
備品	500,000	950,000		1,450,000
減価償却累計額	－37,500		48,500	－86,000
資産合計	12,393,500	39,550,000	32,887,500	19,056,000
買掛金	2,500,000	11,670,000	13,100,000	3,930,000
短期借入金	500,000	45,000	400,000	855,000
資本金	5,000,000			5,000,000
利益剰余金	4,393,500		4,877,500	9,271,000
負債・純資産合計	12,393,500	11,715,000	18,377,500	19,056,000

5月の実績損益計算書

（単位：円）

勘定科目	前月繰越	当月借方	当月貸方	当月残高
売上高	15,100,000		19,880,000	34,980,000
売上原価				
期首商品棚卸高				
当期商品仕入高	11,000,000	13,100,000		24,100,000
合計	11,000,000	13,100,000		24,100,000
期末商品棚卸高	1,450,000	1,450,000	1,980,000	1,980,000
売上原価	9,550,000	14,550,000	1,980,000	22,120,000
売上総利益	5,550,000		7,310,000	12,860,000
販売費一般管理費				
人件費	370,000	860,000		1,230,000
減価償却費	37,500	48,500		86,000
その他の経費	745,000	1,518,000		2,263,000
販売費一般管理費計	1,152,500	2,426,500		3,579,000
営業利益	4,397,500		4,883,500	9,281,000
営業外費用				
支払利息	4,000	6,000		10,000
経常利益	4,393,500		4,877,500	9,271,000
当期純利益	4,393,500		4,877,500	9,271,000

【2区分形式による実績資金繰り表】

実績資金繰り表

(単位：円)

資金繰り項目			4月	5月
前月現預金残高			5,000,000	(　　　)
経常収支	経常収入	現金売上	0	(　　　)
		売掛金回収	8,700,000	(　　　)
		手形回収	0	(　　　)
		受取利息	0	(　　　)
		その他の経常収入	0	(　　　)
		計	8,700,000	(　　　)
	経常支出	現金仕入	0	(　　　)
		買掛金支払	8,500,000	(　　　)
		支払手形決済	0	(　　　)
		人件費	370,000	(　　　)
		営業経費	745,000	(　　　)
		支払利息	4,000	(　　　)
		その他の経常支出	0	(　　　)
		計	9,619,000	(　　　)
	経常収支差額		－919,000	(　　　)
その他の収支	その他の収入	借入金収入	500,000	(　　　)
		設備等売却収入	0	(　　　)
		その他	0	(　　　)
		計	500,000	(　　　)
	その他の支出	借入金返済	0	(　　　)
		設備等取得支出	2,000,000	(　　　)
		その他	0	(　　　)
		計	2,000,000	(　　　)
	その他の収支差額		－1,500,000	(　　　)
当月収支差額			－2,419,000	(　　　)
次月繰越現預金残高			2,581,000	(　　　)

5月の資金の収入・支出に関連する事項について，記入しましょう。

現金売上高	0円	経常収支	
現金仕入高	0円		
売掛金回収額	(　　　)円		(経常収入)
買掛金支払額	(　　　)円		(経常支出)
人件費支払額	(　　　)円		(経常支出)
その他の経費支払額	(　　　)円		(経常支出)
営業外費用支払額	(　　　)円		(経常支出)
車両・備品購入額	(　　　)円	その他の収支	(設備等購入支出)
借入金返済額	(　　　)円		(財務支出)
借入金借入額	(　　　)円		(財務収入)

例題1 解答・解説

実績資金繰り表

(単位：円)

資金繰り項目			4月	5月
前月現預金残高			5,000,000	(2,581,000)
経常収支	経常収入	現金売上	0	(0)
		売掛金回収	8,700,000	(16,340,000)
		手形回収	0	(0)
		受取利息	0	(0)
		その他の経常収入	0	(0)
		計	8,700,000	(16,340,000)
	経常支出	現金仕入	0	(0)
		買掛金支払	8,500,000	(11,670,000)
		支払手形決済	0	(0)
		人件費	370,000	(860,000)
		営業経費	745,000	(1,518,000)
		支払利息	4,000	(6,000)
		その他の経常支出	0	(0)
		計	9,619,000	(14,054,000)
	経常収支差額		−919,000	(2,286,000)
その他の収支	その他の収入	借入金収入	500,000	(400,000)
		設備等売却収入	0	(0)
		その他	0	(0)
		計	500,000	(400,000)
	その他の支出	借入金返済	0	(45,000)
		設備等取得支出	2,000,000	(950,000)
		その他	0	(0)
		計	2,000,000	(995,000)
	その他の収支差額		−1,500,000	(−595,000)
当月収支差額			−2,419,000	(1,691,000)
次月繰越現預金残高			2,581,000	(4,272,000)

5月の資金の収入・支出に関連する事項

売掛金回収額	(16,340,000) 円	経常収支	(経常収入)
買掛金支払額	(11,670,000) 円		(経常支出)
人件費支払額	(860,000) 円		(経常支出)
その他の経費支払額	(1,518,000) 円		(経常支出)
営業外費用支払額	(6,000) 円		(経常支出)
車両・備品購入額	(950,000) 円	その他の収支	(設備等購入支出)
借入金返済額	(45,000) 円		(財務支出)
借入金借入額	(400,000) 円		(財務収入)

例題 2

例題1に示した5月末の貸借対照表と損益計算書にもとづいて，4月，5月の実績資金繰り表を作成してみましょう。ただし，「営業活動」，「投資活動」，及び「財務活動」による3区分形式の資金繰り表を作成します。なお，売上と仕入は掛取引，その他はすべて現金預金で決済しています。

【3区分形式による実績資金繰り表】

実績資金繰り表

(単位：円)

資金繰り項目		4月	5月
経常収支	現金売上	0	(　　)
	売掛金回収	8,700,000	(　　)
	営業外収入	0	(　　)
	経常収入合計 ①	8,700,000	(　　)
	現金仕入	0	(　　)
	買掛金支払	8,500,000	(　　)
	人件費支払	370,000	(　　)
	営業経費支払	745,000	(　　)
	営業外費用	4,000	(　　)
	経常支出合計②	9,619,000	(　　)
	経常収支過不足③ (①−②)	− 919,860	(　　)
設備等収支	設備等売却収入	0	(　　)
	設備等収入合計④	0	(　　)
	設備等購入支出	2,000,000	(　　)
	設備等支出合計⑤	2,000,000	(　　)
	設備等収支過不足⑥ (④−⑤)	− 2,000,000	(　　)
財務収支	借入金借入	500,000	(　　)
	財務収入合計⑦	500,000	(　　)
	借入金返済	0	(　　)
	財務支出合計⑧	0	(　　)
	財務収支過不足⑨ (⑦−⑧)	500,000	(　　)
収支過不足合計⑩ (③＋⑥＋⑨)		− 2,419,000	(　　)
月初現金残高⑪		5,000,000	(　　)
月末現金残高⑫ (⑩＋⑪)		2,581,000	(　　)

5月の取引のうち，「投資活動」，「財務活動」について整理しましょう。

車両・備品の購入	(　　) 円	「投資活動」による設備等支出
借入金返済	(　　) 円	「財務活動」による財務支出
借入金の借入	(　　) 円	「財務活動」による財務収入

例題2　**解答・解説**

【3区分形式による実績資金繰り表】

実績資金繰り表

（単位：円）

資金繰り項目		4月	5月
経常収支	現金売上	0	（ 0）
	売掛金回収	8,700,000	（ 16,340,000）
	営業外収入	0	（ 0）
	経常収入合計 ①	8,700,000	（ 16,340,000）
	現金仕入	0	（ 0）
	買掛金支払	8,500,000	（ 11,670,000）
	人件費支払	370,000	（ 860,000）
	営業経費支払	745,000	（ 1,518,000）
	営業外費用	4,000	（ 6,000）
	経常支出合計②	9,619,000	（ 14,054,000）
	経常収支過不足③（①－②）	－919,860	（ 2,286,000）
設備等収支	設備等売却収入	0	（ 0）
	設備等収入合計④	0	（ 0）
	設備等購入支出	2,000,000	（ 950,000）
	設備等支出合計⑤	2,000,000	（ 950,000）
	設備等収支過不足⑥（④－⑤）	－2,000,000	（ －950,000）
財務収支	借入金借入	500,000	（ 400,000）
	財務収入合計⑦	500,000	（ 400,000）
	借入金返済	0	（ 45,000）
	財務支出合計⑧	0	（ 45,000）
	財務収支過不足⑨（⑦－⑧）	500,000	（ 355,000）
収支過不足合計⑩（③＋⑥＋⑨）		－2,419,000	（ 1,691,000）
月初現金残高⑪		5,000,000	（ 2,581,000）
月末現金残高⑫（⑩＋⑪）		2,581,000	（ 4,272,000）

5月の取引のうち,「投資活動」,「財務活動」は，下記の通りです。

車両・備品の購入	（ 950,000）円	「投資活動」による設備等支出
借入金返済	（ 45,000）円	「財務活動」による財務支出
借入金の借入	（ 400,000）円	「財務活動」による財務収入

このように，資金の収入と支出を3つに分けて加減することにより，資金の流れを把握することができます。5月の経常収入合計は¥16,340,000，経常支出合計は¥14,054,000，経常収支過不足は¥2,286,000の過剰，設備等収支過不足は車両・備品の購入により¥950,000の不足，財務収支過不足は借入金の借入と返済により¥355,000の過剰です。

従って，当月の収支過不足合計は¥1,691,000の増加で，4月からの繰越残高が¥2,581,000あるので，次月へ繰り越す月末現金残高は¥4,272,000と計算され，5月の実績貸借対照表・現金預金の残高と一致します。

(3) 資金増減原因の分析

資金の増減について，主に貸借対照表項目を比較することにより原因を分析し資金の流れを把握する方法があります。たとえば，売上債権，棚卸資産，買入債務などの営業活動に係わる資産・負債の増減，固定資産の購入や売却などの投資活動に係わる資金の増減などを分析し，資金の流れを把握します。

資金の増減原因を売掛金を例にして説明しましょう。商品を販売する場合，注文を受け，商品を発送します。この時，売上高としてデータを入力します。掛販売の場合は，後日に売掛金を回収して資金（現預金）を手にします。売上代金の回収は，遅れるほど資金繰りは悪くなるのです。一方，掛仕入は商品をすでに受け取り，後日に代金を支払うので，ゆっくり支払うほど資金繰りに余裕がでます。つまり，売掛金の増加は資金を減らし，買掛金の増加は資金を増やす結果となるのです。

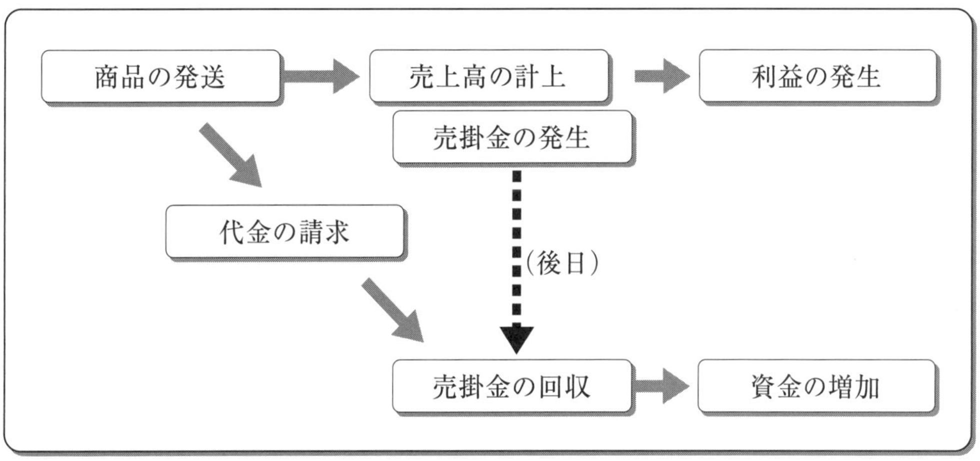

資金の増減原因

- 売掛金の増加 → 資金を減少させる。
- 売掛金の減少 → 資金を増加させる。
- 買掛金の増加 → 資金を増加させる。
- 買掛金の減少 → 資金を減少させる。
- 在庫の増加 → 資金を減少させる。
- 在庫の減少 → 資金を増加させる。
- 設備の購入 → 資金を減少させる。
- 設備の売却 → 資金を増加させる。
- 借入金の増加 → 資金を増加させる。
- 借入金の返済 → 資金を減少させる。
- 利益の発生 → 資金を増加させる。
- 損失の発生 → 資金を減少させる。
- 減価償却費の発生 → 資金を増加させる。(非資金費用)

商品を仕入れて販売されない売れ残りは，在庫になります。在庫になった商品の代金は，代金回収よりも先に支払うことになり資金繰りを悪くします。従って，在庫の増加は，資金を減少させることになります。

減価償却費は，非資金費用とも呼ばれます。なぜならば，固定資産は，購入した会計年度に一度，資産として計上し，その後，収益に貢献する期間(耐用年数)に費用として割り当てるからです。減価償却とは，費用を配分する手続きですので，資金の支払をともなわない費用という性質があります。

例題3

例題1の財務データを利用して，資金の増減原因表を作成してみましょう。なお，売上と仕入は掛取引，その他はすべて現金預金で決済しています。

【資　料】 例題1の財務資料（228ページ参照）

●5月の当期純利益　4,877,500円

●5月の貸借対照表は，下記の通りです。

5月の実績貸借対照表

（単位：円）

勘定科目	前月繰越	当月借方	当月貸方	当月残高
現金・預金	2,581,000	16,740,000	15,049,000	4,272,000
売掛金	6,400,000	19,880,000	16,340,000	9,940,000
商品	1,450,000	1,980,000	1,450,000	1,980,000
車両	1,500,000			1,500,000
備品	500,000	950,000		1,450,000
減価償却累計額	− 37,500		48,500	− 86,000
資産合計	12,393,500	39,550,000	32,887,500	19,056,000
買掛金	2,500,000	11,670,000	13,100,000	3,930,000
短期借入金	500,000	45,000	400,000	855,000
資本金	5,000,000			5,000,000
利益剰余金	4,393,500		4,877,500	9,271,000
負債・純資産合計	12,393,500	11,715,000	18,377,500	19,056,000

【5月の資金増減原因】

5月の資金増減原因

（単位：円）

		資金増加	資金減少
損益の状況	利益	（　　）	
非資金費用	減価償却	（　　）	
売掛金の状況	増加		（　　）
買掛金の状況	増加	（　　）	
在庫の状況	増加		（　　）
設備等の状況	増加		（　　）
借入金の状況	増加	（　　）	
合計		（　　）	（　　）
資金の増減結果		（　　）	

例題3 解答・解説

5月の資金の増減原因から資金計算を確認してみましょう。

5月の資金増減原因

（単位：円）

		資金増加	資金減少
損益の状況	利　　益	（　4,877,500）	
非資金費用	減価償却	（　48,500）	
売掛金の状況	増　　加		（　3,540,000）
買掛金の状況	増　　加	（　1,430,000）	
在庫の状況	増　　加		（　530,000）
設備等の状況	増　　加		（　950,000）
借入金の状況	増　　加	（　355,000）	
合　　計		（　6,711,000）	（　5,020,000）
資金の増減結果		（　1,691,000）	

● 売掛金・・・月末残高 ¥9,940,000 － 月初残高 ¥6,400,000 ＝ ¥3,540,000
● 買掛金・・・月末残高 ¥3,930,000 － 月初残高 ¥2,500,000 ＝ ¥1,430,000
● 商　品・・・月末残高 ¥1,980,000 － 月初残高 ¥1,450,000 ＝ ¥530,000
● 備　品・・・月末残高 ¥1,450,000 － 月初残高 ¥500,000 ＝ ¥950,000
● 短期借入金　月末残高 ¥855,000 － 月初残高 ¥500,000 ＝ ¥355,000
● 当期純利益¥4,877,500
● 減価償却費の額　¥48,500

資金は，前月より¥1,691,000増加しています。利益により¥4,877,500の資金が増加しました。一方，売掛金，在庫の増加により資金繰りを悪化させています。また，備品の購入により資金が減少しており，短期借入金によって資金を調達しています。

資金の増加原因を金額の大きい順に列挙すると次の通りです。
①「利益の発生」 ¥4,877,500
②「買掛金の増加」¥1,430,000
③「借入金の増加」¥355,000
資金の減少原因を金額の大きい順に列挙すると次の通りです。
①「売掛金の増加」¥3,540,000
②「設備の購入」 ¥950,000
③「在庫の増加」，¥530,000

結果，資金の増減結果は，¥1,691,000の資金増加となります。

例題4

株式会社ＭＡ商事の次の資料に従って，下記の設問に答えなさい。

【資料】

実績資金繰り表

（単位：万円）

資金繰り項目			4月	5月	6月
前月現預金残高			850	944	314
経常収支	経常収入	現金売上	180	410	400
		売掛金回収	680	420	720
		手形回収	0	0	0
		受取利息	0	0	0
		その他の経常収入	8	7	7
		計	868	837	1,127
	経常支出	現金仕入	100	150	100
		買掛金支払	600	800	450
		支払手形決済	0	0	0
		人件費	90	92	135
		営業経費	150	165	150
		支払利息	16	25	25
		その他の経常支出	6	35	6
		計	962	1,267	866
	経常収支差額		▲94	▲430	261
その他の収支	その他の収入	借入金収入	200	0	0
		設備等売却収入	0	0	0
		その他の収入	0	0	0
		計	200	0	0
	その他の支出	借入金返済	12	20	20
		設備等取得支出	0	180	0
		その他の支出	0	0	0
		計	12	200	20
	その他の収支差額		188	▲200	▲20
当月収支差額			94	▲630	241
次月繰越現預金残高			944	314	555

【留意事項】

(1) 5月の設備投資のために，4月に銀行借入を行い，翌月から返済と利息の支払が発生した。

(2) 5月に30万円の税金の納付があった。

(3) 5月には，新商品発表イベントに対する開催経費の支出があった。

(4) 6月には，夏季賞与が支給された。

(5) 得意先Hの経営不振により，売掛金回収額が予定を大きく下回っている。

(6) 当社は，従来，掛取引による売上と仕入であったが，現金取引の拡大に努めている。掛売上の代金回収サイトは，翌月末である。また，掛仕入の代金支払サイトは翌々月末である。

設 問　株式会社MA商事の資金の状況を説明した下記の各文章の空欄にもっとも適当と思われる語句を語群から選んで記号で答えなさい。

(1) 4月の経常収支差額がマイナスになった理由の1つは，［ ① ］が要因としてあげられる。

ア 現金仕入の増加	イ 買掛金支払(3月分)	ウ 買掛金支払(4月分)	エ 営業経費の増加
オ 人件費の増加	カ 現金売上の減少	キ 仕入高増加(3月分)	ク 仕入高増加(4月分)

(2) 6月の経常収支差額が［ ② ］となった最大の原因は，経常支出項目では［ ③ ］が要因としてあげられる。

ア 営業経費の減少	イ 支払利息の減少	ウ 人件費の減少	エ 仕入高減少(3月分)
オ 現金仕入高の減少	カ プラス	キ マイナス	ク 仕入高減少(4月分)

(3) 5月のその他の収支差額が［ ④ ］となった最大の原因は，［ ⑤ ］があげられる。

ア 機械装置の購入	イ 借入金の返済	ウ 銀行借入	エ 税金の納付
オ 機械装置の売却	カ プラス	キ マイナス	ク その他の項目

(4) 経常収入が他の月と比べてもっとも多かった月は［ ⑥ ］で，その最大の原因は，［ ⑦ ］が要因としてあげられる。

ア 4月	イ 5月	ウ 6月	エ 現金売上の増加
オ 売掛金回収(6月分)	カ 売掛金回収(5月分)	キ 売掛金回収(4月分)	ク その他の項目増加

(5) 5月の当月収支差額がマイナスになった原因の1つは，［ ⑧ ］の減少が要因としてあげられる。

ア 売掛金回収(6月分)	イ 売掛金回収(4月分)	ウ 売掛金回収(5月分)	エ 借入金返済
オ イベント開催費	カ 税金の納付	キ 現金売上の減少	ク 利息の支払

解答欄

(1)	(2)		(3)		(4)		(5)
①	②	③	④	⑤	⑥	⑦	⑧

例題4 解答・解説

(1)	(2)		(3)		(4)		(5)
①	②	③	④	⑤	⑥	⑦	⑧
カ	カ	ク	キ	ア	ウ	カ	イ

● 月別の資金の状態を確認してみましょう。

1. 4月の資金状態について

経常収入合計868万円に対して経常支出合計が962万円で経常収支差額が94万円のマイナスになっています。売掛金の回収金額が680万円あるのに対して買掛金の支払額が600万円であり，収支差額は80万円の増加しかありません。また，5月の設備投資のために銀行借り入れを行って200万円の資金増加があります。そのため，その他の収支差額が188万円のプラスとなり，4月の収支差額が94万円増加することになりました。

2. 5月の資金状態について

経常収入合計837万円に対して経常支出合計が1,267万円で大幅に増加したため，経常収支差額は430万円のマイナスになっています。売掛金の回収額が4月と比べて少なくなっていますが，現金売上は増加しています。また，その他の支出では設備投資を5月に行った結果，設備等取得支出が180万円，借入金の増加による返済で20万円が発生しており，その他の収支差額も200万円のマイナスになりました。

3. 6月の資金状態について

売掛金の回収額が720万円あり，経常収入合計は1,127万円です。一方，経常収支は買掛金支払額が450万円，夏期賞与のため人件費が135万円で支出合計額は866万円で，経常収支差額が261万円の増加になりました。

その他の収支差額は借入金の返済額が20万円で，当月収支差額は241万円の増加になっています。

その結果，6月の月初に314万円であった現金預金残高は，6月末には555万円になりました。

● 科目別の資金の増加，減少を確認してみましょう。

1. 現金売上について

4月の180万円に対して5月，6月は約400万円の収入があり経常収入の増加に良い影響を与えています。

2. 売掛金回収額について

売掛金の回収サイトは売上計上時期の翌月末であり，1ヶ月のずれが生じます。過去の掛売上高が減少すれば当然1ヶ月後の回収額は減少します。その他，得意先の経営不振により回収額が遅れて予定額を下回ることがあります。5月の売掛金回収額は4月と6月に比べて400万円程度であり，5月の経常収支差額が減少した大きな要因になっています。

3. その他の経常収入について

金額は少なく，変動も少ないため，大きな問題はないようです。

4. 現金仕入について

毎月100万円程度あり，5月には150万円を計上しています。

5. 買掛金支払額について

掛仕入高の代金支払サイトは翌々月末で，仕入計上時期から2ヶ月以上ずれています。5月の買掛金支払額が800万円と増加していますが，5月に仕入高が増加したわけではありません。6月の買掛金支払額が450万円と4，5月と比べて少ないのは，4月の仕入高が少なかったことを意味しています。

6. 人件費について

夏期賞与の支払があったことにより6月に135万円の人件費を計上しています。4月，5月はほぼ定額で約90万円を計上しています。

7. 営業経費について

4月，6月は150万円程度ですが，5月は新製品発表イベントを開催したため165万円を計上しています。

8. 支払利息について

4月に銀行借入を行ったため，5月から25万円に増加しています。

9. その他の経常支出について

5月に税金の納付があったために35万円を計上しています。4，6月は6万円程度で変化はありません。

10. 借入金収入について

4月に200万円の銀行借り入れがありました。そのため，4月のその他の収支差額が188万円増加しています。しかし，5月には設備投資を行ったのでその他の支出が5月には増加しています。

11. 借入金返済額について

4月は12万円でしたが，同月に銀行借入を行ったために5月から20万円に増加しています。また，支払利息も増加していることに注意が必要です。

12. 設備等取得支出について

5月に設備投資があり，180万円のその他の支出が計上されています。

● 資金状況の悪化と改善ついて

売上高が伸びないままで仕入高が増加すれば，当然に資金状況は悪くなります。原価率が上がることで利幅が少なくなることも悪い影響となります。さらに，未販売商品の在庫が増加すれば，仕入代金の支払にあてられた資金が回収されないまま，在庫という形で社内に残って資金収入が遅れていきます。

また，掛代金の回収サイトが伸びることは資金状況に悪い影響となり，反対に掛仕入高の支払サイトが伸びれば資金状況を改善する要因になります。

借り入れを行うことは，一時的な資金増加をもたらしますが，長期にわたって返済が必要であり資金状況の悪化の要因になります。

(4) 見積もり資金繰り表の作成

資金繰り表は，企業における予算制度にもとづいて，作成されます。短期利益計画による損益予算から資金の収支計画を見積もります。損益の計上と資金の収支には，ずれが生じることはすでに学びました。営業部門から提供される資料は，現金売上予定，売掛金回収予定，手形回収予定などです。また，購買部門や製造部門から提供される資料は，仕入に関する支払予定，買掛金や手形，経費の支払予定などです。さらには，固定資産の購入計画，プロジェクトごとの経費支払計画，その他人件費の支払や配当金，借入金返済などの資料も必要になります。

①見積もり資金繰り表の作成

利益計画の作成にあたり，損益予算と資金予算は両輪であることは説明した通りです。次月以降の見積資金計画があってこそ，資金管理が可能になります。見積もりの損益予算にもとづいて，見積もりの資金予算を立ててみましょう。

次に示す株式会社レジャーナの5月の予算貸借対照表，予算損益計算書にもとづいて，5月の資金の収入・支出に関連する事項を整理してみましょう。

5月の予算貸借対照表

（単位：円）

勘定科目	前月繰越	当月借方	当月貸方	当月残高
現金預金	9,270,268	8,489,751	7,574,628	10,185,391
売掛金	6,526,982	11,427,000	4,396,270	13,557,712
商品	3,432,775	3,000,000	3,432,775	3,000,000
他流動資産	0	0		0
車両	2,350,000			2,350,000
備品	850,000			850,000
減価償却累計額	− 1,618,848		43,179	− 1,662,027
差入保証金	2,000,000			2,000,000
資産合計	22,811,177	22,916,751	15,446,852	30,281,076
買掛金	5,715,412	4,048,537	7,668,225	9,335,100
未払金	1,031,900	525,000	500,000	1,006,900
預り金	284,481	284,481	284,481	284,481
長期借入金	1,520,503	125,143	0	1,395,360
資本金	10,000,000			10,000,000
剰余金	4,258,881		4,000,354	8,259,235
負債・純資産合計	22,811,177	4,983,161	12,453,060	30,281,076

5月の予算損益計算書

（単位：円）

勘定科目	前月繰越	当月借方	当月貸方	当月残高
売　上　高	8,584,138		15,236,000	23,820,138
売　上　原　価				
期首商品棚卸高	2,281,250			2,281,250
当期商品仕入高	5,715,412	7,668,225		13,383,637
合　計	7,996,662	7,668,225		15,664,887
期末商品棚卸高	3,432,775	3,432,775	3,000,000	3,000,000
売　上　原　価	4,563,887	11,101,000	3,000,000	12,664,887
売上総利益	4,020,251		7,135,000	11,155,251
販売費一般管理費				
人　件　費	1,659,695	1,659,695		3,319,390
減価償却費	43,179	43,179		86,358
その他の経費	892,659	1,427,659		2,320,318
販売費一般管理費計	2,595,533	3,130,533		5,726,066
営業利益	1,424,718		4,004,467	5,429,185
営業外費用				
支払利息	4,113	4,113		8,226
経常利益	1,420,605		4,000,354	5,420,959
当月純利益	1,420,605		4,000,354	5,420,959

（注）その他の経費の内訳は，現金支払分927,659円と未払分500,000円の合計額です。

この貸借対照表と損益計算書から，資金の収入・支出を抜き出してみると，次の通りです。

5月の資金の収入・支出に関連する事項

（単位：円）

現金売上高	3,809,000	（経常収入）
現金仕入高	0	
売掛金回収額	4,396,270	（経常収入）
その他経常収入額	284,481	（経常収入）
買掛金支払額	4,048,537	（経常支出）
人件費支払額	1,659,695	（経常支出）
その他の経費支払額	927,659	（経常支出）
営業外費用支払額	4,113	（経常支出）
未払金の支払額	525,000	（経常支出）
その他経常支出額	284,481	（経常支出）
備品購入額	0	
借入金返済額	125,143	（財務支出）

※掛売上高￥11,427,000 ／ 掛仕入高￥7,668,225

- 売上高 ￥15,236,000 － 売掛金（借方）￥11,427,000 ＝ 現金売上高 ￥3,809,000
- その他の経費の内訳は，現金支払分927,659円と未払分500,000円なので，現金部分のみを経費の資金支出として計上します。

- 未払金の支払額は，経常支出として計上します。
- 預り金の増減額は，その他経常収入・支出として計上します。
- 営業外費用支出額は，支払利息分です。

5月の月初・月末現金残高を確認しましょう。

(単位：円)

5月の月初現金残高	9,270,268
5月の月末現金残高	10,185,391

例題5

240ページからの株式会社レジャーナの5月の予算損益計算書，予算貸借対照表，資金の収入・支出に関連する事項にもとづいて，5月の見積もり資金繰り表を作成してみましょう。

株式会社レジャーナ　5月の見積もり資金繰り表

(単位：円)

資金繰り項目		金額
経常収支	現金売上	(　　)
	売掛金回収	(　　)
	営業外収入	(　　)
	その他経常収入	(　　)
	経常収入合計　A	(　　)
	現金仕入	(　　)
	買掛金支払	(　　)
	人件費支払	(　　)
	営業経費支払	(　　)
	未払金支払	(　　)
	営業外費用支払	(　　)
	その他経常支出	(　　)
	経常支出合計　B	(　　)
	経常収支過不足　C:(A－B)	(　　)
設備等収支	設備等売却収入	(　　)
	設備等収入合計　D	(　　)
	設備等購入支出	(　　)
	設備等支出合計　E	(　　)
	設備収支過不足　F:(D－E)	(　　)
財務収支	借入金借入	(　　)
	財務収入合計　G	(　　)
	借入金返済	(　　)
	財務支出合計　H	(　　)
	財務収支過不足　I:(G－H)	(　　)
収支過不足合計　J:(C＋F＋I)		(　　)
月初現金残高　K		(　　)
月末現金残高　L:(J＋K)		(　　)

例 題5　**解 答・解 説**

株式会社レジャーナ 5月の見積もり資金繰り表

(単位：円)

資金繰り項目		金額
経常収支	現金売上	(3,809,000)
	売掛金回収	(4,396,270)
	営業外収入	(0)
	その他経常収入	(284,481)
	経常収入合計 A	(8,489,751)
	現金仕入	(0)
	買掛金支払	(4,048,537)
	人件費支払	(1,659,695)
	営業経費支払	(927,659)
	未払金支払	(525,000)
	営業外費用支払	(4,113)
	その他経常支出	(284,481)
	経常支出合計 B	(7,449,485)
	経常収支過不足 C:(A－B)	(1,040,266)
設備等収支	設備等売却収入	(0)
	設備等収入合計 D	(0)
	設備等購入支出	(0)
	設備等支出合計 E	(0)
	設備収支過不足 F:(D－E)	(0)
財務収支	借入金借入	(0)
	財務収入合計 G	(0)
	借入金返済	(125,143)
	財務支出合計 H	(125,143)
	財務収支過不足 I:(G－H)	(－125,143)
収支過不足合計 J:(C＋F＋I)		(915,123)
月初現金残高 K		(9,270,268)
月末現金残高 L:(J＋K)		(10,185,391)

②実績と見積もりの比較分析

見積もり資金繰り表と実績資金繰り表を比較することで，自社の資金の収入と支出の状況が明らかとなります。今後の資金繰りの見積もりも立てやすくなり，損益予算への影響も瞬時に把握することが可能です。また，資金の調達や返済の計画も裏づけのある資料から計画を立てることができます。

次に示す株式会社レジャーナの5月の月次決算資料から5月の資金計算を確認して5月の資金増減原因表を作成してみましょう。

5月の実績貸借対照表

（単位：円）

勘定科目	前月繰越	当月借方	当月貸方	当月残高
現金預金	9,270,268	13,246,351	13,421,575	9,095,044
売掛金	6,526,982	8,671,424	4,396,270	10,802,136
商品	3,432,775	3,013,475	3,432,775	3,013,475
他流動資産	0	202,564	107,053	95,511
車両	2,350,000			2,350,000
備品	850,000			850,000
減価償却累計額	－1,618,848		43,179	－1,662,027
差入保証金	2,000,000			2,000,000
資産合計	22,811,177	25,133,814	21,400,852	26,544,139
買掛金	5,715,412	4,048,537	5,218,761	6,885,636
未払金	1,031,900	1,338,500	592,200	285,600
預り金	284,481	284,481	284,481	284,481
長期借入金	1,520,503	125,143		1,395,360
資本金	10,000,000			10,000,000
剰余金	4,258,881		3,434,181	7,693,062
負債・純資産合計	22,811,177	5,796,661	9,529,623	26,544,139

5月の実績損益計算書

（単位：円）

勘定科目	前月繰越	当月借方	当月貸方	当月残高
売上高	8,584,138		11,948,052	20,532,190
売上原価				
期首商品棚卸高	2,281,250			2,281,250
当期商品仕入高	5,715,412	5,218,761		10,934,173
合計	7,996,662	5,218,761		13,215,423
期末商品棚卸高	3,432,775	3,432,775	3,013,475	3,013,475
売上原価	4,563,887	8,651,536	3,013,475	10,201,948
売上総利益	4,020,251		6,309,991	10,330,242
販売費一般管理費				
人件費	1,659,695	1,870,801		3,530,496
減価償却費	43,179	43,179		86,358
その他の経費	892,659	958,029		1,850,688
販売費一般管理費計	2,595,533	2,872,009		5,467,542
営業利益	1,424,718		3,437,982	4,862,700
営業外費用				
支払利息	4,113	3,801		7,914
経常利益	1,420,605		3,434,181	4,854,786
当月純利益	1,420,605		3,434,181	4,854,786

(注)・売上高のうちショップ売上高(現金売上高)は，¥3,276,628です。
・その他の経費は，未払分592,200円が含まれています。

5月の資金増減原因

（単位：円）

		資金増加	資金減少
損益の状況	利益の発生	3,434,181	
非資金費用	減価償却	43,179	
売掛金の状況	増加		4,275,154
買掛金の状況	増加	1,170,224	
在庫の状況	減少	419,300	
設備等の状況			
借入金の状況	減少		125,143
他の流動資産の状況	立替金の増加		95,511
未払金の状況	減少		746,300
預り金の状況	増減なし		
合計		5,066,884	5,242,108
資金の増減結果			175,224

● 他の流動資産は，立替金と仮払金が含まれています。

例題6

244ページからの株式会社レジャーナの5月の実績貸借対照表，実績損益計算書，資金の増減原因表にもとづいて，5月の実績資金繰り表を作成してみましょう。

株式会社レジャーナ　5月の実績資金繰り表

（単位：円）

資金繰り項目			金額
経常収支	現金売上		
	売掛金回収		
	営業外収入		
	その他経常収入		317,194
	経常収入合計	A	
	現金仕入		
	買掛金支払		
	人件費支払		
	営業経費支払		289,809
	未払金支払		
	営業外費用		
	その他経常支出		487,045
	経常支出合計	B	
	経常収支過不足	C：（A－B）	
設備等収支	設備等売却収入		
	設備等収入合計	D	
	設備等購入支出		
	設備等支出合計	E	
	設備等収支過不足	F：（D－E）	
財務収支	借入金借入		
	財務収入合計	G	
	借入金返済		
	財務支出合計	H	
	財務収支過不足	I：（G－H）	
収支過不足合計		J：（C＋F＋I）	
月初現金残高		K	
月末現金残高		L：（J＋K）	

- その他経常収入は，立替金¥7,053 預り金¥284,481 仮払金の残金¥25,660です。
- 営業経費は，未払分のほかに，仮払分として「その他経常支出」で計上している¥74,340と振込手数料として得意先売掛金からの差し引き分¥1,680を控除しています。（¥958,029 － ¥592,200 － ¥74,340 － ¥1,680）
- 売掛金の回収額は，売掛金勘定・貸方の金額から振込手数料（支払手数料）の計上分を差し引きます。

例題6 解答・解説

株式会社レジャーナ　5月の実績資金繰り表

(単位：円)

資金繰り項目			金額
経常収支	現金売上		3,276,628
	売掛金回収		4,394,590
	営業外収入		0
	その他経常収入		317,194
	経常収入合計	A	7,988,412
	現金仕入		0
	買掛金支払		4,048,537
	人件費支払		1,870,801
	営業経費支払		289,809
	未払金支払		1,338,500
	営業外費用		3,801
	その他経常支出		487,045
	経常支出合計	B	8,038,493
	経常収支過不足	C:(A－B)	－50,081
設備等収支	設備等売却収入		0
	設備等収入合計	D	0
	設備等購入支出		0
	設備等支出合計	E	0
	設備等収支過不足	F:(D－E)	0
財務収支	借入金借入		0
	財務収入合計	G	0
	借入金返済		125,143
	財務支出合計	H	125,143
	財務収支過不足	I:(G－H)	－125,143
収支過不足合計		J:(C＋F＋I)	－175,224
月初現金残高		K	9,270,268
月末現金残高		L:(J＋K)	9,095,044

(5)弥生会計による資金計画

弥生会計では，入力したデータをもとに，現預金の収支と残高を把握するための資金繰り資料を作成できます。作成できる資金繰り資料には，見積資金繰り表，実績資金繰り表，見積実績対比表があります。

弥生会計の資金繰り表では，収入科目を経常収入と財務収入に分け，支出科目を経常支出と財務支出に分けています。経常収支は，会社の本業によって発生する取引です。また，財務収支とは資金調達や返済などの活動で発生するものです。

実績資金繰り表は，資金繰り項目を設定し，設定した項目について月度単位でデータを集計して作成します。

1. クイックナビゲータの［資金繰り］カテゴリの［資金繰り設定］をクリックします。
   ［資金繰り項目設定］ウィンドウが表示されます。
2. ［資金繰り項目設定］ウィンドウで，資金繰り項目の設定を行います。
   勘定科目ごとに，借方の資金繰り項目，貸方の資金繰り項目を設定します。
3. クイックナビゲータの［資金繰り］カテゴリの［実績資金繰り表］をクリックします。
   ［実績資金繰り表］ウィンドウが表示されます。
4. ツールバーの［集計］ボタンをクリックします。［資金繰り項目設定］で設定した条件にもとづいて，集計が行われます。

株式会社レジャーナの実績資金繰り表の出力例は，次の通りです。

＜例＞

※イメージ画像

実績資金繰り表（月度指定）

20××年　5月度

資金繰り項目	実績金額
［経常収入］	
現金売上	3,276,628
売掛金回収	4,394,590
受取手形期日取立	0
（受取手形受入高）	0
受取手形割引	0
前受金入金	0
金融収益	0
その他経常収入	317,194
〈経常収入合計〉	7,988,412
［経常支出］	
現金仕入	0
買掛金支払	4,048,537
支払手形決済	0
（支払手形振出）	0
人件費支出	1,870,801
諸経費支出	289,809
金融費用支出	3,801
租税公課	399,600
未払金・前払金	501,900
その他経常支出	487,045
〈経常支出合計〉	7,601,493
［差引経常収支過不足］	386,919
［財務等収入］	
借入金	0
固定性預金引出	0
有価証券売却収入	0
資産売却収入	0
その他財務等収入	0
〈財務等収入合計〉	0
［財務等支出］	
借入金返済	125,143
固定性預金預入	0
有価証券購入	0
設備投資	0
決算関係支出	437,000
その他財務等支出	0
〈財務等支出合計〉	562,143
［差引財務収支過不足］	-562,143
［総合収支過不足］	-175,224
［月初資金］	9,270,268
［月末資金］	9,095,044

<例>　　　　※イメージ画像

残高試算表(月次・期間)

貸借対照表

株式会社レジャーナ

20XX年　5月度　　　税込　単位：円

勘定科目	前月繰越	当月借方	当月貸方	当月残高	構成比
現　金	339, 558	4, 893, 822	4, 869, 784	363, 596	1. 37
当座預金	264, 356	1, 000, 000	598, 819	665, 537	2. 51
普通預金	7, 566, 354	7, 252, 529	7, 952, 972	6, 865, 911	25. 87
定期積金	1, 100, 000	100, 000	0	1, 200, 000	4. 52
現金・預金合計	9, 270, 268	13, 246, 351	13, 421, 575	9, 095, 044	34. 26
売掛金	6, 526, 982	8, 671, 424	4, 396, 270	10, 802, 136	40. 69
売上債権合計	6, 526, 982	8, 671, 424	4, 396, 270	10, 802, 136	40. 69
有価証券合計	0	0	0	0	0. 00
商　品	3, 432, 775	3, 013, 475	3, 432, 775	3, 013, 475	11. 35
棚卸資産合計	3, 432, 775	3, 013, 475	3, 432, 775	3, 013, 475	11. 35
立替金	0	102, 564	7, 053	95, 511	0. 36
仮払金	0	100, 000	100, 000	0	0. 00
仮払消費税	0	0	0	0	0. 00
他流動資産合計	0	202, 564	107, 053	95, 511	0. 36
流動資産合計	19, 230, 025	25, 133, 814	21, 357, 673	23, 006, 166	86. 67
車両運搬具	2, 350, 000	0	0	2, 350, 000	8. 85
工具器具備品	850, 000	0	0	850, 000	3. 20
減価累計額	−1, 618, 848	0	43, 179	−1, 662, 027	−6. 26
有形固定資産計	1, 581, 152	0	43, 179	1, 537, 973	5. 79
無形固定資産計	0	0	0	0	0. 00
差入保証金	2, 000, 000	0	0	2, 000, 000	7. 53
投資その他の資産合計	2, 000, 000	0	0	2, 000, 000	7. 53
固定資産合計	3, 581, 152	0	43, 179	3, 537, 973	13. 33
繰延資産合計	0	0	0	0	0. 00
資産合計	22, 811, 177	25, 133, 814	21, 400, 852	26, 544, 139	100. 00
買掛金	5, 715, 412	4, 048, 537	5, 218, 761	6, 885, 636	25. 94
仕入債務合計	5, 715, 412	4, 048, 537	5, 218, 761	6, 885, 636	25. 94
未払金	195, 300	501, 900	592, 200	285, 600	1. 08
未払法人税等	437, 000	437, 000	0	0	0. 00
未払消費税等	399, 600	399, 600	0	0	0. 00
預り金	284, 481	284, 481	284, 481	284, 481	1. 07
仮受消費税	0	0	0	0	0. 00
他流動負債合計	1, 316, 381	1, 622, 981	876, 681	570, 081	2. 15
流動負債合計	7, 031, 793	5, 671, 518	6, 095, 442	7, 455, 717	28. 09
長期借入金	1, 520, 503	125, 143	0	1, 395, 360	5. 26
固定負債合計	1, 520, 503	125, 143	0	1, 395, 360	5. 26
負債合計	8, 552, 296	5, 796, 661	6, 095, 442	8, 851, 077	33. 34
資本金	10, 000, 000	0	0	10, 000, 000	37. 67
資本金合計	10, 000, 000	0	0	10, 000, 000	37. 67
新株式申込証拠金合計	0	0	0	0	0. 00
資本準備金合計	0	0	0	0	0. 00
その他資本剰余金合計	0	0	0	0	0. 00
資本剰余金合計	0	0	0	0	0. 00
利益準備金合計	0	0	0	0	0. 00
任意積立金合計	0	0	0	0	0. 00
繰越利益	2, 838, 276	0	0	2, 838, 276	10. 69
当期純損益金額	1, 420, 605		3, 434, 181	4, 854, 786	18. 29
繰越利益剰余金合計	4, 258, 881	0	3, 434, 181	7, 693, 062	28. 98
その他利益剰余金合計	4, 258, 881	0	3, 434, 181	7, 693, 062	28. 98
利益剰余金合計	4, 258, 881	0	3, 434, 181	7, 693, 062	28. 98
自己株式合計	0	0	0	0	0. 00
自己株式申込証拠金合計	0	0	0	0	0. 00
株主資本合計	14, 258, 881	0	3, 434, 181	17, 693, 062	66. 66
評価・換算差額等合計	0	0	0	0	0. 00
新株予約権合計	0	0	0	0	0. 00
純資産合計	14, 258, 881	0	3, 434, 181	17, 693, 062	66. 66
負債・純資産合計	22, 811, 177	5, 796, 661	9, 529, 623	26, 544, 139	100. 00

＜例＞　　※イメージ画像

残高試算表(月次・期間)

損益計算書

株式会社レジャーナ

20XX年　5月度　　税込　　単位：円

勘定科目	前月繰越	当月借方	当月貸方	当月残高	対売上比
一般売上高	6,526,982	0	8,671,424	15,198,406	74.02
ショップ売上高	2,057,156	0	3,276,628	5,333,784	25.98
売上高合計	8,584,138	0	11,948,052	20,532,190	100.00
期首商品棚卸高	2,281,250	0	0	2,281,250	16.72
期首商品棚卸高	2,281,250	0	0	2,281,250	16.72
仕入高	5,715,412	5,218,761	0	10,934,173	53.25
当期商品仕入高	5,715,412	5,218,761	0	10,934,173	53.25
合計	7,996,662	5,218,761	0	13,215,423	64.36
期末商品棚卸高	3,432,775	3,432,775	3,013,475	3,013,475	14.68
期末商品棚卸高	3,432,775	3,432,775	3,013,475	3,013,475	14.68
売上原価	4,563,887	8,651,536	3,013,475	10,201,948	49.69
売上総損益金額	4,020,251		6,309,991	10,330,242	50.31
役員報酬	500,000	500,000	0	1,000,000	4.87
給料手当	918,000	902,000	0	1,820,000	8.86
雑給	48,000	48,000	0	96,000	0.47
法定福利費	193,695	420,801	0	614,496	2.99
福利厚生費	3,990	0	0	3,990	0.02
荷造運賃	195,300	224,700	0	420,000	2.05
広告宣伝費	315,000	367,500	0	682,500	3.32
交際費	19,425	18,375	0	37,800	0.18
旅費交通費	56,930	55,555	0	112,485	0.55
通信費	61,080	73,179	0	134,259	0.65
消耗品費	3,570	2,625	0	6,195	0.03
事務用品費	7,087	0	0	7,087	0.03
支払手数料	4,305	4,305	0	8,610	0.04
車両費	31,417	29,400	0	60,817	0.30
地代家賃	136,500	136,500	0	273,000	1.33
リース料	22,050	22,050	0	44,100	0.21
保険料	20,900	20,900	0	41,800	0.20
租税公課	12,000	0	0	12,000	0.06
減価償却費	43,179	43,179	0	86,358	0.42
雑費	3,105	2,940	0	6,045	0.03
販売管理費計	2,595,533	2,872,009	0	5,467,542	26.63
営業損益金額	1,424,718		3,437,982	4,862,700	23.68
営業外収益合計	0	0	0	0	0.00
支払利息	4,113	3,801	0	7,914	0.04
営業外費用合計	4,113	3,801	0	7,914	0.04
経常損益金額	1,420,605		3,434,181	4,854,786	23.64
特別利益合計	0	0	0	0	0.00
特別損失合計	0	0	0	0	0.00
税引前当期純損益金額	1,420,605		3,434,181	4,854,786	23.64
当期純損益金額	1,420,605		3,434,181	4,854,786	23.64

25. 売掛金と買掛金の管理（進んだ学習）

(1) 売掛金の管理

商品の販売やサービスの提供の対価が順調に回収されるかどうかは，会社にとって重要なことです。不良債権によって，会社の経営が行き詰るといったことがないように売掛金を管理することが必要になります。

①売掛金管理の重要性

売掛金は，すでに学習したように資金の未回収額です。利益が出ている企業だとしても，資金がショートした場合には「倒産」に追い込まれます。売掛金の回収遅れや回収不良は，資金繰りを悪化させる要因の中でもっとも重要であることを認識しておかなければなりません。

また，売掛金などの売掛債権の期日サイト(回収サイト)の短縮が資金繰りにとって課題となります。売掛債権の期日サイト(回収サイト)とは，掛けで商品を売り上げてから現金で回収するまでの期間を意味しています。

たとえば，月末の売掛金残高が1,013,800円で，当月の売上高が658,600円だとした場合，売上債権の回転日数は，約1.54ヶ月と計算できます。つまり，売り上げてから現金で回収するまで約46日間かかっていることを意味します。

$$\text{売掛金回転期間} = \frac{\text{月末の売掛金残高}}{\text{月間売上高}}$$

分母の売上高を30日で割って，1日分の売上高にすれば日数で把握することができます。いい換えれば，何日分の売上高が債権として未回収なのかということです。当然，短いほど資金繰りは良くなり，債権の回収がスムーズであるといえます。

売掛金の回収を管理するには，会計帳簿をしっかり記入するとともに，営業担当者が売掛金回収表などによってタイムリーに状況を把握する必要があります。

売掛金元帳は，売掛帳や得意先元帳とも呼ばれますが，売掛金の増減を得意先ごとに記録・集計した元帳です。コンピュータ会計では，売掛金勘定に補助科目を設けることによって作成することができます。つまり，売掛金元帳は売掛金の補助元帳ということになります。

②与信管理

与信管理とは，あらかじめ得意先ごとに信用取引の総額を決めておき，売掛金残高がその金額を超えないように取引を行うことをいいます。この場合の信用取引の総額を与信限度額と呼びます。与信限度額は，得意先の規模や経営状況などから総合的に判断して決定します。

③売掛金年齢調査表

売掛金の回収管理は，企業によってさまざまな方法があります。いずれの場合も回収条件に従って請求書を発行し，月末締めを経て回収金額を確認したうえで最新の回収遅延，回収漏れ，不良債権の可能性を検討しなければなりません。

例題7(P254参照)で売掛金の年齢調査表を作成してみましょう。

下記は，売掛金元帳の例です。この元帳を見ることにより，得意先ごとの販売状況，回収状況，売掛金の残高がわかります。

20XX年度

売掛金

ﾌｨｯｼﾝｸﾞ商事株式会社

いわし診療所　　税込

日付 伝票No	相手勘定科目 相手補助科目	摘要	税区分 借方金額	相手税区分 貸方金額	残高
4/1		前期より繰越			729,750
4/30 4	売上高	4月分売上合計	703,500	課税売上10%	1,433,250
4/30 13	普通預金	3月分売掛金回収		729,750	703,500
		4月度 合計	703,500	729,750	
5/31 4	売上高	5月分売上合計	542,850	課税売上10%	1,246,350
5/31 13	普通預金	4月分売掛金回収		703,500	542,850
		5月度 合計	542,850	703,500	
6/30 4	売上高	6月分売上合計	444,150	課税売上10%	987,000
6/30 13	普通預金	5月分売掛金回収		542,850	444,150
		6月度 合計	444,150	542,850	
7/31 4	売上高	7月分売上合計	452,550	課税売上10%	896,700
7/31 13	普通預金	6月分売掛金回収		444,150	452,550
		7月度 合計	452,550	444,150	
8/31 4	売上高	8月分売上合計	729,750	課税売上10%	1,182,300
8/31	普通預金	分売掛金回収			

また，一定期間の販売状況，回収状況，売掛金の残高を得意先別に集計して，一覧表にしたものが売掛金残高一覧表です。コンピュータ会計では，売掛金の補助残高一覧表ということになります。

補助残高一覧表（月次・期間）

貸借科目

ﾌｨｯｼﾝｸﾞ商事株式会社

20XX年 11月度　　税込　単位：円

URIK 売掛金

補助科目		前月繰越	当月借方	当月貸方	当月残高	構成比
MAGU	まぐろ内科	613,200	602,700	613,200	602,700	8.39
KATU	かつお外科	310,800	389,550	0	700,350	9.74
SANN	さんまｸﾘﾆｯｸ	145,950	126,000	145,950	126,000	1.75
IWAS	いわし診療所	477,750	601,650	477,750	601,650	8.37
MEDA	めだか整形外科	2,195,550	0	0	2,195,550	30.55
UNAG	うなぎ小児科	246,750	84,000	0	330,750	4.60
NAGA	なまず病院	287,700	105,000	134,400	258,300	3.59
TOBI	とびうお胃腸科	391,650	0	0	391,650	5.45
DOJO	どじょう眼科	1,832,250	0	0	1,832,250	25.49
TARA	たら眼科	116,550	75,600	44,100	148,050	2.06
合計		6,618,150	1,984,500	1,415,400	7,187,250	100.00

例題7

フィッシング商事株式会社の20××年11月現在の売掛金年齢調査表を作成し，下記の設問に答えなさい。

この問題は，「フィッシング商事株式会社問題(5期)」とExcelファイル「売掛金年齢調査表.xlsx」の学習用データを使用します。〈P276参照〉

【付記事項】

1. フィッシング商事株式会社の実績会計データは，学習用データの「フィッシング商事株式会社問題(5期)」に入力済みである。
2. 売掛金年齢調査表のフォームは，Excelファイル「売掛金年齢調査表.xlsx」に入力済みである。
3. 各得意先の与信限度額および回収条件は次の通りである。

得意先コード	得意先名	与信限度額	回収条件
101	まぐろ内科	500,000円	翌月末日
102	かつお外科	1,000,000円	
103	さんまクリニック	500,000円	
104	いわし診療所	1,000,000円	
105	めだか整形外科	2,000,000円	
201	うなぎ小児科	500,000円	翌々月末日
202	なまず病院	500,000円	
203	とびうお胃腸科	500,000円	
204	どじょう眼科	2,000,000円	
205	たら眼科	500,000円	

(注)とびうお胃腸科は，現在取引停止中である。

設問1 売掛金の回収が正常に行われている得意先をコードで解答欄に記入しなさい。

設問2 売掛金の回収が3ヶ月以上遅れている得意先をコードで解答欄に記入しなさい。

設問3 どじょう眼科の売掛金残高のうち3ヵ月以上回収が遅れているものの金額はいくらか。

設問4 与信限度額を超えて取引を行っている得意先をコードで解答欄に記入しなさい。

解答欄

設問1

設問2

設問3

円

設問4

例題7　解答・解説

【解　答】

設問 1

101, 103, 104, 202, 205

設問 2

105, 203, 204

設問 3

1,384,950 円

設問 4

101, 105

【解　説】

まず，次のようなワークシートを作成します。

売掛金年齢調査表

コード	得意先名	与信限度額	売掛金残高	11月	10月	9月	8月	7月	6月	5月	4月	期首
101	まぐろ内科	500,000										
102	かつお外科	1,000,000										
103	さんまクリニック	500,000										
104	いわし診療所	1,000,000										
105	めだか整形外科	2,000,000										
201	うなぎ小児科	500,000										
202	なまず病院	500,000										
203	とびうお胃腸科	500,000										
204	どじょう眼科	2,000,000										
205	たら眼科	500,000										
	合計	－										

次に，11月の売掛金残高一覧表から売掛金残高を入力します。

補助残高一覧表（月次・期間）

貸借科目

ﾌｨｯｼﾝｸﾞ商事株式会社

20XX年 11月度　　税込　　単位：円

URIK　売掛金

補助科目		前月繰越	当月借方	当月貸方	当月残高	構成比
MAGU	まぐろ内科	613,200	602,700	613,200	602,700	8.39
KATU	かつお外科	310,800	389,550	0	700,350	9.74
SANN	さんまｸﾘﾆｯｸ	145,950	126,000	145,950	126,000	1.75
IWAS	いわし診療所	477,750	601,650	477,750	601,650	8.37
MEDA	めだか整形外科	2,195,550	0	0	2,195,550	30.55
UNAG	うなぎ小児科	246,750	84,000	0	330,750	4.60
NAGA	なまず病院	287,700	105,000	134,400	258,300	3.59
TOBI	とびうお胃腸科	391,650	0	0	391,650	5.45
DOJO	どじょう眼科	1,832,250	0	0	1,832,250	25.49
TARA	たら眼科	116,550	75,600	44,100	148,050	2.06
合計		6,618,150	1,984,500	1,415,400	7,187,250	100.00

コード	得意先名	与信限度額	売掛金残高	1
101	まぐろ内科	500,000	602,700	
102	かつお外科	1,000,000	700,350	
103	さんまクリニック	500,000	126,000	
104	いわし診療所	1,000,000	601,650	
105	めだか整形外科	2,000,000	2,195,550	
201	うなぎ小児科	500,000	330,750	
202	なまず病院	500,000	258,300	
203	とびうお胃腸科	500,000	391,650	
204	どじょう眼科	2,000,000	1,832,250	
205	たら眼科	500,000	148,050	

残高を入力する。

さらに，売掛金元帳からその残高がどの月に発生したものなのかを調べ，該当するセルにその金額を入力します。

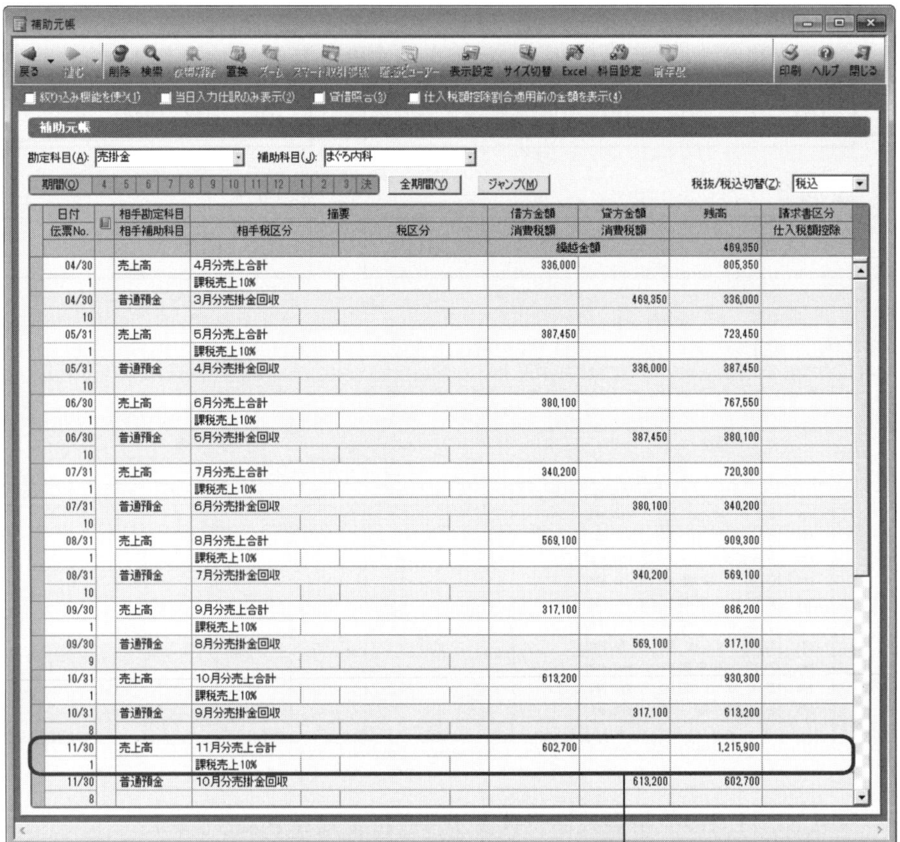

補助元帳

勘定科目(A): 売掛金　補助科目(J): まぐろ内科　税抜/税込切替(Z): 税込

日付 伝票No.	相手勘定科目 相手補助科目	摘要 相手税区分	税区分	借方金額 消費税額	貸方金額 消費税額	残高	請求書区分 仕入税額控除
				繰越金額		469,350	
04/30 1	売上高	4月分売上合計 課税売上10%		336,000		805,350	
04/30 10	普通預金	3月分売掛金回収			469,350	336,000	
05/31 1	売上高	5月分売上合計 課税売上10%		387,450		723,450	
05/31 10	普通預金	4月分売掛金回収			336,000	387,450	
06/30 1	売上高	6月分売上合計 課税売上10%		380,100		767,550	
06/30 10	普通預金	5月分売掛金回収			387,450	380,100	
07/31 1	売上高	7月分売上合計 課税売上10%		340,200		720,300	
07/31 10	普通預金	6月分売掛金回収			380,100	340,200	
08/31 1	売上高	8月分売上合計 課税売上10%		569,100		909,300	
08/31 10	普通預金	7月分売掛金回収			340,200	569,100	
09/30 1	売上高	9月分売上合計 課税売上10%		317,100		886,200	
09/30 9	普通預金	8月分売掛金回収			569,100	317,100	
10/31 1	売上高	10月分売上合計 課税売上10%		613,200		930,300	
10/31 8	普通預金	9月分売掛金回収			317,100	613,200	
11/30 1	売上高	11月分売上合計 課税売上10%		602,700		1,215,900	
11/30 8	普通預金	10月分売掛金回収			613,200	602,700	

コード	得意先名	与信限度額	売掛金残高	１１月	１０
101	ま ぐ ろ 内 科	500,000	602,700	602,700	
102	か っ お 外 科	1,000,000	700,350		
103	さんまクリニック	500,000	126,000		
104	い わ し 診 療 所	1,000,000	601,650		
105	めだか整形外科	2,000,000	2,195,550		
201	う な ぎ 小 児 科	500,000	330,750		
202	な ま ず 病 院	500,000	258,300		
203	とびうお胃腸科	500,000	391,650		
204	どじょう眼科	2,000,000	1,832,250		

11月に発生したので，11月の欄に入力する。

このようにして入力が完了すると，次のようになります。得意先によって回収条件が異なりますので，ここでは，色分けをして，回収状況が正常なのか遅延しているのかを判断しやすくしています。

売掛金年齢調査表

コード	得意先名	与信限度額	売掛金残高	１１月	１０月	9月	8月	7月	6月	5月	4月	期首
101	まぐろ内科	500,000	602,700	602,700								
102	かつお外科	1,000,000	700,350	389,550	310,800							
103	さんまクリニック	500,000	126,000	126,000								
104	いわし診療所	1,000,000	601,650	601,650								
105	めだか整形外科	2,000,000	2,195,550			817,950	568,050	809,550				
201	うなぎ小児科	500,000	330,750	84,000	92,400	59,850	94,500					
202	なまず病院	500,000	258,300	105,000	153,300							
203	とびうお胃腸科	500,000	391,650									391,650
204	どじょう眼科	2,000,000	1,832,250				447,300	501,900	450,450	432,600		
205	たら眼科	500,000	148,050	75,600	72,450							
合計		−	7,187,250	1,984,500	628,950	877,800	1,109,850	1,311,450	450,450	432,600	0	391,650

区分	正常なもの	
	1～2カ月遅延	
	3～5カ月遅延	
	6カ月以上遅延	

ここでは，まぐろ内科，さんまクリニック，いわし診療所，なまず病院，たら眼科の売掛金が順調に回収されていることがわかるため，**設問1**の答えは，次の通りです。

101，103，104，202，205

反対に，かつお外科，めだか整形外科，うなぎ小児科，とびうお胃腸科，どじょう眼科の売掛金の全部または一部の回収が遅延していることがわかります。このうち，回収が3ヶ月以上遅れているのは，めだか整形外科，とびうお胃腸科，どじょう眼科ですので，**設問2**の答えは，次のようになります。

105，203，204

どじょう眼科の売掛金残高のうち3ヵ月以上回収が遅れているものは，5～7月分の

1,384,950円 ということになり，これが**設問3**の答えです。

また，与信限度額を超えて取引を行っている得意先はまぐろ内科とめだか整形外科であり，**設問4**の答えは，次のようになります。

101，105

※この問題の入力結果は，「売掛金年齢調査表解答.xlsx」で確認できます。

④会計ソフトによる売掛金回収予定表の作成

弥生会計では，販売額と回収条件から売掛金回収予定表を作成して，回収予定金額を見積もることができます。

売掛金回収予定表は，［回収条件一覧］ウィンドウで登録された得意先の回収条件にもとづいて集計されます。

【回収条件の設定】

回収予定表を作成したり，資金繰りシミュレーターを表示させるには，［回収条件一覧］に回収条件を設定する必要があります。

回収条件は，指定した勘定科目の補助科目に対して設定します。「売掛金」の補助科目として得意先を設定している場合は，対象の勘定科目に「売掛金」を指定します。

得意先ごとに設定する売掛金の回収条件は，次の3つです。

- 請求の締め日
- 回収の予定月日
- 回収方法（現金，振込，手形）の割合

限度額を設定し，限度額以上の金額を回収する場合の設定もできます。

●会計ソフトの操作手順（回収条件の設定）

1. クイックナビゲータの［資金繰り］カテゴリの［回収条件設定］をクリックします。
   ［回収条件一覧］ウィンドウが表示されます。
2. ツールバーの［対象科目］ボタンをクリックします。
   ［対象科目の選択］ダイアログが表示されます。
3. 得意先が補助科目として登録されている勘定科目を選択します。
   初期値として「売掛金」が設定されています。
4. ［OK］ボタンをクリックします。
   補助科目として登録されている得意先が表示されます。
5. 回収条件を設定する得意先を選択し，ツールバーの［編集］ボタンをクリックします。
   ［回収条件設定］ダイアログが表示されます。
6. 各項目を設定します。（注1）

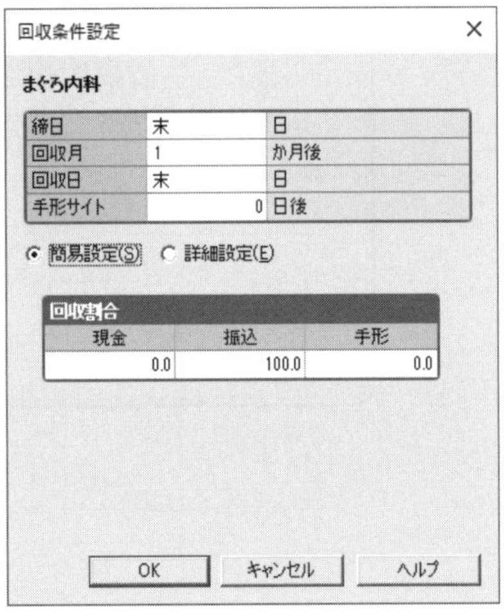

7. 設定が終了したら，［OK］ボタンをクリックします。
   回収条件が登録されます。

注1：回収条件の設定項目は，次の通りです。

項　目	説　　明
締　　日	請求締切日のことです。月単位での締切日を選択するか，数字（1～31）を直接入力します。月末日を設定するには「末」を選択します。毎週締めや月2回締め（15日と末日などの場合）のような特殊な締切日は設定できません。
回　収　月	請求締切日に対応した回収予定月を「当月」，「1」，「2」，「3」から選択するか数字（0～11）を直接入力します。
回　収　日	請求締切日に対応した回収日を選択するか，数字（1～31）を直接入力します。月末日を設定するには「末」を選択します。
手形サイト	手形を受け取ってから期限を迎えるまでの日数を入力します。この値は，資金繰りシミュレーターで使用されます。

回収条件一覧で設定した回収条件にもとづいて回収予定表が作成されます。指定した月の回収予定金額に集計される仕訳かどうかは仕訳データから判断・集計されます。前期分の仕訳データがある場合は，前期と当期で同じ対象勘定科目を設定しておくことで，前期の仕訳データも含めて判断・集計されます。

●会計ソフトの操作手順（回収予定表の作成）

1. クイックナビゲータの［資金繰り］カテゴリの［回収予定表］をクリックします。
［回収予定表］ウィンドウが表示されます。

2. ［集計］ボタンをクリックします。
選択中の月度の回収予定が表示されます。［月度］で，予定を表示する月度を切り替えることができます。

回収予定表は，売掛金の回収が条件どおりに行われた場合の金額ですので，回収が遅延している得意先は除外して考える必要があります。例題7の「フィッシング商事株式会社」の会計データから出力される12月度の回収予定表を利用して説明すれば，かつお外科とうなぎ小児科は1～2か月代金回収が遅延していますので，12月度の回収予定額から除いて資金繰りを考える必要があります。

つまり，12月度の回収予定額は，2,038,050円から481,950円（389,550円＋92,400円）を除いた1,556,100円ということになります。なお，めだか整形外科，とびうお胃腸科，どじょう眼科は2か月以上前の未回収額はありますが，12月度の回収予定にあたる取引は発生していないため，回収予定表には表示されません。

回収予定表

20XX年　12月度

日付	得意先	現　金	振　込	手　形	合　計
31	まぐろ内科	0	602, 700	0	602, 700
31	かつお外科	0	389, 550	0	389, 550
31	さんまｸﾘﾆｯｸ	0	126, 000	0	126, 000
31	いわし診療所	0	601, 650	0	601, 650
31	うなぎ小児科	0	92, 400	0	92, 400
31	なまず病院	0	153, 300	0	153, 300
31	たら眼科	0	72, 450	0	72, 450
	～31日	0	2, 038, 050	0	2, 038, 050
	当月合計	0	2, 038, 050	0	2, 038, 050

(2) 買掛金の管理

会社の仕入先に対する信用を維持するには，支払期日を守って滞りなく支払を済ませることが必要です。いくらの資金がいつまでに必要かという情報を経営者（管理者）に正確に提供しなければなりません。

①買掛金元帳と補助残高一覧表

買掛金元帳は，買掛帳や仕入先元帳とも呼ばれ，買掛金の増減を仕入先ごとに記録・集計した元帳です。コンピュータ会計では，買掛金勘定に補助科目を設けることによって作成することができます。つまり，買掛金元帳は買掛金の補助元帳ということになります。

次の帳簿は，買掛金元帳の例です。この元帳を見ることにより，仕入先ごとの購買状況，支払状況，買掛金の残高がわかります。

＜イメージ画像＞

20XX年度

買掛金

うぐいす工業　　　　税込

日付 伝票No 生成元	相手勘定科目 相手補助科目	摘要	借方金額	貸方金額	残高
4/ 1		前期より繰越			455,000
4/30 74	仕入高	4月分仕入合計		課対仕入10% 186,500	641,500
4/30 82	普通預金	3月分買掛金支払	455,000		186,500
		4月度 合計	455,000	186,500	
5/31 67	仕入高	5月分仕入合計		課対仕入10% 168,000	354,500
5/31 90	普通預金	4月分買掛金支払	186,500		168,000
		5月度 合計	186,500	168,000	
6/30 101	仕入高	6月分仕入合計		課対仕入10% 150,000	318,000
6/30 113	普通預金	5月分買掛金支払	168,000		150,000
		6月度 合計	168,000	150,000	
7/31 120	仕入高	7月分仕入合計		課対仕入10% 215,000	365,000
7/31 127	普通預金	6月分買掛金支払	150,000		215,000
		7月度 合計	150,000	215,000	
8/31 83	仕入高	8月分仕入合計		課対仕入10% 347,550	562,550
8/31 138	普通預金	7月分買掛金支払	215,000		347,550
		8月度 合計	215,000	347,550	
		翌期へ繰越			347,550

買掛金残高一覧表は，一定期間の購買状況，支払状況，買掛金の残高を仕入先別に集計して，一覧表にしたものです。コンピュータ会計では，買掛金の補助残高一覧表ということになります。

以下に示すのは，買掛金残高一覧表の例です。この一覧表で各月の買掛金の支払状況や残高を確認することができます。

＜イメージ画像＞

補助残高一覧表（月次・期間）

貸借科目

20XX年　8月度　　税込　　単位：円

買掛金

補助科目	前月繰越	当月借方	当月貸方	当月残高	構成比
カラス商会	76,650	76,650	96,800	96,800	3.96
うぐいす工業	215,000	215,000	347,550	347,550	14.21
むくどり産業	154,350	154,350	166,000	166,000	6.78
すずめ興産	115,500	115,500	146,800	146,800	6.00
つばめ精機	193,200	193,200	211,500	211,500	8.64
ホトトギス商事	308,700	308,700	398,000	398,000	16.27
はくちょうデザイン	232,050	232,050	260,000	260,000	10.63
スズガモ園芸	386,400	386,400	399,000	399,000	16.31
かもめ電子	269,850	269,850	344,000	344,000	14.06
トビ紙業	44,100	44,100	77,000	77,000	3.15
指定なし	0	0	0	0	0.00
合　計	1,995,800	1,995,800	2,446,650	2,446,650	100.00

②支払予定表の作成と管理

弥生会計では，購買額と支払条件から買掛金支払予定表を作成して，支払予定金額を見積もることができます。売上債権と仕入債務の資金関係を絶えずチェックして，資金の管理をしていくことが重要です。また，売掛金の回転期間と同様に買掛金の回転期間を計算することができます。

$$\text{買掛金回転期間} = \frac{\text{月末の買掛金残高}}{\text{月間仕入高}}$$

下記の表は，支払予定表の例です。

＜イメージ画像＞

支払予定表

20XX年　9月度

日付	支払先	現　金	振　込	手　形	合　計
30	カラス商会	0	96,800	0	96,800
30	うぐいす工業	0	347,550	0	347,550
30	むくどり産業	0	166,000	0	166,000
30	すずめ興産	0	146,800	0	146,800
30	つばめ精機	0	211,500	0	211,500
30	ホトトギス商事	0	398,000	0	398,000
30	はくちょうデザイン	0	260,000	0	260,000
30	スズガモ園芸	0	399,000	0	399,000
30	かもめ電子	0	344,000	0	344,000
30	トビ紙業	0	77,000	0	77,000
	～30日	0	2,446,650	0	2,446,650
	当月合計	0	2,446,650	0	2,446,650

26. キャッシュ・フロー分析の基礎（進んだ学習）

(1) キャッシュ・フロー分析とは

損益計算書は，現金の回収にもとづいて収益を計上するのではなく，販売したという事実の発生にもとづいて収益を認識することは，すでに学びました。その期間の収益と費用を対応させて利益を計算し，期間で損益を比較することを重要な目的としています。

また，一定時点の財政状態を表す報告書が貸借対照表で，売上高のうち現金の未回収高は「売掛金」として流動資産に計上されます。貸借対照表には，前期の損益計算書と当期の損益計算書を結びつける役目もあります。

貸借対照表の各科目をベースにして安全性や支払能力を分析する財務構造分析は，第4章で学びました。しかし，一定時点における集計データを分析するだけでなく，常に流れている資金をその流れの中で分析しようとするのがキャッシュ・フロー分析です。その意味では，月次ベースで作られる資金繰り表がその基礎資料になるといえるでしょう。

(2) キャッシュ・フロー経営

キャッシュ・フロー計算書は，一定期間で「キャッシュ」がどれだけ増減したか，その原因はどのようなことかを把握する計算書です。

キャッシュ・フロー経営とは，現金の流入や流出を重視した経営手法のことで，在庫やキャッシュの動きを正確に把握し，企業財務の健全性と再投資による事業の価値を優先させようとする考え方です。

損益計算書で算定された利益と手もとにある現金が一致するとは限りません。収益＝収入，費用＝支出にならないことから利益と資金の収支は一致しないのです。次ページ以降で説明するように，特に営業活動では，利益とキャッシュ・フローの違いを理解することが大切になります。

ここでいう，「キャッシュ」とは，現金，当座預金，普通預金，3ヶ月以内の定期預金など，現金とみなされるものを指し示します。

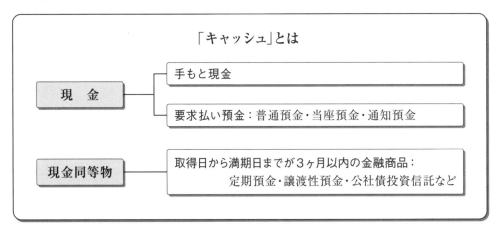

「キャッシュ」とは

- 現　金
  - 手もと現金
  - 要求払い預金：普通預金・当座預金・通知預金
- 現金同等物
  - 取得日から満期日までが3ヶ月以内の金融商品：定期預金・譲渡性預金・公社債投資信託など

27. キャッシュ・フロー計算書の作成（進んだ学習）

(1) キャッシュ・フロー計算書の仕組み

キャッシュ・フロー計算書を作成する準備段階として，その対象となるキャッシュ・フローという用語について整理しておきたいと思います。

キャッシュ・フローという場合のキャッシュは，単に手もとにある現金のみを指しているわけではありません。財務的に用いる場合には，現金の受取額と支払額との差額として企業内部に残る現金の余剰を指しています。

キャッシュ・フロー（差額）＝お金の流れ ＝ キャッシュ・インフロー 現金の受取（流入） － キャッシュ・アウトフロー 現金の支払（流出）

①キャッシュ・フロー計算書

企業活動におけるキャッシュ・フローを整理するために用いる計算書が，キャッシュ・フロー計算書です。つまり，キャッシュ・フロー計算書（Cash Flow Statement : C/F）は，企業における1年間（会計期間）のキャッシュ（現金）の動きを表した計算書と説明することができます。

一般に企業の財政状態や経営成績に関する計算は複式簿記によって作成されますが，これらの計算には見積もりや判断が介入してしまうことがあります。しかし，キャッシュ（現金）は実際の取引で使用されるものであり，正確かつ適切な方法で管理しておかなければなりません。このような理由から，キャッシュ（現金）の動きを示すことを目的としたキャッシュ・フロー計算書が新たに財務諸表として加えられることになったというわけです。

②キャッシュ・フロー計算書の表示方法

キャッシュ・フロー計算書は，次ページの図にあるように，「Ⅰ営業活動によるキャッシュ・フロー」「Ⅱ投資活動によるキャッシュ・フロー」「Ⅲ財務活動によるキャッシュ・フロー」の3つに区分して表示します。キャッシュ・フローとして認識された取引は必ずこの3つの表示区分のいずれかに含めて表示されることになります。この3区分の後に，「現金及び現金等価物の為替変動による影響」を加減した上で，「現金及び現金同等物の増加額または減少額」を集計して「期首の現金及び現金同等物の残高」を加えることによって，「期末の現金及び現金同等物の残高」を表示する仕組みとなっています。

このようにキャッシュ・フロー計算書は，企業活動の結果，発生する現金の増加減少をともなう取引を原因別に集計し，取引の性格に応じてこれら3つの区分のいずれかに含めて，現金の受取額はプラス，現金の支払額はマイナスとしてそれぞれの区分における現金の余剰，すなわちキャッシュ・フローを計算するという比較的簡単な仕組みで構成されます。

キャッシュ・フロー計算書の仕組み

キャッシュ・フロー計算書	
Ⅰ 営業活動によるキャッシュ・フロー	:営業取引による資金の増減など
Ⅱ 投資活動によるキャッシュ・フロー	:固定資産や有価証券などの投資活動
Ⅲ 財務活動によるキャッシュ・フロー	:借り入れや新株発行などの財務活動
Ⅳ 現金及び現金同等物に係る換算差額	:換算替えなどによる資金の増減額
Ⅴ 現金及び現金同等物の増加額(減少額)	:上記の合計額＝当期の増減額
Ⅵ 現金及び現金同等物の期首残高	:期首のキャッシュ額
Ⅶ 現金及び現金同等物の期末残高	:期首＋当期増減額

＜例＞ ＜イメージ画像＞

キャッシュ・フロー計算書

自 20X1年 4月1日　至 20X2年 3月31日

間接法/単位:円

項目	金額	
Ⅰ 営業活動によるキャッシュ・フロー		営業活動によるキャッシュ・フロー
税引前当期純利益(損失)	1,420,000	
減価償却費	44,400	
退職給付引当金の増加	0	
売上債権の増加(減少)額	3,573,100	
たな卸資産の増加(減少)額	-1,151,000	
仕入債務の減少(増加)額	-2,185,000	
役員賞与の支払額	0	
その他資産の増加(減少)額	-596,000	
その他負債の減少(増加)額	-12,900	
法人税等の支払額	-497,000	
営業活動によるキャッシュ・フロー	595,600	
Ⅱ 投資活動によるキャッシュ・フロー		投資活動によるキャッシュ・フロー
有価証券の取得による支出	-116,800	
有価証券の売却による収入	0	
有形固定資産の取得による支出	0	
有形固定資産の売却による収入	0	
貸付けによる支出	0	
貸付金の回収による収入	0	
その他投資活動による支出	-82,100	
その他投資活動による収入	0	
投資活動によるキャッシュ・フロー	-198,900	
Ⅲ 財務活動によるキャッシュ・フロー		財務活動によるキャッシュ・フロー
長期・短期借入れによる収入	0	
長期・短期借入金の返済による支出	-124,100	
配当金の支払額	0	
財務活動によるキャッシュ・フロー	-124,100	
現金及び現金同等物の増加額	272,600	期間の増減
現金及び現金同等物の期首残高	8,997,400	
現金及び現金同等物の期末残高	9,270,000	

③キャッシュ・フロー計算書の区分

営業活動によるキャッシュ・フローの区分には,「直接法」と,「間接法」と呼ばれる作成方法があります。「直接法」は, 現金受取額と支払額をそのまま記載してキャッシュ・フローを計算します。これに対して「間接法」では, 損益計算書の税引前利益に後述するさまざまな項目を加減して, その期間に発生した現金受取額と支払額の差額として企業内に蓄積もしくは社外に流出したと考えられるキャッシュ・フローを算出します。

わが国では企業の選択により上記2つの方法のいずれかを選択することができることになっています。実際には, 間接法の作成コストが少ないと見込まれるなどの理由から, 多くの企業が間接法によるキャッシュ・フロー計算書の作成を選択すると予想されます。従って, ここでは間接法によるキャッシュ・フロー計算書の作成方法を中心に解説を行います。

営業活動によるキャッシュ・フローの区分(間接法)

(単位:千円)

Ⅰ営業活動によるキャッシュ・フロー	
税引前当期純利益	1,100
減価償却費	140
受取手形増加額	-100
売掛金増加額	-170
棚卸資産減少額	30
支払手形減少額	-130
買掛金減少額	-50
法人税等の支払額	-440
営業活動によるキャッシュ・フロー	380

営業活動によるキャッシュ・フローの区分(直接法)

(単位:千円)

Ⅰ営業活動によるキャッシュ・フロー	
営業収入	9,000
原材料および商品の仕入支出	-7,900
人件費支出	-200
その他の営業支出	-80
法人税等の支払額	-440
営業活動によるキャッシュ・フロー	380

通常, 企業における投資活動とは, 利益を獲得するための事業活動の基礎を築くための将来に向けた活動を指していますが, キャッシュ・フロー計算書ではこれらの内容に加えて, 有価証券などを利用した資金の運用などの諸活動もこの投資活動に含めます。また, 投資活動を行うと, 固定資産(無形固定資産を含む)や貸付金, 有価証券(現金同等物に含まれるものを除く)に関係した現金の受取りや支払いが発生します。投資活動によるキャッシュ・フローでは, それらの資産に対する現金の投入額と回収額を収入もしくは支出として開示しておく必要があります。なお, 棚卸資産に対する投資額は, 営業活動によるキャッシュ・フローに分類されます。

定期性の預金について，貸借対照表では満期まで1年以上の場合に投資として扱われますが，キャッシュ・フロー計算書では現金同等物と考えられる短期間の預金を除いて，預入と払戻にともなう現金の動きは投資活動によるキャッシュ・フローの区分に表示される点に留意してください。

投資活動によるキャッシュ・フローの区分の最後には，記載された現金受取額の合計から現金支払額の合計を差し引いた結果としてのキャッシュ・フローが表示されます。

下記の図に投資活動によるキャッシュ・フローの区分例を示します。

投資活動によるキャッシュ・フローの区分

（単位：千円）

Ⅱ投資活動によるキャッシュ・フロー	
有形固定資産の取得による支出	0
有形固定資産の売却による収入	0
無形固定資産の取得による支出	-200
投資活動によるキャッシュ・フロー	-200

財務活動によるキャッシュ・フローの区分には，営業活動と投資活動を維持するために必要な資金の調達や返済などの取引が含まれることになります。この区分においても，原則として実際の現金受取額もしくは現金支払額が総額で開示されます。具体的には，長期借り入れによる収入や長期借入金の返済のための支出，社債の発行による収入，株式の発行による収入などが該当します。

なお，短期借入金については，借入額と返済額の差額を純増加額として表示します。これは，短期の借り入れと返済を頻繁に繰り返す企業では，借入額と返済額を総額で表示した場合，短期借り入れによる収入と短期借入金の返済による支出にかかる金額が大きく膨らみ，かえってキャッシュ・フローをわかりにくくする恐れがあるからです。また，手形の割引についても，現金の流れとして把握する場合には，手形の割引による現金の受取りと販売代金の回収による現金の受取りとを同類の活動と捉えた方が企業経営に即した情報になるという理由から，キャッシュ・フロー計算書では営業活動によるキャッシュ・フローの計算に含めることになっています。

キャッシュ・フロー計算書では，配当の支払や自己株式を取得した場合は株主に対する現金の支払として扱われ，財務活動によるキャッシュ・フローの区分に記載されることになります。しかし，利息の支払いについては，財務活動によるキャッシュ・フローの区分に表示する方法と，営業活動によるキャッシュ・フローの区分に表示する方法を企業が選択できます。

財務活動によるキャッシュ・フローの最後にも，記載された現金受取額の合計から現金支払額の合計を差し引いた結果としてのキャッシュ・フローが表示されます。

下記の図に財務活動によるキャッシュ・フローの区分例を示します。

財務活動によるキャッシュ・フローの区分

（単位：千円）

Ⅲ財務活動によるキャッシュ・フロー	
短期借入金純増加額	50
長期借り入れによる収入	20
財務活動によるキャッシュ・フロー	70

28. キャッシュ・フロー分析（進んだ学習）

(1) フリー・キャッシュ・フローとは

キャッシュ・フロー計算書を用いて企業価値を適切に評価するには，フリー・キャッシュ・フローを分析することが有効な手段となります。企業が継続してプラスのキャッシュ・フローを獲得していくためには投資が必要となりますので，単に営業活動によるキャッシュ・フローを確保すればよいというのではなく，営業活動によるキャッシュ・フローから投資額を差し引いたフリー・キャッシュ・フローをどれだけ獲得したかという点を評価することが重要です。

フリー・キャッシュ・フロー ＝ 営業活動による キャッシュ・フロー － 投資活動による キャッシュ・フロー

先ほどの事例をもとに，フリー・キャッシュ・フローの計算プロセスを下記の図に示しておきます。

フリー・キャッシュ・フローの計算プロセス

（単位：千円）

Ⅰ営業活動によるキャッシュ・フロー	
税引前当期純利益	1,100
減価償却費	140
受取手形増加額	-100
売掛金増加額	-170
棚卸資産減少額	30
支払手形減少額	-130
買掛金減少額	-50
法人税等の支払額	-440
営業活動によるキャッシュ・フロー	380
Ⅱ投資活動によるキャッシュ・フロー	
有形固定資産の取得による支出	0
有形固定資産の売却による収入	0
無形固定資産の取得による支出	-200
投資活動によるキャッシュ・フロー	-200
フリー・キャッシュ・フロー	180

第8章 基幹業務の管理システム

第8章では,基幹業務の概要について学びます。企業活動を物流系業務と人事系業務,そして会計系業務のグループに分けて考察します。企業の諸活動を効率よく処理するためには,それぞれがどのように連携すべきかを考えるとともに,基幹業務ソフトの特徴を習得しましょう。

第8章 基幹業務の管理システム

29. 基幹業務の内容

(1) 企業における業務

①業務の分類

企業は，諸活動を効率よく処理するために，業務をいくつかのグループに分けます。

企業における業務は，考え方によって多少の違いがありますが，大きく3つのグループに分けることができます。1つは，仕入(原材料の購買・生産)から販売までの業務です。つまり，購入(購買)・生産(サービス)・販売などの物流系業務です。次に，それらを支えている従業員の給与計算や人材管理を担っている人事系業務です。そして，これらの業務の流れを貨幣金額として把握する会計系業務の3つです。

②業務システムと会計システム

物流系業務と人事系業務には，貨幣金額に表すことができない有用な情報があります。経営の意思決定には，これらの会計情報以外の資料や情報も必要であり，これらを測定・記録して集計・評価する仕組みが，物流や人事の業務システムです。

また，会計システムは，諸活動を貨幣金額として会計処理(記録・計算・集計)し，企業を取り巻く利害関係者(株主，投資家，債権者，取引先など)に対して企業の業績や財政状態を報告する役割を担っています。

会計システムや各業務システムは，「基幹業務システム」と呼ばれることがあります。業務の効率化，管理資料の自動化，そして，決済書類や保守管理の簡素化のためには，各システムが単体で動作するのではなく，タイムリーなデータのやり取りによって情報が一元管理されることが望ましいです。

③基幹業務の内容

仕入・購買部門では，仕入先の名称・住所などの一般情報，取引銀行や支払条件などの支払に関する情報を管理します。商品を発注する際に注文書を作成し，納品・検収後に仕入伝票を起票します。また，買掛金の支払管理や出金伝票の作成(振込依頼書の作成)などは，経理部門と情報を共有します。

倉庫・発送部門である物流管理部門では，入出庫の管理を通して在庫管理，棚卸調整，商品・製品の倉庫移動の管理や仕入先・得意先別価格管理などを行うことも可能です。

営業販売部門では，得意先の名称・住所などの一般情報，受注や出荷などの販売管理に必要な情報を管理します。また，売掛金の管理に必要な請求書の発行や入金にもとづく売掛金の消し込みなどは，経理部門と情報を共有します。販売戦略を策定するためにシステムを活用して，顧客データを詳細に管理・分析する場合も多くあります。

経理部門では，各業務部門から必要なデータを受け取り，伝票入力を経て財務諸表を作成します。この会計データにもとづいて税務申告する法人税額や消費税額を算定します。また，会計システムから集計・分析されたデータにもとづいて将来の経営計画を策定します。その他，入出金の資金管理，固定資産の管理，債権債務の管理などを経理部門として行うこともあります。

最後に，人事系業務では，従業員に関する採用，労務，賃金給与体系などの処遇，人事評価などを管理します。従業員の給与計算などのために，出勤日，出勤時間，社会保険料の算定，所得税に関する計算情報を経理部門へ提供します。

基幹業務システム

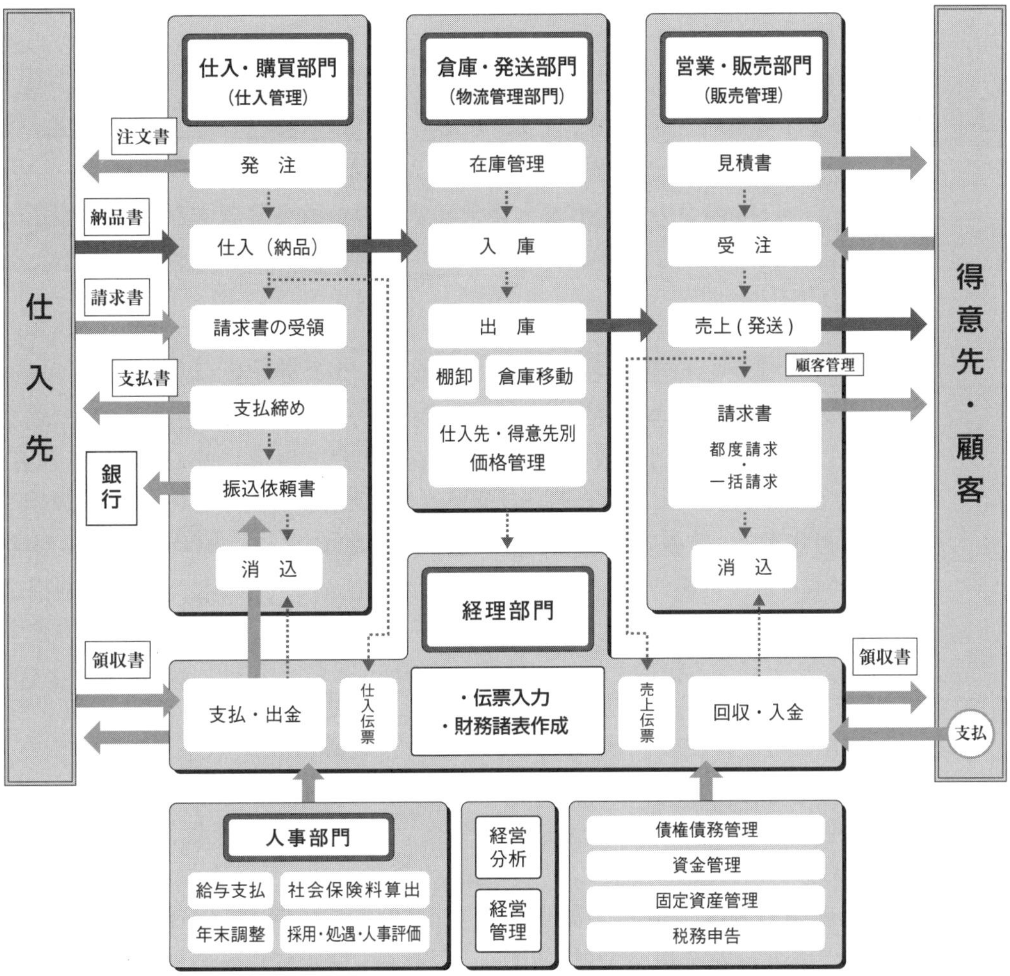

(2) 会計系の業務に関係する管理システム

会計系の業務内容は，各業務部門からの情報提供にもとづいて，仕入高，売上高の伝票入力や仕入先への代金支払，諸経費の支払，給与の支給，そして，社会保険料や各種税金の納付など，さまざまな種類があります。これらを会計処理することにより決算書を作成し，資金の管理を行うとともに，証ひょう類や帳簿類の保存により決算書の真実性を裏づけることになります。

経理部門では，主に次のような業務を担っています。

お金等の出し入れと現金管理に関する業務を出納(すいとう)業務と呼びます。出納とは，いつ・誰に・何のために・いくら支払ったか(受け取ったか)，という実際のお金の出し入れを管理することです。

次に，証ひょう等にもとづいて取引を判断して仕訳をデータ入力する記帳(入力)業務，一定期間の財政状態や経営成績を利害関係者へ報告する決算業務があります。証ひょう等の整理・保管業務も当然に含まれます。証ひょうとは，取引の証拠書類となる領収書や納品書，請求書などのことで，これらの書類を管理することは大変重要な業務の1つです。

そして，従業員の給料計算や従業員から預かる所得税・住民税・社会保険料などを計算する給与計算業務，法人税や消費税などを計算して期日までに申告・納付する業務も担います。さらに，資金繰り，予算編成に対する情報を経営管理部門へ提供することも重要な役割です。

(3) 現金に関する管理システム

毎日の入金・出金は，必ず領収証やレジペーパー，そして従業員からの請求伝票などの証拠書類に関係づけられて行わなければなりません。会計データへの入力は，これらの証拠書類（証ひょう・バウチャー）にもとづいて入出金伝票が起票されているか，または証拠書類にもとづいて入力された会計データとの関連づけが求められます。

また，毎日，現金の実際有高と帳簿残高との一致を確認することが大切で，そのために現金収支日報として「金種表」などを利用します。（金種表は，「コンピュータ会計 基本テキスト(実教出版)」のP194参照）

日常の細かい経費の払い出しのために，現金勘定とは別に「小口現金」を設けている企業があります。第2章の入力練習で新規作成した「さかな電子販売株式会社」の会計処理で取り上げたように，小払い用として定額の現金を事前に小口現金担当者へ仮払いしておき，定めた期間の終了時に領収証等の証拠書類とともに入出金の内容を経理担当者へ報告させます。経理担当者は，その報告にもとづいてデータ入力を行い，同時に同額の現金を補給します。 このように，常に定額の小口現金を小口現金担当者に仮払いし，定めた期間に報告させて，補給するシステムを定額資金前渡制度（インプレストシステム）と呼ぶことがあります。この時，小口現金の受払を記録する帳簿として支払欄に内訳を設けた小口現金出納帳がよく利用されます。

また，現金管理のテーマとして，諸経費の精算方法が取り上げられます。諸経費の精算方法には，①仮払精算，②立替精算，③請求書精算，④カード精算などがあります。

①仮払精算は，経費の支払を予定している従業員が，経理部に対して事前に支払予定額を借りておき，後日，実際に支払った金額との差額を精算する方法です。

経理担当者は，「仮払金請求伝票」などの支払申請書に上長の承認が得られていることを確認して請求金額を現金で払い出し，「仮払金」勘定にて入力処理します。後日に，「仮払精算伝票」などの経費精算書と添付されている領収証等の証拠書類をチェックし，費用をデータ入力処理します。

②立替精算は，経費の支払をすでに従業員が立替払いしており，後日に「立替金請求伝票」や「経費精算伝票，出金伝票」などの申請書によって会社へ請求します。経理担当者は仮払請求と同様に必要事項をチェックして現金で支払うか，指定口座へ振り込みます。

③請求書精算は，経費の支払先に対して請求書発行を依頼し，経理担当者はその請求書に従って振込などの方法で支払います。

最後に，④カード精算は，法人契約のクレジットカードを従業員に貸し出し，従業員はそのカードによって経費支払を決済します。経理担当者は，月単位で送付されるクレジットカードの利用明細書を精査し，利用明細書にもとづいて支払処理と費用計上を行います。

(4) 預金の出納業務と管理システム

預金残高と帳簿残高（会計データの預金出納帳）の不一致の原因は，夜間金庫への入金が銀行側では未処理の場合や振込入金や自動引き落としの金額が未通知のため，当社では未入力であった場合などに発生します。

さらには，振り出した小切手がまだ銀行に呈示されていない未取付小切手がある場合にも帳簿残高と一致しません。預金の帳簿残高と銀行が発行する残高証明書とが一致しない場合，その原因を明らかにして正しい金額を確定する必要があります。

また，預金の管理は，支払時における残高管理という重要な項目を含んでいます。残高が不足しているために決済ができない場合，余計な業務を増やすだけではなく，当座預金の場合などは，銀行取引の停止に追い込まれることもありますので慎重な管理が求められます。

弥生会計では，定期預金や定期積金などの管理や利息の予測計算ができます。また，預貯金を登録すると，預貯金の預け入れ，中間利払い，満期（引き出し）ごとに，仕訳を書き出すことができます。

預貯金データと見積資金繰り表データを関連づけることで，支払準備の段取りを容易に確認することができます。

＜例＞

●預貯金一覧の画面

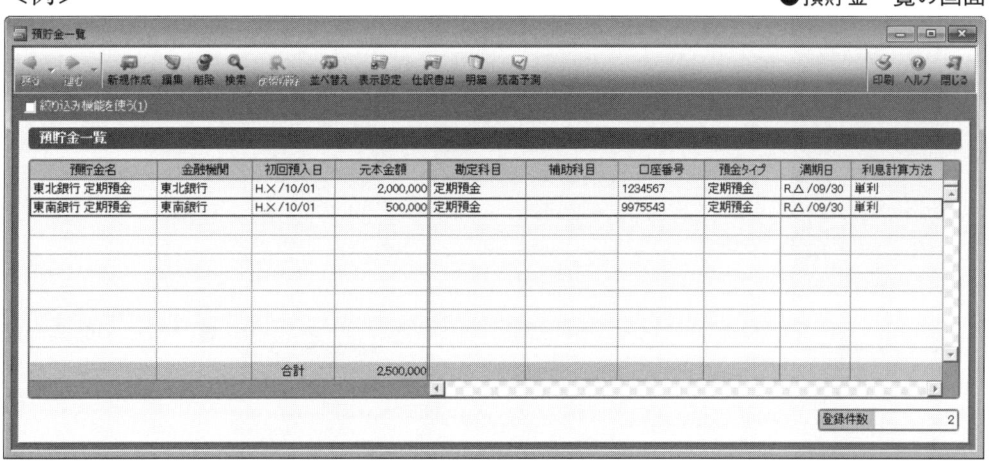

(5) 購買業務と販売業務の管理システム

購買管理システムとは，営業現場における発注・仕入（入荷）・在庫管理・支払などの一連の煩雑な業務を効率的に進めるシステムのことです。また，販売管理システムとは，見積書の作成・商品の受注・出荷（納品・売上）・売上データの集計・請求書の発行・代金の入金などの一連の業務管理を意味します。両者を1つにまとめたシステムで管理する場合もあります。

販売管理システムと顧客管理システム

販売管理システムは，売掛金管理や請求書の発行機能を中心に開発されているソフトウェアと仕入管理や在庫管理まで含んだソフトウェアがあります。さらに，顧客管理ソフトでは，顧客情報を蓄積することで，有効な販促策を明確にし，適切な販促活動を可能にします。顧客の購買パターンの把握・分析により，的確なマーケティング戦略の立案を可能にします。

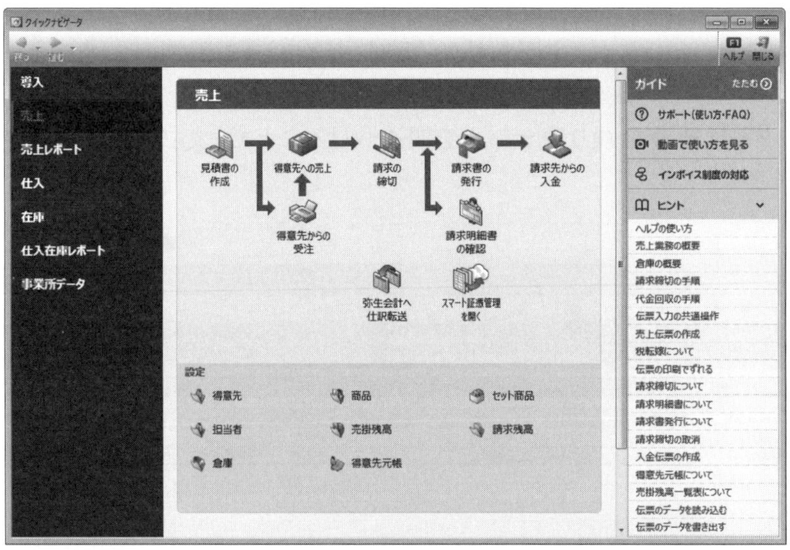

●「弥生販売」のクイックナビゲータ画面

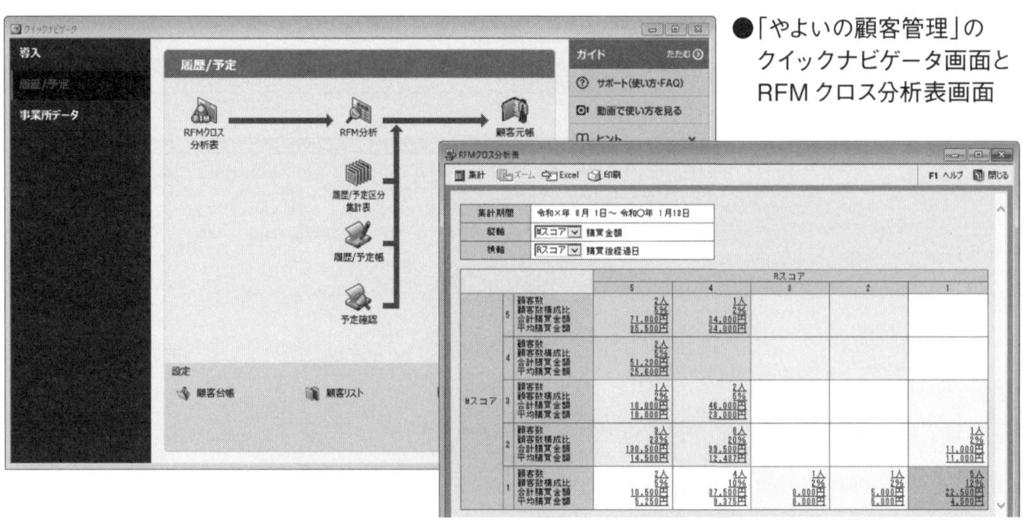

●「やよいの顧客管理」のクイックナビゲータ画面とRFM クロス分析表画面

ＲＦＭ分析とは，顧客を3つの軸から指標化して優良顧客のセグメンテーションなどを行う分析法で，データベースマーケティングによる顧客データ分析の基本的なものです。3つの軸とは，①R（recency／最新購買日：いつ買ったか，最近購入しているか）②F（frequency／累計購買回数：どのくらいの頻度で買っているか），そして③M（monetary／累計購買金額：いくら使っているか）の視点です。今まで見えなかった顧客の購買行動を把握することできます。

(6) 給与計算業務と管理システム

給与計算業務と人事業務は，毎月の給与計算，賞与計算，年末調整，そして採用・昇給，退職などにともなう諸手続きから所得税や社会保険に関する法定事務までの一連の業務をいいます。

具体的には，タイムカードや出勤簿から出勤日数・欠勤日数・残業時間・遅刻時間等の勤怠項目を管理・集計し，基本給に加算する残業手当や休日手当などを計算したうえで所得税や社会保険料を控除した差引支給額を算定するなど，複雑な業務になります。

給与計算管理システム

給与計算管理システムは，従業員への月々の給与明細書の発行，賞与計算，社会保険算定，年末調整，そして，税務署や各自治体に提出する給与支払報告書，源泉徴収票の印刷といった給与業務に関わる業務を処理することができます。また，タイムレコーダからのデータを受け入れることで勤怠や有給休暇の集計を効率良くできます。

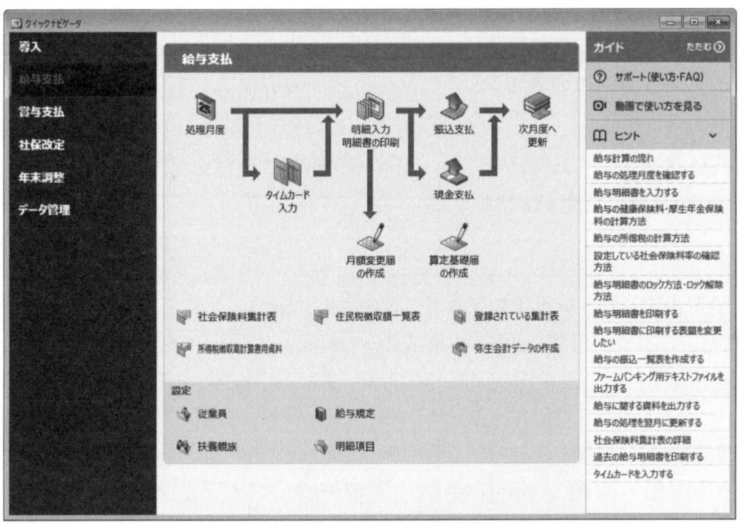

●「弥生給与」の
クイックナビゲータ画面

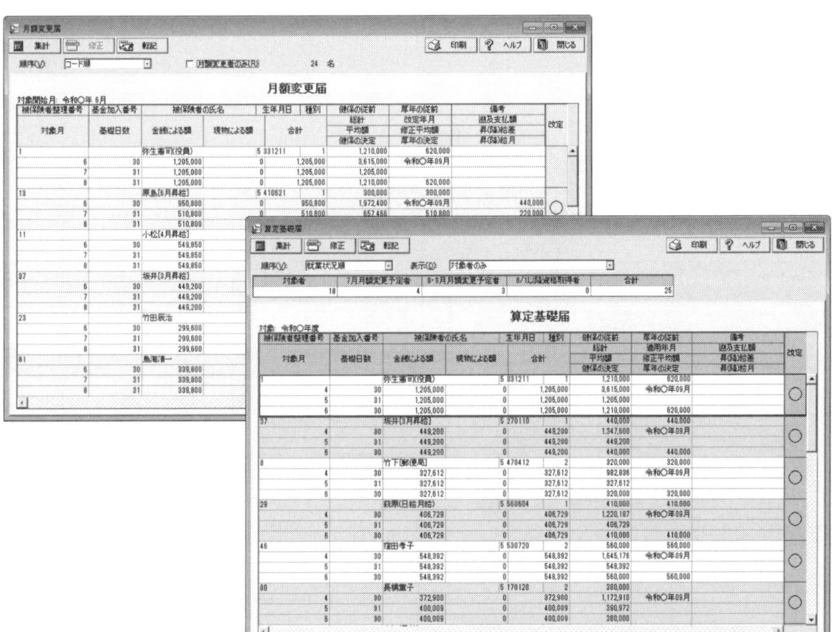

学習の準備

本書の学習を目的とした「弥生会計 24 プロフェッショナル学習用体験版」，「学習用データ」，「応用問題集(PDF)」(P278参照)は，弥生株式会社のホームページに用意しています。

下記URLにアクセスし，ホームページに記載の手順に従ってダウンロードしてご利用ください。

■令和6年度版「弥生会計 24 プロフェッショナル学習用体験版」・「学習用データ」・「応用問題集(PDF)」のダウンロード

▶ www.yayoi-kk.co.jp/rd/ysc226

弥生会計 24 プロフェッショナル学習用体験版について

- 弥生会計 24 プロフェッショナル学習用体験版は，令和6年度版コンピュータ会計テキストをご購入いただいた個人が自己所有のパソコンにのみインストールすることができます。
- 令和6年度版コンピュータ会計テキストの自己学習目的以外の不正利用，無断譲渡，転売(転用)を禁止します。
- インストール後，2025年3月31日まで使用することができます。
- Microsoft Windows 11/10(日本語OSのみ)に対応しています。システム要件の詳細はダウンロードページからご確認ください。

本プログラムは教育機関，学習指導を行う施設用のプログラムではありません。
教育機関，学習施設での利用をご希望の際は，別途「弥生スクール制度」にご加入ください。

基本操作を動画で確認『弥生会計 スタートアップガイド』

弥生株式会社ホームページで，弥生会計の使い方を動画でかんたんに解説した「弥生会計 スタートアップガイド」を提供しています。

■「弥生会計 スタートアップガイド」の利用方法

1. クイックナビゲータの[ガイド]から[動画で使い方を見る]をクリックします。

2. ブラウザーで「弥生会計 スタートアップガイド」のページが表示されます。

3. 確認したいタイトルをクリックすると，動画が再生されます。

★クリックすると「弥生会計サポート情報」ページが表示されます。

※https://www.yayoi-kk.co.jp/startupguide/account/

学習用データのダウンロードについて

1 応用テキストのデータダウンロードページから［ダウンロード］をクリックして学習用データを一括ダウンロード（zipファイル形式）します。

2 ダウンロードするファイルは，「C:¥Users¥○○○○¥Documents」(★)に保存するか，一旦「デスクトップ」などわかりやすい場所に保存し，「C:¥Users¥○○○○¥Documents」(★)に移動します。
（★：○○○○は，ユーザー名などが入ります）

3 ダウンロードした「application-r6-data-t.zip」を解凍します。解凍されたフォルダ内に「R6応用テキスト学習用データ」フォルダが作成されます。

※解凍先が指定できる場合は，「ドキュメント」フォルダを指定します。
「R6応用テキスト学習用データ」フォルダが，「application-r6-data-t」フォルダ内に解凍された場合は，「ドキュメント」フォルダに移動します。

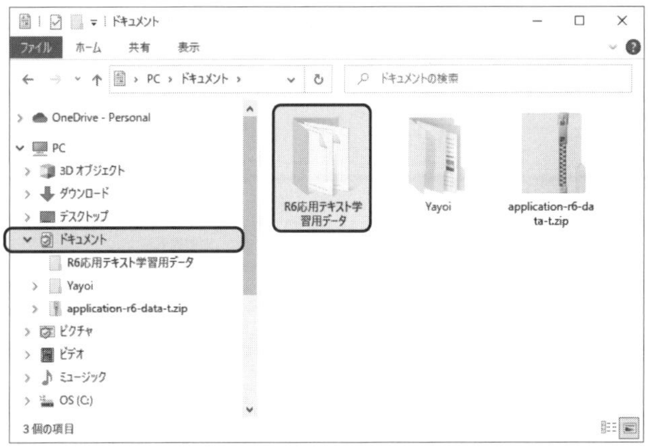

※Windowsの［スタート］ボタンを右クリックし，エクスプローラーを起動すると「ドキュメント」フォルダを確認することができます。

■学習用データ＜会計データ対象製品／弥生会計 24 プロフェッショナル＞

テキスト	学習用データ	テキスト	学習用データ
第２章	さかな電子販売株式会社問題（5期） さかな電子販売株式会社解答（5期） ラネージュ株式会社問題（3期） ラネージュ株式会社解答（3期～4期） 柏の葉株式会社２月末（15期）	第４章	さかな電子販売株式会社解答（5期）
		第５章	秋ノ宮産業株式会社問題（4期）
第３章	株式会社ハードバンク電子工業問題（19期） 株式会社ハードバンク電子工業解答（19期）	第７章	フィッシング商事株式会社問題（5期） 売掛金年齢調査表.xlsx 売掛金年齢調査表解答.xlsx

参考 会計データの復元方法

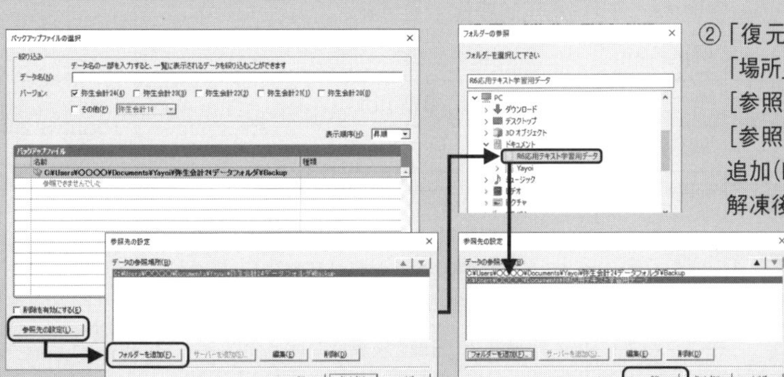

① ［ファイル(F)］メニューから［バックアップファイルの復元(R)］をクリックします。

② 「復元したいバックアップファイル」の「場所」と「名称」を設定します。
［参照先の設定(L)］ボタンをクリックし，［参照先の設定］画面から［フォルダーを追加(F)］ボタンをクリックします。
解凍後の会計データを保存した場所から［R6応用テキスト学習用データ］を選択し［OK］をクリックします。
（会計データが［ドキュメント］に保存されている場合）

コンピュータ会計 応用問題集（PDF）について

本書には，このテキストの習熟度確認と検定試験の練習のために「応用問題集（PDF）」が無料で用意されています。応用問題集の構成は，このテキストに準じて編集しています。

ダウンロードできるzipファイルは，全章のPDF（※1）と各章のPDF（※2）が用意されており，PDF（問題集）と学習用データが含まれています。ぜひ，活用してください。

■各章の練習内容とファイル名一覧

章	練習問題の内容	使用ファイル名		zipファイル名
全章 （※1）	テキスト全般および 検定練習問題	PDFファイル	R6応用問題集.pdf	r6am-all.zip
		学習用データ	PDFの各所で説明	
巻頭·巻末 （※2）	学習の前に，はじめに，本書の利用，学習の準備など	PDFファイル	R6応用問題集_巻頭·巻末.pdf	r6am-0.zip
		学習用データ	—	
1章 （※2）	会計知識·会計処理· 会計ソフトの操作	PDFファイル	R6応用問題集_1章.pdf	r6am-1.zip
		学習用データ	—	
2章 （※2）	会計データの新規作成の確認，全経コンピュータ会計2級選択肢問題練習，日常処理と年次決算処理の入力練習，全経コンピュータ会計2級入力練習と設問，年次決算と繰越処理の入力練習，部門設定の入力練習	PDFファイル	R6応用問題集_2章.pdf	r6am-2.zip
		学習用データ	アテネ電子販売株式会社2-6問題(4期).kb24 アテネ電子販売株式会社2-8解答(4期).kb24 フルーツ電子販売株式会社演習1問題(5期).kb24 フルーツ電子販売株式会社演習1解答(5期).kb24 ラネージュ株式会社演習2問題(3期).kb24 ラネージュ株式会社演習2解答(3期～4期).kb24 柏の葉株式会社演習3解答(15期).kb24	
3章 （※2）	製造業の知識と製造原価報告書の確認全経コンピュータ会計1級練習問題，日商電子会計実務検定試験2級練習問題	PDFファイル	R6応用問題集_3章.pdf	r6am-3.zip
		学習用データ	さくら株式会社3-4問題(2期).kb24 さくら株式会社3-4解答(2期).kb24 株式会社つくば電子研究工業演習4問題(20期).kb24 株式会社つくば電子研究工業演習4解答(20期).kb24	
4章 （※2）	財務分析の知識の確認，会計データによる分析結果の確認	PDFファイル	R6応用問題集_4章.pdf	r6am-4.zip
		学習用データ	アテネ電子販売株式会社4-5問題(4期).kb24 アテネ電子販売株式会社4-7問題(4期).kb24	
5章 （※2）	損益分岐点分析の知識確認，全経コンピュータ会計2級問題練習	PDFファイル	R6応用問題集_5章.pdf	r6am-5.zip
		学習用データ	秋ノ宮産業株式会社5-11問題(4期).kb24	
6章 （※2）	全経コンピュータ会計2級選択肢問題練習	PDFファイル	R6応用問題集_6章.pdf	r6am-6.zip
		学習用データ	—	
7章 （※2）	全経コンピュータ会計2級資金繰り表問題練習	PDFファイル	R6応用問題集_7章.pdf	r6am-7.zip
		学習用データ	—	
8章 （※2）	基幹業務の基礎知識の確認	PDFファイル	R6応用問題集_8章.pdf	r6am-8.zip
		学習用データ	—	
練習問題 （※2）	全経コンピュータ会計 能力検定試験2級練習問題	PDFファイル	R6応用問題集_全経2級練習問題.pdf	r6am-Z.zip
		学習用データ	オステリア電子販売株式会社問題(4期).kb24 オステリア電子販売株式会社解答(4期).kb24 横手産業株式会社問題(4期).kb24	
	日商電子会計実務検定試験 2級練習問題	PDFファイル	R6応用問題集_日商2級練習問題.pdf	r6am-N.zip
		学習用データ	株式会社ムーン電子工業問題(20期).kb24 株式会社ムーン電子工業解答(20期).kb24	
解答 （※2）	1章～8章の解答	PDFファイル	R6応用問題集_解答.pdf	r6am-A.zip
		学習用データ	—	

※「全経」とは公益社団法人全国経理教育協会，「日商」とは日本商工会議所のことです。

■全章PDF（※1）をダウンロードする場合

1 応用問題集のデータダウンロードページから，［応用問題集　全章のダウンロード］をクリックして応用問題集（PDF）と学習用データをダウンロード（zipファイル形式）します。

2 ダウンロードするファイルは，「C:¥Users¥○○○○¥Documents」(★)に保存するか，一旦「デスクトップ」などわかりやすい場所に保存し，「C:¥Users¥○○○○¥Documents」(★)に移動します。
（★：○○○○は，ユーザー名などが入ります）

3 ダウンロードした「r6am-all.zip」を解凍します。
解凍されたフォルダ内に「R6応用問題集.pdf」ファイルと「R6応用問題集学習用データ」フォルダが作成されます。
※解凍先が指定できる場合は，「ドキュメント」フォルダを指定します。
「R6応用問題集学習用データ」フォルダが，「r6am-all」フォルダ内に解凍された場合は，「ドキュメント」フォルダに移動します。

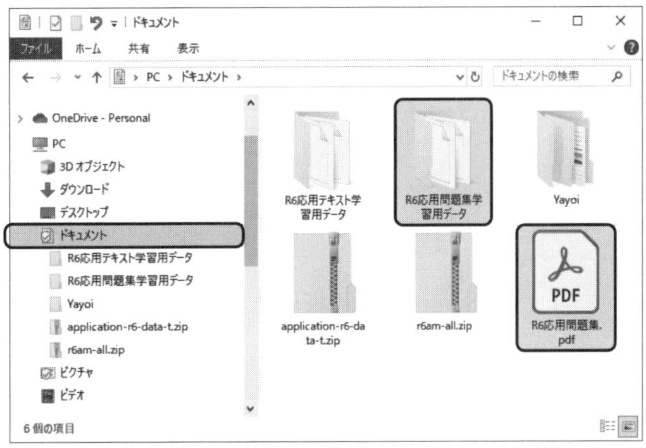

※Windowsの［スタート］ボタンを右クリックし，エクスプローラーを起動すると「ドキュメント」フォルダを確認することができます。

■各章PDF（※2）をダウンロードする場合<例：1章の場合>

1 応用問題集のデータダウンロードページから，［応用問題集　1章のダウンロード］をクリックして応用問題集（PDF）と学習用データをダウンロード（zipファイル形式）します。

2 ※上記と同様

3 ダウンロードした「r6am-1.zip」を解凍します。
解凍されたフォルダ内に「R6応用問題集_1章.pdf」ファイルと「R6応用問題集学習用データ_1章」フォルダが作成されます。
※解凍先が指定できる場合は，「ドキュメント」フォルダを指定します。
「R6応用問題集学習用データ_1章」フォルダが，「r6am-1」フォルダ内に解凍された場合は，「ドキュメント」フォルダに移動します。

≪学習用体験版インストールに関するお問い合わせ≫

●弥生株式会社　カスタマーセンター
TEL：**050-3388-1000**（IP電話）
（受付時間 9：30～12：00／13：00～17：30 土・日・祝日，および弊社休業日を除きます）

≪本書に関するお問い合わせ≫ ※弥生会計の操作・本書の設問に対する個別のご説明は承っておりません

●弥生株式会社　弥生スクール事務局
TEL：**03-5207-8849**
（受付時間 9：30～12：00／13：00～17：30 土・日・祝日，および弊社休業日を除きます）

●お問い合わせフォーム
www.yayoi-kk.co.jp/rd/yscysin

コンピュータ会計　応用テキスト　令和6年度版

2008年　4月 10日 初版第一刷
2024年　2月 28日 十七版第一刷

・発行所　弥生株式会社
〒101-0021 東京都千代田区外神田4-14-1　秋葉原UDX 21F
www.yayoi-kk.co.jp

・発　売　実教出版株式会社
〒102-8377 東京都千代田区五番町5
Tel. 03-3238-7777